# व्यावहारिक हिन्दी और रचना

कृष्ण कुमार गोस्वामी

वाणी प्रकाशन

वाणी प्रकाशन
*4695, 21-ए, दरियागंज, नयी दिल्ली 110 002*

शाखा

*अशोक राजपथ, पटना 800 004*

फ़ोनः +91 11 23273167 फ़ैक्सः +91 11 23275710

www.vaniprakashan.in
vaniprakashan@gmail.com

VYAVAHARIK HINDI AUR RACHANA
*Edited by* Krishan Kumar Goswami

ISBN : 978-93-5072-800-0



संस्करण 2018

मूल्य : ₹ 350



*सिटी प्रेस, शाहदरा, दिल्ली-110 095 में मुद्रित*

*वाणी प्रकाशन का लोगो मक़बूल फ़िदा हुसेन की कूची से*

मेरे श्रद्धेय अग्रज

स्वर्गीय श्री युधिष्टरलाल गोस्वामी की

पुण्य स्मृति में

# दो शब्द

स्वतंत्रता के पश्चात् भारतीय भाषाओं, विशेषकर हिन्दी प्रयोग क्षेत्रों का विस्तार हुआ है। अब हिन्दी केवल सर्जनात्मक साहित्य तक सीमित न रहकर अन्य क्षेत्रों की विशिष्ट प्रयुक्ति के रूप में विकसित होने लगी है। भारत की राजभाषा घोषित होने के बाद इसका दायित्व और बढ़ गया है।

ज्ञान-विज्ञान के विभिन्न आयामों के विकास के कारण हिन्दी क्षेत्रों का भी विकास हुआ है। इसीलिए अब विश्वविद्यालयों में हिन्दी का पाठ्यक्रम साहित्य-शिक्षण तक सीमित न रहकर प्रयोजनमूलक हो गया है। इसके साथ ही वह पूरे देश में प्रथम भाषा के अतिरिक्त द्वितीय भाषा के रूप में भी प्रयुक्त होने लगी है। अतः इसके भाषायी प्रयोग में दक्षता प्राप्त करने के लिए इसकी संरचना, अशुद्धि विश्लेषण, प्रयोगपरक विशिष्टताओं और इसके प्रयोजनमूलक स्वरूप से विद्यार्थियों को परिचित कराना आवश्यक हो गया है। इसी उद्देश्य को ध्यान में रखकर इस पुस्तक की रचना की गई है।

पुस्तक दो खंडों– 'व्यावहारिक हिन्दी' और 'रचना' में विभाजित है। पहले खंड में हिन्दी के व्यावहारिक और प्रयोजनमूलक पक्ष का विवेचन किया गया है। इसके अंतर्गत हिन्दी में होने वाली अशुद्धियों के साथ-साथ अनुवाद, विज्ञापन कला, प्रारूपण और टिप्पणी लेखन, प्रतिवेदन लेखन, प्रूफ पठन और पारिभाषिक-शब्दावली का साथ-साथ अध्ययन किया गया है। दूसरे खंड में विद्यार्थियों की सर्जनात्मक शक्ति के विकास के लिए पत्र-लेखन और निबंध लेखन रखा गया है जिसके अंतर्गत विभिन्न प्रकार के पत्रों के साथ-साथ वर्णनात्मक, विचारात्मक, भावात्मक और साहित्यिक निबंध दिए गए हैं।

इस पुस्तक के लेखन कार्य में मेरे श्रद्धेय पिताजी स्व. देवीदयाल गोस्वामी और आदरणीय अग्रज स्व० श्री युधिष्ठरलाल गोस्वामी का आशीर्वाद रहा है। समय-समय पर मेरी पत्नी श्रीमती विमलेश गोस्वामी ने भी इसके लेखन कार्य में

मेरी सहायता की है। जब कभी कार्य करते हुए मैं कहीं अटक जाता था तो मुदिता, नम्रता और गौरव मुझसे इधर-उधर की बातें कर भूले हुए मुद्दे को स्मरण दिला देते। इन सबको प्यार और आशीष ही दे सकता हूँ। इसकी पांडुलिपि का सुन्दर और साफ़ टंकण करने के लिए मैं श्री अजयकुमार का भी धन्यवाद करना अपना कर्तव्य समझता हूँ। अंत में वाणी प्रकाशन के व्यवस्थापक श्री अरुण माहेश्वरी का आभारी हूँ जिन्होंने बार-बार आग्रह करके इस पुस्तक को लिखवा लिया।

– कृष्णकुमार गोस्वामी

# अनुक्रमणिका

# हिन्दी और उसका व्यवहार क्षेत्र

किसी भी लोकतांत्रिक देश में जनता और सरकार के बीच जनभाषा ही संपर्क भाषा के रूप में सार्थक कार्य करती है। इसीलिए संविधान-निर्माताओं ने संविधान के अनुच्छेद 343 के अंतर्गत देवनागरी लिपि में लिखित हिन्दी को संघ की राजभाषा के रूप में स्वीकार किया। हिन्दी को यह सम्मान इसलिए नहीं दिया गया कि इसका साहित्य अन्य भारतीय भाषाओं के साहित्य से श्रेष्ठ है या यह भाषा सबसे प्राचीन भाषा है। वास्तव में अन्य कई भारतीय भाषाओं का साहित्य हिन्दी से अधिक श्रेष्ठ है और कई भाषाएँ इससे पुरानी भी हैं। हिन्दी को सम्मान इसलिए दिया गया क्योंकि भारत में इस भाषा को बोलने वाले और समझने वाले अन्य भाषाओं से अधिक हैं। मातृभाषा के रूप में इसका व्यवहार क्षेत्र अन्य भाषाओं की अपेक्षा सर्वाधिक है और दूसरी भाषा के रूप में इसे बोलने वालों की संख्या भी सबसे ज्यादा है। 1981 की जनगणना के अनुसार हिन्दी को मातृभाषा के रूप में बोलने वालों की संख्या लगभग साढ़े 26 करोड़ है। इसके अतिरिक्त हिन्दीतर प्रदेशों में यह दूसरी या तीसरी भाषा के रूप में बोली जाती है। इस प्रकार भारत की समूची जनसंख्या का लगभग एक तिहाई भाग हिन्दी भाषी है और हिन्दीतर भाषी प्रदेशों के चौथाई भाग से अधिक की यह संपर्क भाषा है। इसीलिए संविधान-निर्माताओं ने इसे संघ की राजभाषा के रूप में मान्यता दी थी।

## हिन्दी का स्वरूप और क्षेत्र

हिन्दी खड़ीबोली का मानक रूप है और व्यापक अर्थ में अपनी सीमा को पार कर अक्षेत्रीय और सार्वदेशिक भाषा बन गई है। शिक्षा, प्रेस आदि से हिन्दी का रूप काफ़ी स्थिर हो गया है। इसमें अपनी बोलियों के साथ-साथ अन्य भारतीय भाषाओं और अंग्रेजी के शब्द भी काफ़ी मात्रा में समाविष्ट हो गए हैं। इसका प्रयोग विभिन्न कार्यक्षेत्रों में होने लगा है और इसकी पारिभाषिक शब्दावली का भी विकास होने लगा है। इस प्रकार हिन्दी का शब्द-भंडार विभिन्न भाषाओं के

प्रभाव को ग्रहण करते हुए और नए शब्दों को अपनाते हुए समृद्ध होता जा रहा है।

आधुनिक संदर्भ में हिन्दी का प्रयोग मुख्यतः तीन अर्थों में हो रहा है :

1. भौगोलिक अर्थ में
2. साहित्यिक अर्थ में
3. प्रयोग-विस्तार के अर्थ में

भौगोलिक अर्थ में हिन्दी का प्रयोग हिन्दी भाषी प्रदेशों में बोली जाने वाली अट्ठारह बोलियों के क्षेत्र के रूप में हो रहा है। ये बोलियाँ हैं–खड़ी बोली, ब्रजभाषा, अवधी, भोजपुरी, हरियाणवी, कनौजी, मैथिली, बघेली, छत्तीसगढ़ी, मगही, बुंदेली, जयपुरी, मारवाड़ी, मेवाती, मालवी, गढ़वाली, कुमाऊँनी और हिमाचली। साहित्यिक अर्थ में इसका प्रयोग काव्य-क्षेत्र में खड़ी बोली, ब्रजभाषा, अवधी, मैथिली तथा राजस्थानी (मारवाड़ी) के रूप में माना गया है। प्रयोग विस्तार के अर्थ में यह खड़ीबोली से विकसित भाषा है जिसका प्रयोग भारत संघ की राजभाषा के रूप में हो रहा है। अन्य बोलियों में लोक-साहित्य की रचना हो रही है।

हिन्दी का क्षेत्र बिहार, उत्तर प्रदेश, हिमाचल प्रदेश, हरियाणा, राजस्थान, मध्य प्रदेश तथा दिल्ली तक फैला हुआ है। इन्हें हिन्दी भाषी क्षेत्र कहा जाता है। इन प्रदेशों की सीमाएं पश्चिमी बंगाल, उड़ीसा, आंध्रप्रदेश, महाराष्ट्र, गुजरात और पंजाब के राज्यों के साथ जुड़ी हुई हैं। यह महाराष्ट्र, गुजरात, पंजाब, अंडमान निकोबार और गोवा प्रदेशों में दूसरी भाषा के रूप में भी बोली जाती है। इसके अतिरिक्त इस भाषा का प्रयोग हैदराबाद, गुलबर्गा, औरंगाबाद, बीजापुर आदि दक्षिण के कई क्षेत्रों में होता है जिसे दक्खिनी हिन्दी कहते हैं। इस प्रकार हिन्दी अपने प्रदेशों में केवल मातृभाषा के रूप में नहीं बोली जाती बल्कि अन्य प्रदेशों में भी इसके बोलने वालों की संख्या काफ़ी है।

यह सही है कि हिन्दी का विकास खड़ी बोली से हुआ है लेकिन इसमें अन्य बोलियों और भाषाओं का भी योगदान कम नहीं है। यह बात अवश्य है कि इसके विकास में संस्कृत, अरबी-फ़ारसी और अंग्रेजी की विशेष भूमिका रही है। इसी कारण हिन्दी के चार शैली रूप मुख्य रूप से उभर कर आए हैं।

1. संस्कृतनिष्ठ हिन्दी,
2. अरबी-फ़ारसी मिश्रित हिन्दी,
3. सामान्य बोलचाल की हिन्दी और
4. अंग्रेजी मिश्रित हिन्दी।

संस्कृतनिष्ठ हिन्दी में अधिकतर संस्कृत के तत्सम शब्द होते हैं। अरबी-फ़ारसी मिश्रित हिन्दी के शब्दों का स्रोत अरबी और फ़ारसी भाषाएँ हैं। यदि यह रूप अरबी-फ़ारसी लिपि में लिखा जाता है तो इसे उर्दू कहा जाता है। सामान्य बोलचाल की हिन्दी में संस्कृत तथा अरबी-फ़ारसी के तद्भव शब्द हैं, जो जन साधारण की भाषा में खप गए हैं। इसे कुछ विद्वान हिन्दुस्तानी भी कहते हैं। अंग्रेजी मिश्रित हिन्दी में प्रायः अंग्रेजी के शब्द आ जाते हैं। यह शैली अभी विकसित हो रही है।

इन चारों शैलियों के उदाहरण इस प्रकार हैं :

1. मोहन की पत्नी ज्वरग्रस्त है।
2. मोहन की बीवी की तबीयत खराब है।
3. मोहन की घरवाली को बुखार है।
4. मोहन की वाइफ़ को फ़ीवर है।

वास्तव में हिन्दी समूचे भारत की सामाजिक अस्मिता का आधार है। स्वतंत्रता से पूर्व हिन्दी को राष्ट्रभाषा का दर्जा देने के लिए भारत के अनेक सामाजिक कार्यकर्ताओं, विद्वानों और राजनेताओं ने आवाज उठाई थी। इसी संदर्भ में महात्मा गांधी ने सन् 1917 में कहा था कि किसी देश की राष्ट्रभाषा वही भाषा हो सकती है जो 1. सरकारी कर्मचारियों के लिए सहज और सुगम हो, 2. सांस्कृतिक, राजनैतिक और आर्थिक क्षेत्र में माध्यम भाषा बनने की शक्ति रखती हो, 3. बहुत बड़ी संख्या में लोगों द्वारा प्रयुक्त की जाती हो, 4. जिसे सीखने में आसानी हो और 5. जिसे चुनते समय अस्थायी या क्षणिक हितों पर ध्यान न दिया जाए। उनके मतानुसार बहुभाषी भारत में केवल हिन्दी ही एक भाषा है जिसमें ये सभी गुण पाए जाते हैं।

प्रत्येक भाषा अपने बोलने वाले लोगों के भीतर अपने समाज के साथ जोड़ने की भावना को दृढ़ करती है। हिन्दी भी अपने बोलने वालों में सामाजिक और सांस्कृतिक एकता की भावना पैदा करती है। इसके साथ ही भारत के अन्य भाषा-भाषी वर्गों के परस्पर बढ़ रहे निरंतर संपर्क से हिन्दी आंतर भारती स्वरूप धारण करती जा रही है। इसी कारण यह भाषा भारत की विभिन्न संस्कृतियों को अपने भीतर समेट रही है। इस बात के स्पष्ट संकेत संविधान के अनुच्छेद 351 में भी मिल जाते है :

"हिन्दी भाषा की प्रसार वृद्धि करना, इसका विकास करना ताकि वह भारत

की सामासिक संस्कृति के सब तत्वों की अभिव्यक्ति का माध्यम हो सके तथा उसकी आत्मीयता में हस्तक्षेप किए बिना हिन्दुस्तानी और अष्टम अनुसूची में उल्लिखित अन्य भारतीय भाषाओं के रूप में शैली और पदावली को आत्मसात करते हुए तथा जहाँ आवश्यक या वांछनीय हो वहाँ उसके शब्द-भंडार के लिए मुख्यतः संस्कृत से और गौणतः वैसी उल्लिखित भाषाओं से शब्द ग्रहण करते हुए उसकी समृद्धि सुनिश्चित करना संघ का कर्तव्य होगा।"

इसके अतिरिक्त राष्ट्र में राजनैतिक समन्वय, आर्थिक प्रगति और भावात्मक एकता लाने के लिए इसे राजभाषा का दायित्व सौंपा गया। इसीलिए यह सरकारी कामकाज की भाषा के रूप में कार्य कर रही है।

## हिन्दी का व्यवहार-क्षेत्र

हिन्दी का व्यवहार क्षेत्र इतना व्यापक हो गया है कि भारत के अधिकांश क्षेत्रों में इसका प्रयोग संपर्क भाषा के रूप में होता है। अलग-अलग बोलियों और भाषाओं के व्यक्ति इसी भाषा में बातचीत करते हैं। इस दृष्टि से हिन्दी के तीन स्वरूप मिलते हैं – 1. जनपदीय स्वरूप, 2. राष्ट्रीय स्वरूप और 3. अंतर्राष्ट्रीय स्वरूप।

जनपदीय भाषा के रूप में हिन्दी अलग-अलग बोली बोलने वालों के लिए अपने हिन्दी समाज की अलग पहचान बनाए रखने का सशक्त साधन है। हिन्दी भाषी राज्यों में बोली बोलने वाले लोग अपने-अपने क्षेत्रों में अपनी बोली का प्रयोग मातृभाषा के रूप में करते हैं और हिन्दी का प्रथम भाषा के रूप में। प्रथम भाषा वह भाषा होती है जिसका व्यवहार व्यक्ति, शिक्षा, प्रशासन आदि विभिन्न प्रयोजनों के लिए अच्छी तरह से करता है, चाहे वह उसकी मातृभाषा न भी हो। इस प्रकार हिन्दी भाषी राज्यों में ब्रज, अवधी, भोजपुरी आदि बोलियों के बीच हिन्दी संपर्क भाषा के रूप में काम करती है।

हिन्दी भाषा का प्रयोग हिन्दी भाषी क्षेत्रों तक ही सीमित नहीं है, वरन् पूरे भारत में यह भाषा प्रयुक्त होती है। यही इसका राष्ट्रीय स्वरूप है। राष्ट्रीय संदर्भ में हिन्दी के दो रूप दिखाई देते हैं–एक, लोकभाषा के रूप में, और दूसरा राजभाषा के रूप में। लोकभाषा के रूप में हिन्दी हिन्दीतर भाषियों द्वारा रेलवे प्लेटफार्मों, तीर्थस्थलों, ऐतिहासिक स्थानों, पर्यटन केन्द्रों आदि में प्रयुक्त होती है। इसके साथ ही हिन्दी फ़िल्मों और दूरदर्शन में भी हिन्दी का लोकभाषा रूप हिन्दीतर भाषियों में निखर कर आया है। राजभाषा के रूप में हिन्दी राजनैतिक और आर्थिक दृष्टि से एकता के सूत्र में बांधने की भाषा है। सरकारी कामकाज

की भाषा के रूप में यह सरकार और जनता को मिलाती है।

अंतर्राष्ट्रीय संदर्भ में हिन्दी का प्रयोग भारत से बाहर भी हो रहा है। नेपाल, बंगलादेश, श्रीलंका, अफ़गानिस्तान के बड़े-बड़े नगरों में हिन्दी समझने वाले काफी संख्या में मिल जाते है। मॉरिशस, फीजी, सूरीनाम, त्रिनिदाद, गुयाना आदि दूरस्थ देशों में हिन्दी का काफी प्रयोग होता है। इन देशों में भारतीय मूल के लोग रहते हैं, जिनके पूर्वज डेढ़-दो सौ वर्ष पूर्व भारत से मज़दूर के रूप में नौकरी करने गए थे और वहीं बस गए थे। ये लोग हिन्दी का प्रयोग न केवल भाषा व्यवहार में लाते हैं बल्कि उसे अपनी संस्कृति का एक अंग भी मानते हैं। इसके अतिरिक्त जापान, कोरिया, चीन, रूस, ब्रिटेन, फ्रांस, जर्मनी, रोमानिया, अमेरिका आदि विभिन्न देशों के कई विश्वविद्यालयों में हिन्दी का अध्ययन-अध्यापन हो रहा है। इस प्रकार हिन्दी के इस अंतर्राष्ट्रीय स्वरूप में हिन्दी का क्षेत्र व्यापक होता जा रहा है।

# हिन्दी शब्द संपदा

भाषा की शक्ति मूलतः उसके शब्द-सामर्थ्य, शब्द-योजना और शब्द-व्यवस्था पर आधारित है। शब्द ही जीवन-संबंधी नए विचार, नए भाव, नए अनुभव और नए मूल्य प्रस्तुत कर भाषा को समृद्ध बनाते हैं। यही कारण है कि हमारे प्राचीन ग्रंथों में शब्द का बड़ा गुणगान किया गया है। ऋग्वेद में शब्द को सृष्टि के समस्त तत्वों का धारक माना गया है। उपनिषदों तथा ब्राह्मण ग्रंथों में उसे 'ब्रह्म' की उपाधि दी गई है। वास्तव में शब्द ब्रह्म है, शब्द शक्ति है, शब्द जीवनदायक अमृत है और विश्व की समस्त भाषाओं का आधार शब्द ही है। शब्दों के प्रयोग से ही व्यक्ति के हाव-भाव, रंग-ढंग और आचार-व्यवहार का पता चल सकता है। जिस वक्ता या लेखक को शब्द का पूर्ण ज्ञान होगा, वह उसकी शक्ति तथा उसके विविध प्रयोगों से उत्पन्न होने वाले विविध चमत्कारों से परिचित होगा और उसके शब्दों में जितनी अधिक संप्रेषण-शक्ति होगी उसकी भाषा उतनी ही समृद्ध एवं शक्तिशाली होगी। वस्तुतः शब्दों की प्रतिभा तभी होती है जब उनके द्वारा अभीष्ट भाव या विचार की पूर्ण एवं समुचित अभिव्यक्ति हो सके।

समाज परिवर्तनशील है। इसीलिए समय-समय पर सामाजिक व्यवहार और सांस्कृतिक मूल्यों में आने वाले परिवर्तनों के साथ नई-नई वस्तुओं का आविष्कार होता है। इन संकल्पनाओं और वस्तुओं के लिए या तो नए शब्द का सृजन होता है या पुराने शब्दों के अर्थ का संस्कार होता है। वास्तव में शब्द बाह्य जगत के प्रत्यक्ष ज्ञान से संबंधित तो रहता ही है, साथ में भाषा-भाषी समुदाय की चिंतन-प्रक्रिया से भी जुड़ा रहता है। इसीलिए वह समाज और संस्कृति के प्रत्येक परिवर्तन को व्यंजित करने में सक्षम रहता है। प्राचीन काल में संस्कृत, पालि, प्राकृत, अपभ्रंश से हिन्दी का विस्तार हुआ तो मध्य काल में मुसलमानी राज्यों के साथ संपर्क होने के कारण कई शब्दों में वृद्धि हुई। मुबारक, मौलवी, गुनाह, सलवार, पाजामा, तकिया, सुराही, गुलाब, जलेबी, तंदूर, मुरब्बा, मसाला, चपरासी, मुंशी, मुकदमा, जायदाद, ज़मानत आदि कई नए शब्दों का हिन्दी में आगमन

हुआ। आधुनिक काल में यूरोपीय संपर्क से मिशनरी, एडवोकेट, अपील, पेन्शन, प्लेटफ़ार्म, वारंट, क्लर्क, निकर, कोट, सिगरेट, रेडियो, सिनेमा, बस, गैस आदि नए शब्द आए तो समाजवाद, साम्यवाद, पूंजीवाद आदि की नई संकल्पनाओं के साथ नए शब्द भी गृहीत किए गए।

किसी भाषा में प्रयुक्त सभी शब्दों के भंडार को उस भाषा की शब्द-संपदा या उस भाषा का शब्द्-भंडार कहते हैं। शब्द संपदा किसी बोली की भी हो सकती है, किसी व्यक्ति की भी, किसी साहित्यिक धारा की भी और किसी भाषा या साहित्य के काल की। इनकी यह शब्द-संपदा इनकी सांस्कृतिक संपदा की जानकारी देती है। समाज और संस्कृति में परिवर्तन के साथ शब्द-संपदा में भी परिवर्तन आता रहता है। जैसे-जैसे समाज का आधुनिकीकरण होता है वैसे-वैसे भाषा का भी आधुनिकीकरण होता रहता है। प्रत्येक भाषा अपनी शब्द-संपदा को प्रत्येक काल में समसामायिक अभिव्यक्ति के लिए या तो परिवर्द्धित करती रही है या उसमें नया संस्कार उड़ेलती रही है। हिन्दी में 'आकाशवाणी' शब्द का संस्कार हुआ है। पहले 'आकाशवाणी' शब्द 'देववाणी' के अर्थ में प्रयुक्त होता था, अब इसका प्रयोग 'रेडियो स्टेशन' के लिए हो रहा है। इस प्रकार के पुराने शब्दों में जो नए अर्थ आते हैं वे भाषा की आधुनिकीकरण की प्रक्रिया में आते हैं। संदर्भ के अनुसार उनकी प्रवृत्ति प्रयोजनपरक और बहुमुखी होती जाती है।

वास्तव में हिन्दी की शब्द-संपदा अत्यंत विस्तृत है। इसमें विभिन्न अर्थच्छायाओं को अभिव्यक्त करने की शक्ति है। तत्सम, तद्भव, विदेशी और देशज शब्दों के अतिरिक्त अन्य भारतीय भाषाओं के शब्द भी इसमें समाहित हो गए हैं जिससे यह भारत की सामासिक संस्कृति को अभिव्यक्त करने में सक्षम हो गई है। इसके अतिरिक्त इसकी हिन्दी, उर्दू, हिन्दुस्तानी शैलियों के साथ-साथ अंग्रेजी-मिश्रित शैली का भी विकास हुआ है जो तत्सम, तद्भव, देशज या विदेशी आदि शब्दों पर आधारित हैं। उदाहरण के लिए :

1. आपका निवासस्थान कहाँ है ?
2. आपका दौलतखाना कहाँ है ?
3. आपका घर कहाँ है ?
4. आपका रेज़िडेंस कहाँ है ?

ये रूप हिन्दी की अभिव्यंजना शक्ति को बढ़ाए हुए हैं। सांस्कृतिक, सामाजिक, ऐतिहासिक और भौगोलिक वातावरण के निर्माण में साहित्यकार इसी प्रकार के शब्द लेता है जो उसके भावों को पूरी तरह से उद्घाटित करते हैं। वस्तुतः हिन्दी

**की शब्द-संपदा सूक्ष्म भावों को प्रकट करने में काफ़ी समर्थ और सक्षम है।**

हिन्दी की शब्द-संपदा के कुछ रूपों का विवेचन किया जा रहा है। **अर्थ की** दृष्टि से इन शब्दों को पाँच वर्गों में विभाजित किया गया है :

1. पर्यायवाची शब्द, 2. विलोम शब्द, 3. अनेकार्थी शब्द, 4. समश्रुति भिन्नार्थक शब्द और 5. पुनरुक्त शब्द।

**1. पर्यायवाची शब्द :** समान अर्थ वाले शब्द पर्यायवाची या समानार्थी कहलाते हैं। उदाहरण के लिए; मनुष्य और आदमी या वायु और हवा पर्यायवाची शब्द हैं। यह बात ध्यान देने की है कि कोश में एक-एक शब्द के लिए अनेक पर्यायवाची या समानार्थी शब्द मिल जाते हैं किंतु वे एकार्थी नहीं होते। उनमें भाव की दृष्टि से कुछ-न-कुछ अंतर अवश्य होता है। इस दृष्टि से वास्तविक पर्यायवाची शब्द होते ही नहीं। उदाहरण के लिए, अनिल, वायु, पवन तथा समीर आदि पर्यायवाची शब्दों में सूक्ष्म भेद सदैव निहित रहता है। 'अनिल' में कोमलता और शीतलता का अनुभव होता है तो 'वायु' में निर्मलता के साथ लचीलापन है, 'पवन' में हवा के रुकने की ध्वनि है तो 'समीर' में हवा के लहराकर बहने का भाव है। इसी प्रकार चित्त, मन और अंतःकरण में तथा ललक, लालसा और इच्छा आदि में सूक्ष्म भेद दिखाई देता है, 'किसी अनाथ अबला पर अत्याचार होते देख हमारा खून खौल उठता है' वाक्य में 'अबला' के स्थान पर नारी, महिला, स्त्री या सुन्दरी रखा जाए तो अबला से जिस भाव की व्यंजना करना चाहते हैं वह नहीं हो पाएगी। अतः ये शब्द पर्यायवाची होते हुए भी अपने-आप में अंतर रखे हुए हैं। यदि साहित्यकार को अर्थ-भेद और व्यंजना-भेद का पूर्ण ज्ञान नहीं है तो उसकी अभिव्यक्ति अस्पष्ट और उथली-पुथली होगी। पर्यायवाची शब्दों के निम्नलिखित उदाहरण दिए जा रहे हैं जो एकार्थी न होकर समानार्थी हैं। इनमें से पहले कुछ शब्दों का अर्थ-भेद दिया जा रहा है। शेष शब्दों के केवल पर्याय दिए गए हैं :

**1. अधिक–** आवश्यकता से ज्यादा।

**पर्याप्त–** आवश्यकता के अनुसार।

**2. अनुमति–** किसी कार्य के लिए सहमति।

**आज्ञा–** बड़े व्यक्ति द्वारा कुछ करने के लिए कहा जाना।

**आदेश–** वैधानिक अधिकार से कुछ करने के लिए कहना।

**3. अंहकार–** घमंड (दोष है)

**गर्व–** किसी वस्तु का गौरव।

**गौरव–** घमंड या गर्व (गुण है)

**अभिमान–** प्रसंग के अनुसार घमंड और गौरव दोनों के लिए प्रयुक्त होता है, परन्तु दोष के लिए अधिक प्रचलित है।

**4. अस्त्र–** जिसे फेंक कर मारा जाए (जैसे–बाण, गोली, बम)

**शस्त्र–** जिसे हाथ में पकड़े हुए मारा जाए (जैसे–तलवार, छुरी, लाठी, गदा)

**5. अनिवार्य–** जिसका निवारण न हो सके या जो टाला या छोड़ा न जा सके।

**आवश्यक–** जरूरी या जिसकी अपेक्षा की जाए।

**6. ईर्ष्या–** दूसरों की उन्नति या उनके गुण आदि देखकर जलना।

**स्पर्धा–** दूसरों की उन्नति या उनके गुण आदि देखकर वैसा ही बनने की कामना करना।

**7. प्रेम–** प्रणय, स्नेह, वात्सल्य आदि सभी के लिए प्रयुक्त सामान्य शब्द

**स्नेह–** छोटे के प्रति बड़े का प्रेम।

**प्रणय–** पति-पत्नी का प्रेम।

**8. भ्रम–** मिथ्या-ज्ञान। जैसे–रस्सी को साँप समझ लेना।

**संदेह–** ऐसा ज्ञान जिसमें अनिश्चय हो, जैसे–साँप है या रस्सी।

**9. श्रम–** केवल शारीरिक।

**परिश्रम–** शारीरिक तथा मानसिक दोनों।

**10. सहायता–** एक पक्ष सक्रिय होता है।

**सहयोग–** दोनों पक्ष सक्रिय होते हैं।

**अन्य पर्याय इस प्रकार हैं :**

**अग्नि–** अनल, आग, पावक, ज्वाला।

**अमृत–** अमिय, पीयूष, सुधा।

**आकाश–** अंतरिक्ष, अंबर, आसमान, गगन, व्योम, नभ।

**इच्छा–** अभिलाषा, आकांक्षा, कामना, लालसा, मनोरथ, स्पृहा।

**ईश्वर–** परमेश्वर, परमात्मा, प्रभु, भगवान, हरि अंतर्यामी, जगदीश, दीनबंधु, खुदा।

**कमल–** अरविन्द, जलज, नीरज, पंकज, राजीव, पुंडरीक, सरसिज।

मल– मुलायम, मृदु, मसृण, सुकुमार, नरम, अपरूप।

ा– जाह्नवी, मंदाकिनी, भागीरथी, सुरसरिता, देवनदी, त्रिपथगा।

ड़ा– अश्व, तुरंग, सैंधव, हय।

मा– चाँद, इंदु, निशाकर, कलापति, द्विज, मयंक, रजनीश, मृगांक, राकेश, शशांक, सोम, सुधाकर, सुधांशु, हिमांशु।

ा– पानी, नीर, वारि, अंबु, तोय, सलिल, पय।

ग– उर्मि, लहर, वीचि, हिल्लोल, लहरी, कल्लोल।

ी– तटिनी, सरिता, तरंगिणी, पयस्विनी, दरिया।

ते– भर्ता, स्वामी, रमण, वल्लभ, कंत, नाथ।

नी– भार्या, कांता, दारा, अर्धांगिनी, जाया, बीवी, परिणीता।

ाड़– अचल, गिरि, नग, पर्वत, भूधर, मयूर, शैल, धरणीधर।

थ्वी– धरती, अवनी, भूमि, मही, वसुंधरा, ज़मीन, धरणी।

ल– सुमन, पुष्प, प्रसून, कुसुम।

जली– विद्युत, चपला, तड़ित, सौदामिनी, चंचला, घनदाम।

मर– भौंरा, मधुप, मधुकर, अलि, पट्पद, मिलिंद, भृंग, द्विरेफ।

हादेव– शिव, शंकर, नीलकंठ, कैलाशनाथ, त्रिलोचन, महेश्वर, चंद्रशेखर, हर, गिरिजापति, भूतनाथ।

मत्र– सखा, सहचर, दोस्त, साथी, सुहृद।

द्ध– रण, लड़ाई, संग्राम, समर, सगर।

ात्रि– निशा, निशि, रजनी, रात, विभावरी, त्रियामा।

क्ष्मी– श्री, कमला, रमा, इंदिरा, पद्मा, चंचला, हरिप्रिया।

संत– बहार, ऋतुराज, कुसुमाकर, मधुऋतु, माधव।

वेष्णु– जनार्दन, लक्ष्मीपति, दामोदर, हृषीकेश, विश्वंभर, चतुर्भुज।

ारीर– अंग, काया, तनु, देह, बदन, जिस्म, कलेवर, गात।

समुद्र– उदधि, अंबुनिधि, जलधि, पयोधि, सागर, क्षीरधि।

सर्प– नाग, अहि, भुजंग, विषधर, व्याल, साँप, पन्नग।

सिंह– केशरी, मृगपति, मृगेन्द्र, शेर, हरि, पंचानन।

सुंदर– मनोरम, चारू, कांत, सोमन, सुषमा, मंजुल, रुचिर।

सूर्य– दिनकर, दिवाकर, दिनेश, प्रभाकर, मार्तंड भानु, भास्कर, रवि,

सूर, अंशुमाली, आदित्य।

**स्त्री–** नारी, महिला, औरत, कांता, वामा, अबला।

**हाथी–** कुंजर, करि, दंती, हस्ती, मतंग, गयंद, द्विदर।

**विलोम शब्द** : किसी शब्द का विपरीत अर्थ बतलाने वाला शब्द वि विपरीतार्थी या विपर्याय कहलाता है। जैसे, योग्य-अयोग्य, भला-बुरा, धनी-नि हिन्दी में संरचना की दृष्टि से विलोम शब्द मुख्यतः पाँच प्रकार के होते हैं

**1.** वे जो किसी शब्द में अ, अन्, आ, नि, वि, प्रति, परा, अव, अन आदि उपसर्ग जोड़ने से बनते हैं। उदाहरण के लिए :

ज्ञान--अज्ञान
शुभ--अशुभ
सत्य--असत्य
लौकिक--अलौकिक
धर्म--अधर्म
चल--अचल
स्पष्ट--अस्पष्ट
स्वस्थ--अस्वस्थ
शांति--अशांति
सभ्य--असभ्य
अर्थ--अनर्थ
आर्य--अनार्य
आदर--अनादर
उचित--अनुचित
उपयुक्त--अनुपयुक्त
उपस्थित--अनुपस्थित
वादी--प्रतिवादी
लायक--नालायक
क्रिया--प्रतिक्रिया
मर्द--नामर्द
जय--पराजय
गुण--अवगुण
मान--अपमान
यश--अपयश
पक्ष--विपक्ष
क्रय--विक्रय
दाता--अदाता
वृष्टि--अनावृष्टि

**2.** दोनों में विरोधी उपसर्ग जोड़ने से बनते हैं। उदाहरण के लिए :

आयात--निर्यात
अनुकूल--प्रतिकूल
उपकार--अपकार
उत्कृष्ट--निकृष्ट
निरपेक्ष--सापेक्ष
सच्चरित्र--दुश्चरित्र
स्वतंत्र--परतंत्र
सुगंधि--दुर्गंधि
स्वदेश--विदेश
सरस--नीरस
सपूत--कपूत
सम्मुख--विमुख
साकार--निराकार
सौभाग्य--दुर्भाग्य
सबल--निर्बल
साक्षर--निरक्षर

**3.** एक में प्रत्यय और दूसरे में उपसर्ग जोड़कर बनते हैं। उदाहरण के लिए:

| | |
|---|---|
| धनी--निर्धन | वफ़ादार--बेवफ़ा |
| हयादार--बेहया | ईमानदार--बेईमान |

**4.** संरचना की दृष्टि से आपस में प्रायः संबद्ध नहीं होते। ये स्वतंत्र होते है। उदाहरण के लिए :

| | |
|---|---|
| अच्छा –बुरा | आकाश--पाताल |
| अंधकार--प्रकाश | आदि--अंत |
| आय--व्यय | उतार--चढ़ाव |
| उदय-अस्त | उत्थान –पतन |
| उदार--कृपण | जन्म--मृत्यु |
| पाप--पुण्य | उर्वर--ऊसर |
| राजा--रंक | गुण--दोष |
| स्वर्ग--नरक | जड़--चेतन |
| सरल--कठिन | दिन –रात |
| सूक्ष्म--स्थूल | विष--अमृत |
| हानि--लाभ | माँ--बाप |
| सामान्य--विशेष | शत्रु--मित्र |

एक ही शब्द का एक ही विलोम हो, यह कोई आवश्यक नहीं है। संदर्भ के अनुसार विलोम बदलते रहते हैं। जैसे, राजा के तीन विलोम हैं : राजा-रंक, राजा-प्रजा, और राजा-रानी। इसी प्रकार सरल-कठिन (व्यक्ति) और सरल-वक्र (रेखा) विलोम शब्द हैं। लिंगवाची शब्दों को विलोम शब्दों के अंतर्गत नहीं रखा जाता। जैसे, माँ-बाप, दादा-दादी, भाई-बहन, बेटा-बेटी।

कुछ विलोम शब्द जोड़े के रूप में प्रयुक्त होते हैं और अपना विशेष अर्थ देते हुए उसमें व्यापकता भर देते हैं। उदाहरण के लिए :

1. हमें आपस में विचारों का **आदान-प्रदान** करना चाहिए।
2. हमारे देश में **आयात-निर्यात** काफ़ी होता है।
3. वह **देश-विदेश** घूमता रहता है।
4. वह **अच्छा-बुरा** जो भी कहे, सुन लेना चाहिए।
5. इस संसार में **सज्जन-दुर्जन** सभी मिल जाएँगे।

कुछ विलोम शब्द एक ही अर्थ देते हैं किंतु उस अर्थ में व्यापकता आ जाती है। जैसे :

1. उससे **कहना-सुनना** बेकार है।

2. अरे भई, **थोड़ा-बहुत** जो भी मिल जाए, उसे ले लो।

कुछ विलोम शब्द मिलकर नया अर्थ देते हैं। जैसे :

1. उसने इस काम में **आकाश-पाताल** एक कर दिया।

2. वह इस काम में **दिन-रात** जुटा हुआ है।

3. भैया ! **पढ़-लिख** कर कुछ बन जाओ।

4. उसने **रो-हँस** कर कुछ काम कर ही दिया।

विलोम शब्दों के प्रयोग में समस्रोतता का ध्यान रखना आवश्यक है। **हानि-लाभ** विलोम शब्द का **हानि-फ़ायदा** या **नुकसान-लाभ** नहीं होगा। इसी प्रकार **आज़ाद-परतंत्र** या **जन्म-मौत** नहीं होगा।

3. **अनेकार्थी शब्द** : जिस एक शब्द के दो या दो से अधिक अर्थ निकलें उसे अनेकार्थी शब्द कहते हैं। अनेकार्थी शब्दों के प्रयोग से भाषा में सरसता आ जाती है। उदाहरण के लिए :

कनक कनक ते सौ गुनी मादकता अधिकाय।
एक खाय बौरात नर एक प्राय बौराय।

इस दोहे में 'कनक' के दो अर्थ हैं--सोना और धतूरा। वास्तव में अनेकार्थी शब्द विभिन्न प्रसंगों में प्रयुक्त होकर अलग-अलग अर्थ देते हैं। काव्य भाषा में अनेकार्थी शब्द का प्रयोग तो उस भाषा का गुण है। श्लेष और यमक अलंकारों के आधार ही अनेकार्थी शब्द हैं। ऐसे शब्दों के ज्ञान और प्रयोग से भाषा उत्कृष्ट और भाव व्यंजक बनती है। कुछ अनेकार्थी शब्द दिए जा रहे हैं :

**अंक**– संख्या, नाटक के अंक, चिह्न, गोद।

**अनंत**– शेषनाग, लक्ष्मण, आकाश, जिसका अंत न हो, विष्णु।

**अंबर**– आकाश, वस्त्र।

**आम**– फल, मामूली, सर्वसाधारण।

**अर्थ**– धन, मतलब, व्याख्या, प्रयोजन।

**कर**– हाथ, टैक्स, किरण, सूंड।

**काम–** कार्य, कामदेव।

**कोटि–** करोड़, श्रेणी, धनुष का सिरा।

**खग–** पक्षी, वाण, ग्रह, मन, हवा।

**गण–** समूह, शिव के दरबारी, मनुष्य, पिंगल के चरण।

**घट–** घड़ा, शरीर, कम।

**चपला–** बिजली, लक्ष्मी, नाव।

**जड़–** मूल, मूर्ख।

**जलधर–** सरोवर, बादल।

**टीका–** तिलक, व्याख्या, हैजे आदि का टीका, विवाह का सगुन।

**ठाकुर–** स्वामी, देवता, राजपूत, नाई, ब्राह्मण, बड़ा।

**दल–** पत्ता, सेना, झुंड, पार्टी।

**धातु–** सोना, चांदी आदि द्रव्य, वीर्य, क्रिया का मूल रूप।

**नाग–** हाथी, सर्प, नागकेशर।

**निशाचर–** राक्षस, उल्लू, चोर।

**पंचानन–** सिंह, महादेव, पंचमुखी।

**पयोधर–** स्तन, पर्वत, बादल, गन्ना।

**पत्र–** पत्ता, चिट्ठी, पंख।

**पानी–** जल, चमक, इज्जत।

**पृष्ठ–** पीठ, पन्ना, पीछे का भाग।

**फूल–** पुष्प, चिता की राख।

**बहार–** आनंद, बसंत, एक राग।

**मधु–** शराब, शहद, बसंत।

**मित्र–** दोस्त, सूर्य, प्रिय, सहयोगी।

**रजत–** चाँदी, दाँत, हाथी, सफ़ेद।

**लट्ठा–** शहतीर, बड़ी लाठी, एक नाप, स्तंभ, एक प्रकार का वस्त्र।

**वर–** श्रेष्ठ, पति, वरदान।

**शान–** घमंड, ऐंठ, मान, ठाट, धार।

**सरस्वती–** शारदा, वाणी एक नदी, विद्या।

| | |
|---|---|
| **सारंग–** | मोर, सर्प, मेघ, हरिण, पानी, पपीहा, सिंह, कोयल, कामदेव, भौंरा, शोभा, हाथी, राजहंस, राग-विशेष। |
| **सैंधव–** | सेंधा नमक, घोड़ा, सिंध प्रांत का। |
| **स्नेह–** | प्रेम, तेल। |
| **हंस–** | सूर्य, घोड़ा, योगी, सरोवर का पक्षी, प्राण। |
| **हलधर–** | बलराम, बैल, किसान। |
| **हरि–** | विष्णु, सिंह, सूर्य, यमराज, कामदेव, किरण। |
| **हार–** | माला, गले का आभूषण, पराजय। |

**4. समश्रुति भिन्नार्थक शब्द :** हिन्दी भाषा में कुछ ऐसे शब्द हैं जो ध्वनि एवं वर्तनी की दृष्टि से बहुत कुछ समान लगते हैं, किंतु अर्थ की दृष्टि से वे एक-दूसरे से सर्वथा भिन्न होते हैं। ऐसे शब्दों को समश्रुति भिन्नार्थक शब्द कहते हैं। इस प्रकार के शब्दों का प्रयोग करते हुए सतर्क रहने की आवश्यकता है। कुछ उदाहरण दिए जा रहे हैं :

| **शब्द** | **अर्थ** |
|---|---|
| अगम | जहाँ जाया न जा सके। |
| आगम | आने वाला |
| अणु | कण |
| अनु | पीछे, बाद का |
| अपेक्षा | आशा |
| उपेक्षा | अवहेलना |
| अनल | आग |
| अनिल | वायु |
| अरि | शत्रु |
| अरी | संबोधन (स्त्री) |
| अलि | भौंरा |
| अली | सखी |
| अवलंब | सहारा |
| अविलंब | शीघ्र |
| अशक्त | असमर्थ |

| | |
|---|---|
| आसक्त | मोहित,मग्न |
| आकर | खान |
| आकार | शक्ल, रूप |
| अवधि | सीमा |
| अवधी | हिन्दी की एक बोली (उपभाषा) |
| अविराम | लगातार |
| अभिराम | सुंदर |
| उधार | ऋण |
| उद्धार | बचाना, उठाना |
| कुल | वंश, सब |
| कूल | किनारा |
| ज़रा | थोड़ा |
| जरा | बुढ़ापा |
| निधन | मृत्यु |
| निर्धन | गरीब |
| पथ्य | रोगी को दिया जाने वाला |
| पथ | रास्ता |
| दिन | दिवस |
| दीन | दरिद्र |
| दीप | दीपक |
| द्वीप | टापू |
| नग | पर्वत |
| नाग | हाथी, सर्प |
| परिणाम | नतीजा |
| परिमाण | मात्रा |
| प्रणय | प्रेम |
| परिणय | विवाह |
| प्रसाद | कृपा |

| | |
|---|---|
| प्रासाद | महल |
| पुरुष | मर्द |
| परुष | कठोर |
| बात | बातचीत |
| वात | वायु (रोग) |
| फण | साँप का मुँह |
| फ़न | कला, कारीगरी |
| संकर | मिश्रित |
| शंकर | महादेव |
| करोड़ | कोटि की संख्या |
| क्रोड़ | गोद |
| समान | बराबर |
| सम्मान | आदर |
| सामान | वस्तु |
| तरणी | नदी |
| तरणि | नाव |
| तरुणी | युवती |
| क्षति | हानि |
| क्षिति | पृथ्वी |
| बाद | पश्चात् |
| वाद | कोई विशेष मत सिद्धांत या विचार |
| चर्म | चमड़ा |
| चरम | अंतिम, उच्चतम |
| छात्र | विद्यार्थी |
| क्षात्र (धर्म) | क्षत्रिय का धर्म |
| गृह | घर |
| ग्रह | नक्षत्र |
| बदन | शरीर |

| | |
|---|---|
| वदन | मुख |
| भाग्य | तकदीर |
| भाग | हिस्सा |
| सुत | पुत्र |
| सूत | धागा, सारथि |
| लक्ष्य | उद्देश्य |
| लक्ष | लाख |
| वसन | कपड़े |
| व्यसन | बुरी आदत |
| शर | तीर |
| सर | तालाब |
| स्त्री | औरत |
| इस्त्री | कपड़े की सिकुड़न आदि को मिटाने वाला यंत्र, प्रेस। |

**5. पुनरुक्त शब्द :** मूल शब्द या उसके किसी खंड की पुनरावृत्ति से कुछ भाषाओं में संबंध तत्व का बोध होता है। वास्तव में वक्ता अपनी अभिव्यक्ति को बल देने के लिए या उसमें अतिशयता लाने के लिए शब्दों का प्रयोग करता है। इन्हें द्विरुक्त शब्द भी कहा जाता है। पुनरुक्त शब्द दो प्रकार के होते हैं:

**(क) शुद्ध पुनरुक्त शब्द** और ख) **अनुकरणात्मक पुनरुक्त शब्द।**

**(क) शुद्ध पुनरुक्त शब्द**--इसमें एक ही शब्द निरंतर या उससे अधिक बार प्रयुक्त होता है। उसमें संज्ञा, सर्वनाम, विशेषण, अव्यय, क्रिया आदि होते हैं जैसे, घर-घर, घड़ी-घड़ी, अपना-अपना, अच्छे-अच्छे, बड़े-बड़े, लाल-लाल, देख-देख, पढ़-पढ़, धीरे-धीरे,आगे-आगे, और-और आदि।

**(ख) अनुकरणात्मक पुनरुक्त शब्द**– इसमें शब्द के साथ समानुप्रास सार्थक निरर्थक शब्द प्रयुक्त होता है। इसे शब्द-युग्म भी कहते हैं। जैसे- भीड़-भाड़, चहल-पहल, चाय-वाय, दवा-दारू, भोला-भाला, हरा-भरा, खरी-खोटी, रूखी-सूखी, काट-छाँट, नहाना-धोना, खाना-पीना, आर-पार आदि।

# हिन्दी की भाषिक संरचना और अशुद्धि विश्लेषण

भाषा को यादृच्छिक ध्वनि-प्रतीकों की व्यवस्था माना गया है जिसके द्वारा समाज में परस्पर विचार विनिमय होता है। ये प्रतीक ध्वनि और अर्थ से संयोजित होते हैं। ध्वनियों का संयोजित रूप अभिव्यक्ति है और अर्थ में कथ्य निहित रहता है। जब वक्ता प्रतीक के रूप में 'कमल' शब्द को अभिव्यक्त करता है तो श्रोता के मन में तत्काल उसका कथ्य उभर कर आता है अर्थात् 'कमल' का रूप और गुण हमारे मस्तिष्क में आ जाता है। इस प्रतीक के साथ अन्य सामाजिक, सांस्कृतिक, भौगोलिक, ऐतिहासिक, लाक्षणिक और संरचनात्मक आयाम भी जुड़े होते हैं जो इस प्रतीक को सामान्य अर्थ से अलग अर्थ भी प्रदान करते हैं। जैसे 'गधा' शब्द का सामान्य अर्थ 'बोझ ढोने वाले जानवर' से है किन्तु लक्षणा की दृष्टि से उसका एक अन्य अर्थ 'मूर्ख' भी है।

कोई भी भाषा प्रतीकों की केवल लड़ी या समूह नहीं होती वरन् उसकी व्यवस्था होती है। उदाहरण के लिए, हिन्दी में 'राम मोहन को पीटता है' वाक्य में राम 'कर्ता' के रूप में पहले आएगा, बाद में मोहन 'कर्म' के रूप में और फिर 'क्रिया' पीटता है आती है। इस प्रकार हिन्दी की मूल आंतरिक व्यवस्था 'कर्ता-कर्म-क्रिया' है। हर भाषा की अपनी व्यवस्था होती है। अंग्रेजी की व्यवस्था है 'कर्ता-क्रिया-कर्म'।

इस प्रकार यह भाषा प्रतीकों की आंतरिक व्यवस्था है। इस आंतरिक व्यवस्था को भाषिक संरचना कहा जा सकता है। इसमें ध्वनिपरक एवं व्याकरणिक इकाइयाँ एक- दूसरे के साथ व्यवस्थित रूप से जुड़ी होती हैं जिससे अर्थ का बोधन होता है। ये भाषिक इकाइयाँ अपने-आप में स्वायत्त न होकर संरचनात्मक संबंधों के प्रकार्य के रूप में कार्य करती हैं। प्रत्येक व्यक्ति अपने अंतस में इन संबंधों के नियमों को जानता है जो उसके भीतर अज्ञात रूप से या सुषुप्त भाव से पड़े रहते हैं। वह अपनी सर्जनात्मक शक्ति के द्वारा उन नियमों के आधार पर ऐसे नए वाक्यों का निर्माण करता है जो न कभी पहले बोले गए हों और न कभी सुने गए हों। ये वाक्य व्याकरण और अर्थ के धरातल पर समझे जाते हैं। ये

नियम मानव के अज्ञात मन में निहित रहते हैं। इसे व्यक्ति की भाषिक क्षमता कहते हैं। जब विभिन्न स्थितियों में भाषा का प्रयोग इन नियमों के अनुसार किया जाता है तो उसे व्यक्ति का भाषिक व्यवहार कहते हैं। यह भाषिक व्यवहार परिस्थितिजन्य, व्यक्ति-सापेक्ष और उद्देश्यपूर्ण होता है।

भाषिक व्यवस्था को व्यक्ति विभिन्न रूपों में भाषिक व्यवहार के द्वारा मूर्त्त रूप प्रदान करता है और भाषिक व्यवहार भाषिक व्यवस्था के बिना संभव नहीं क्योंकि नियमों को बिना जाने भाषा का प्रयोग नहीं किया जा सकता। इस दृष्टि से भाषिक व्यवस्था जहाँ भाषिक व्यवहार के लिए साधन के रूप में कार्य करती है वहाँ सामाजिक चेतना के धरातल पर भाषा की व्यवस्था के संचित कोश के रूप में उसका फल भी है। इस भाषिक क्षमता का संबंध उन भाषिक कौशलों से है जिनका पता लगाने के लिए विश्लेषण की आवश्यकता पड़ती है।

भाषिक क्षमता का विश्लेषण भाषा की संरचना और प्रकार्य के आधार पर किया जा सकता है कि कौन, कब, कहाँ, कैसे और क्या कर रहा है। उदाहरण के लिए :

1. (क) राम श्याम को पागल **लगता** है।

   (ख) राम श्याम को पागल **समझता** है।

2. (क) घड़ी बनवाने के लिए आशा ने अशोक को **वचन दिया**।

   (ख) घड़ी बनवाने के लिए आशा ने अशोक को **आज्ञा दी**।

यहाँ पूरे वाक्य या क्रिया में इसकी पूरी संरचना समझ में आ जाती है। 'लगना'एवं 'समझना' तथा 'वचन देना' एवं 'आज्ञा देना' नामक क्रियाओं के प्रकार्य के आधार पर इनकी अर्थगत संरचना का पता लग सकता है।

इसी प्रकार एक और उदाहरण लिया जा सकता है।

(क) यह नौकरानी कपड़े धोने के लिए है।

(ख) यह मशीन कपड़े धोने के लिए है।

संरचना की दृष्टि से दोनों वाक्य एक हैं किंतु प्रकार्य की दृष्टि से वाक्य (क) में कर्ता है और वाक्य (ख) में करण का कर्तावत् प्रयोग है।

यह वाक्य संरचना व्याकरण सम्मत है या नहीं, इसका पता भी मानसिक स्तर पर लगाया जा सकता है। चाहे शब्द एक ही हो लेकिन उनमें व्यवस्था

होती है जो व्यक्ति की भाषिक क्षमता की परिचायक है। उदाहरण के लिए :

(क) आजकल दिल्ली में चुनाव का ज़ोर है।

(ख) में ज़ोर का चुनाव है दिल्ली आजकल।

कोई भी व्यक्ति (शिक्षित हो या अशिक्षित) बिना किसी हिचकिचाहट के क्षण भर में बता देगा कि वाक्य (ख) अव्याकरणिक है या यह हिन्दी का वाक्य नहीं हो सकता क्योंकि यह हिन्दी की व्याकरणिक व्यवस्था के अनुकूल नहीं है।

भाषा की वाक्य संरचना का अर्थगत पक्ष कहीं-कहीं ऐसा होता है जहाँ दो या अधिक अर्थों व कथ्यों को एक ही अभिव्यक्ति में देखा जाता है और कहीं दो-तीन अभिव्यक्तियों में एक ही अर्थ पाया जाता है। यही कारण है कि हर भाषा में अनेकार्थी या संदिग्धार्थी और पर्यायवाची शब्द या वाक्य मिल जाते हैं।

(1) कथ्य — अभिव्यक्ति 1, अभिव्यक्ति 2, अभिव्यक्ति 3

(2) अभिव्यक्ति — कथ्य 1, कथ्य 2, कथ्य 3

(1) शब्द के धरातल पर आँख, अक्षि, चक्षु, दृग, नयन, नेत्र, लोचन आदि अभिव्यक्ति के स्तर पर अनेक हैं किंतु उनमें कथ्य एक है।

वाक्य के धरातल पर तीन वाक्य लें।

(क) राम ने सुंदर लड़की से शादी की।

(ख) राम ने जिस लड़की से शादी की वह सुंदर है।

(ग) राम ने उस लड़की से शादी की जो सुंदर है।

इन तीनों अभिव्यक्तियों में एक ही अर्थ का प्रतिपादन किया जा सकता है।

(2) इसी प्रकार शब्द के धरातल पर "उसे सोना बहुत महँगा पड़ा" या "राम ने उस दिन मन भर मिठाई खाई " वाक्यों में "सोना" तथा "मन" अभिव्यक्ति के स्तर पर एक है किंतु कथ्य के स्तर पर दो हैं।

वाक्य के धरातल पर " मैंने कपड़े पहनते हुए मोहन को देखा " अभिव्यक्ति के स्तर पर एक है किंतु कथ्य के स्तर पर दो अर्थ हो सकते हैं अर्थात :

(क) मैं कपड़े पहन रहा था, मैंने मोहन को देखा।

(ख) मैंने जब मोहन को देखा, मोहन कपड़े पहन रहा था।

इसी प्रकार अन्य अनेकार्थी वाक्य देखे जा सकते हैं।

(1) यह राम की तस्वीर है। इसके तीन अर्थ हो सकते हैं।

(क) राम इस तस्वीर का मालिक है। (राम ने यह तस्वीर खरीदी है।)

(ख) यह तस्वीर राम के द्वारा बनी हुई है। (राम इस तस्वीर का चित्रकार है।)

(ग) इसमें राम की अपनी तस्वीर छपी हुई है। (राम की यह फोटो है।)

(2) वह टोपी वाला आ रहा है। इसके दो अर्थ हो सकते हैं।

(क) जो टोपी बेचता है, वह आ रहा है।

(ख) जो टोपी पहने हुए है, वह आ रहा है।

पदक्रम के कारण अर्थभेद को पहचानने की क्षमता भी होती है। अर्थ के अनुसार अभिव्यक्ति में अंतर होता है।

1. (क) पानी में साँप है। (ख) साँप पानी में है।

वाक्य 1 (क) में सामान्य सूचना दी गई है लेकिन वाक्य (1) (ख) में किसी साँप विशेष की बात की गई है, जिसकी सूचना पहले दी जा चुकी होगी।

2. (क) वह सुंदर लड़की है। (ख) वह लड़की सुंदर है।

वाक्य 2 (क) में "वह" सर्वनाम के रूप में प्रयुक्त हुआ है जबकि वाक्य 2 (ख) में "वह" विशेषण लगाकर किसी विशिष्ट लड़की की ओर संकेत किया गया है।

इसी प्रकार भाषा को कथ्य (अर्थ) और अभिव्यक्ति (ध्वनि) दोनों के धरातल पर देखा जाता है। दूसरे शब्दों में, कथ्य और अभिव्यक्ति के संबंधों को जानना या समझना भाषा का विश्लेषण करना है लेकिन वक्ता के भीतर जो व्याकरण अव्यक्त रूप में होता है वह संदर्भ में बाहर नहीं होता। उसमें केवल भाषा की संरचनात्मक व्यवस्था संबंधी नियमों की क्षमता का ही विकास नहीं होता वरन् उसमें उसके प्रयोग संबंधी नियमों की भी पकड़ होती है। यह भाषिक क्षमता उच्चारण अथवा लेखन के माध्यम से व्यवहार में आने पर विभिन्न भाषिक कौशलों (अर्थात बोलना-सुनना एवं पढ़ना-लिखना) के रूप में कार्यान्वित होती है। इस प्रकार भाषिक कौशलों का विकास व्यक्ति की भाषिक क्षमता और उसके व्यावहारिक रूपों से होता है।

मातृभाषा-भाषी के लिए साक्षर होने का अर्थ उसकी भाषिक क्षमता और उसके व्यावहारिक प्रयोग से है। उस व्यक्ति की भाषिक क्षमता विकसित होगी जो विभिन्न संदर्भों, स्थितियों एवं प्रसंगों में उसी प्रकार की भाषा का प्रयोग करता है। यदि वह व्यक्ति भाषा के नियमों तथा उसके विभिन्न प्रयोगों में अशुद्धियाँ करता है तो इसका अभिप्राय यह हुआ कि उसे उस भाषा की संरचना का पूर्ण ज्ञान नहीं है। इस अपूर्ण ज्ञान के होने के कई कारण हो सकते हैं जिसमें तीन मुख्य है :

(1) बहुभाषिकता, (2) बोलियों का प्रभाव और (3) सामाजिक वातावरण।

(1) बहुभाषी क्षेत्रों में विशेषकर महानगरों में मातृभाषा-भाषी की भाषा पर अन्य प्रचलित भाषाओं एवं बोलियों का अवमिश्रण हो जाता है जो औपचारिक भाषा के नियमों के अनुकूल नहीं बैठती। दिल्ली जैसे महानगर में कई भाषाओं के बोलने वाले लोग रहते हैं। अंग्रेजी, पंजाबी, बंगाली, मराठी, तमिल आदि कई भाषाओं की भूमिका तो इस क्षेत्र में अधिक है। अंग्रेजी के शिक्षा-माध्यम होने के कारण हिन्दी पर इसका प्रभाव पड़ा है और अन्य भाषा के बोलने वालों की जनसंख्या अधिक होने के कारण उन का प्रभाव अधिक दिखाई देता है। इस प्रकार भाषाओं के संरचनात्मक भेद से उत्पन्न व्याघात की स्थिति में अशुद्धियाँ होने की संभावना रहती हैं।

(2) क्षेत्रीय बोलियों का भी भाषा के मानक रूप पर प्रभाव पड़ता है। वास्तव में वक्ता अनौपचारिक अवसरों पर विशेषकर परिवार और अन्य आत्मीय जनों के साथ अपनी बोली का प्रयोग करता है लेकिन स्कूल और कॉलेंज में उसे भाषा के औपचारिक या मानक रूपों की शिक्षा दी जाती है। वहाँ उसकी भाषा पर अपनी क्षेत्रीय बोली का प्रभाव स्वभावतः पड़ता है। भारत में विशेषकर हिन्दी भाषी क्षेत्र में यह स्थिति प्रायः मिलती है। ब्रज, अवधी, भोजपुरी आदि क्षेत्रीय बोलियाँ बोलने वाले लोगों की हिन्दी के औपचारिक या लिखित रूपों पर इन बोलियों का प्रभाव पड़ना अवश्यंभावी है। इससे मानक भाषा की संरचना में कहीं न कहीं परिवर्तन दिखाई देता है जिसे व्याकरण स्वीकार नहीं करता। इनको अशुद्धियों की संज्ञा दी जाती है।

(3) यदि बालक किसी निम्नवर्ग में उत्पन्न हुआ है और उसे सामाजिक एवं सांस्कृतिक धरातल पर ऐसा वातावरण नहीं मिल पाया तो उसकी भाषा प्रायः समृद्ध एवं विकसित नहीं हो पाएगी। निम्नवर्ग के बालक की भाषा प्रायः सामान्य रूप में सरल होती है और वह स्थूल वस्तुओं तक सीमित रहती है, जबकि मध्य वर्ग के बालक की भाषा अधिक अमूर्त, लचीली और तर्कपूर्ण होती है। उसमें

अधिकांशतः भाषिक नियमों का सटीक और सार्थक प्रयोग होता है। किंतु यह स्थिति कहीं-कहीं पूर्ण रूप से नहीं मिलती।

इसीलिए भाषा-प्रयोग में संरचनात्मक अशुद्धियाँ, मानक प्रयोग में अशुद्धियाँ तथा शैलीगत या प्रयुक्तिपरक अशुद्धियाँ अधिकतर मिल जाती हैं। हिन्दी में संरचनात्मक अशुद्धियों में 'ने ', 'को' आदि परसर्गों की अशुद्धियाँ प्रायः मिलती हैं। जैसे : (1) राम काम पूरा कर लिया (2) उसको सिर में दर्द है, आदि। इसके अतिरिक्त अन्विति, पदक्रम आदि कई प्रकार की संरचनात्मक अशुद्धियाँ मिलती हैं। जैसे : (1) कमला ने कपड़ों को सूटकेस में रख दिए हैं, (2) मेरे लिए ठंडा बर्फ का पानी लाओ, आदि।

मानक प्रयोगों में कई प्रकार की अशुद्धियाँ मिलती हैं और उसमें अधिकांशतः क्रिया संबंधी अशुद्धियाँ मिलती हैं। जैसेः - मैंने यह काम करा। वहाँ मत जाइओ, आदि। शैलीगत और प्रयुक्तिपरक प्रयोग में संदर्भ, व्यवहार और विषय के अनुसार भाषायी प्रयोग होता है। यदि इसमें ध्यान नहीं दिया जाए तो कई प्रकार की अशुद्धियाँ हो सकती हैं। यदि किसी दुकानदार से सामान खरीदते हुए यह कहा जाए कि "इस पुस्तक का उचित मूल्य बताने की कृपा करें" या "इस पेन का मूल्य निर्धारण करो" आदि अशुद्ध वाक्य कहलाएँगे। इसी प्रकार कार्यालयीय संदर्भ में यदि यह वाक्य क्लर्क के लिए लिखा जाता है कि "तुम चर्चा के अनुसार कार्रवाई करो" या "इस बारे में तुम मंत्रालय को पत्र लिखो" आदि तो वह वाक्य संदर्भ के अनुसार शुद्ध नहीं है।

इस प्रकार बहुभाषिकता और बोलियों के प्रभाव से ये जो संरचनात्मक, मानक और शैलीगत अशुद्धियाँ मिलती हैं, उनमें भाषा के नियमों की पूरी जानकारी का न हो पाना भी एक कारण है। इसके अतिरिक्त मानक भाषा की संकल्पना स्पष्ट नहीं है और न ही शैलियों तथा प्रयुक्ति की पूरी जानकारी है। इन सब का ज्ञान होने से ही अशुद्धियों में सुधार किया जा सकता है।

वास्तव में शिक्षा के संदर्भ में भाषा के मानक या लिखित रूप को आधार बनाने से शिक्षा को उपयोगी बनाया जा सकता है। शिक्षा माध्यम के रूप में कारगर सिद्ध होने के लिए भाषा की संरचना एकरूपी और नियमों के अनुसार होनी चाहिए। यह बात अलग है कि विभिन्न विषयों की प्रकृति के अनुसार उसकी अलग पारिभाषिक शब्दावली और संरचना होगी किंतु भाषा की आधारभूत संरचना के दोषरहित रहने की अपेक्षा की जाती है। अतः शब्द-रूप, संज्ञा-क्रिया अन्विति, विशेषण-विशेष्य अन्विति आदि व्याकरणिक संदर्भों में जो अशुद्धियाँ पाई जाती हैं उनका संशोधन निर्देशात्मक व्याकरण के आधार पर करने की

आवश्यकता पड़ती है। कहीं-कहीं विवरणात्मक व्याकरण की भी सहायता ली जाती है। इस संबंध में भाषा का विवेचन ध्वनि और व्याकरण (रूप, शब्द और वाक्य) के स्तरों पर किया जाता है जिससे भाषा तथ्यों की जानकारी सामान्य नियमों द्वारा दी जा सके। इसमें यह बताने का प्रयास किया जाता है कि ध्वनियों का सही उच्चारण क्या है और उसे किस प्रकार सही लिखा जाए। अर्थ एवं भाव को स्पष्ट करने के लिए सार्थक शब्दों का चयन किया जाए। वाक्य में प्रयुक्त शब्दों का एक-दूसरे के साथ लिंग, वचन, कारक, काल, क्रिया आदि के अनुकूल मेल होना चाहिए तथा भाषिक नियमों के अनुसार वाक्य निर्माण किया जाना चाहिए। इसके अतिरिक्त भाषा की विभिन्न शैलियों और प्रयुक्तियों की पूरी जानकारी होनी चाहिए। इससे भाषा सहज, सरल और सुस्पष्ट होगी। इस प्रक्रिया से भाषिक क्षमता का विस्तार होगा और उससे भाषिक कौशल का विकास होगा जो भाषिक-व्यवहार के लिए उपादेय सिद्ध होंगे।

अब हिन्दी में होने वाली उच्चारण-वर्तनी, रूप-रचना, शब्द और वाक्य संबंधी अशुद्धियों का विश्लेषण किया जाएगा।

## वर्तनी संबंधी अशुद्धियाँ

भाषा की अभिव्यक्ति की दो भिन्न पद्धतियाँ हैं– उच्चरित और लिखित। संप्रेषण के लिए ये दोनों पद्धतियाँ स्वतंत्र प्रक्रिया के रूप में काम करती हैं। ये दोनों भाषा के व्यावहारिक प्रकार्य के परिणाम हैं जो भाषा के निर्माण में सहायता करते हैं। वास्तव में भाषा मूलतः उच्चरित या मौखिक होती है। उसका लिखित रूप उच्चरित रूप की ध्वनियों को सुरक्षित रखने के लिए प्रयुक्त होता है। इसके संकेत चिह्न होते हैं जो वर्ण कहलाते हैं और जिस रूप में ये लिखे जाते हैं उसे लिपि कहा जाता है। इस लिपि में शब्दों को जो व्यवस्थाबद्ध रूप दिया जाता है वह वर्तनी कहलाती है। हिन्दी ने देवनागरी लिपि अपनाई है। यह लिपि संसार की अन्य लिपियों से अधिक वैज्ञानिक हैं किन्तु फिर भी यह लिखित रूप का मुख्य साधन होते हुए उच्चरित भाषा को सुरक्षित रखने में पूर्णतया समर्थ नहीं है। यही कारण है कि जिस प्रकार संसार की अन्य भाषाओं में वर्तनी संबंधी समस्याएँ मिलती हैं उसी प्रकार हिन्दी में भी वर्तनी की समस्याएँ देखी जा सकती हैं। इसका विवरण नीचे दिया जा रहा है :

(1) शुद्ध उच्चारण न करने और सावधानी से न सुनने के कारण वर्तनी की अशुद्धियाँ हो जाती हैं। यह अशुद्धियाँ प्रायः ह्रस्व और दीर्घ स्वरों के जोड़े (अ-आ, इ- ई, उ- ऊ ) के उच्चारण में होती हैं। इन्हें ह्रस्वीकरण और दीर्घीकरण की समस्या कहा जाएगा।

(क) "आ" के स्थान पर "अ" का उच्चारण होता है।

| **शुद्ध** | **अशुद्ध** |
|---|---|
| आज़ाद | अज़ाद |
| आविष्कार | अविष्कार |
| आहार | अहार |
| पारिभाषिक | परिभाषिक |
| व्यावहारिक | व्यवहारिक |

(ख) कभी-कभी "अ" के स्थान पर "आ" का भी प्रयोग होता है जो अशुद्ध है।

| **शुद्ध** | **अशुद्ध** |
|---|---|
| अधीन | आधीन |
| अकस्मात | आकस्मात |
| हस्तक्षेप | हस्ताक्षेप |
| अत्यधिक | अत्याधिक |
| स्वस्थ | स्वास्थ |

(ग) "इ" के स्थान पर "ई" का प्रयोग होता है। इसमें अधिकतर अशुद्धियाँ पाई जाती हैं।

| **शुद्ध** | **अशुद्ध** |
|---|---|
| तिथि | तिथी |
| शक्ति | शक्ती |
| शांति | शांती |
| प्राप्ति | प्राप्ती |
| आइए | आईए |

(घ) "ई" के स्थान पर "इ" का प्रयोग होता है।

| **शुद्ध** | **अशुद्ध** |
|---|---|
| प्रतीक्षा | प्रतिक्षा |
| परीक्षा | परिक्षा |
| श्रीमती | श्रीमति |
| नीरोग | निरोग |
| कीमत | किमत |

यह स्मरण रहे कि शब्द के अंत में यदि दीर्घ "ई " या उसकी मात्रा "ी" हो तो उसमें बहुवचन प्रत्यय लगने से दीर्घ "ई " या "ी " ह्रस्व "इ " या "ि" हो जाएगी। जैसे "लड़की" का लड़कियाँ और "रजाई" का रजाइयाँ हो जाएगा। लेकिन ह्रस्व "इ" या उसकी मात्रा "ि" हो तो बहुवचन प्रत्यय लगने से उसमें कोई अंतर नहीं आएगा। जैसे, "पति " का "पतियों ", और "नीति " का नीतियों। इसमें जो अशुद्धियाँ पाई जाती हैं, उनके कुछ उदाहरण दिए जाए रहे हैं :

| **शुद्ध** | **अशुद्ध** |
|---|---|
| शैलियाँ | शैलीयाँ |
| अधिकारियों | अधिकारीयों |
| लड़कियाँ | लड़कीयाँ |
| कसाइयों | कसाईयों |
| कठिनाइयाँ | कठिनाईयाँ |

(ङ) "उ" के स्थान पर "ऊ" का प्रयोग होता है।

| **शुद्ध** | **अशुद्ध** |
|---|---|
| आयु | आयू |
| वस्तु | वस्तू |
| रुपया | रूपया |
| गुरु | गुरू |
| बहुत | बहूत |

(च) "ऊ" के स्थान पर "उ" का प्रयोग पाया जाता है।

| **शुद्ध** | **अशुद्ध** |
|---|---|
| शून्य | शुन्य |
| पूजा | पुजा |
| बहू | बहु |
| हिंदू | हिंदु |
| ऊपर | उपर |

शब्द के अंत में दीर्घ "ऊ" या उसकी मात्रा " ू " हो तो बहुवचन प्रत्यय लगने से वह ह्रस्व "उ" या उसकी मात्रा " ु " हो जाता है। ह्रस्व "उ" में कोई अंतर नहीं होगा। उदाहरण के लिए, "डाकू" का "**डाकुओं**", "हिन्दू" का "**हिन्दुओं**', **"गुरु" का "गुरुओं**" और बंधु का "**बंधुओं**" आदि।

कई बार ह्रस्व "इ" और "उ" का हल्का उच्चारण होने से भ्रमवश ह्रस्व "अ" सुनाई पड़ता है और उसी आधार पर लिखा भी जाता है। यह अशुद्धियाँ प्रायः पंजाबी भाषा-भाषियों में पाई जाती हैं। उदाहरण के लिए :

| | शुद्ध | अशुद्ध |
|---|---|---|
| (अ) | कठिनाई | कठनाई |
| | धोबिन | धोबन |
| | पंडित | पंडत |
| | मंदिर | मंदर |
| (आ) | लहसुन | लहसन |
| | कुटुंब | कुटंब |
| | मुकुट | मुकट |
| | कुपूत | कपूत |

कई बार सही उच्चारण न होने के कारण और "ए-ऐ" तथा "ओ-औ" के अंतर को न समझ पाने के कारण इनको लिखते समय प्रायः अशुद्धियाँ हो जाती हैं। उदाहरण के लिए :

| | शुद्ध | अशुद्ध |
|---|---|---|
| ए-ऐ | चाहिए | चाहिऐ |
| | महिलाएँ | महिलाऐं |
| | भाषाएँ | भाषाऐं |
| | वेश्या | वैश्या |
| | सेना | सैना |
| ऐ-ए | ऐनक | एनक |
| | ऐच्छिक | एच्छिक |
| | ऐसा | एसा |
| | सैनिक | सेनिक |
| औ-ओ | औद्योगिक | ओद्योगिक |
| | मौलवी | मोलवी |
| | भौंकना | भोंकना |
| | अलौकिक | अलोकिक |

"ऋ" का उच्चारण "रि" की भाँति होता है। यह रूप केवल संस्कृत शब्दों के लिखित रूप में मिलता है। किन्तु हिन्दी के उच्चारण के अनुसार कभी-कभी "रि" या "र " का रूप भी लिखा हुआ रहता है जो अशुद्ध है। उदाहरण के

लिए :

| शुद्ध | अशुद्ध |
|---|---|
| ऋषि | रिषि |
| ऋतु | रितु |
| सृष्टि | स्रिष्टि |
| पृथ्वी | प्रिथवी |

यह प्रायः देखा गया है कि "ड" ध्वनि के स्थान 'ड़' या "ड़" के स्थान पर "ड" का प्रयोग होता है। यह अशुद्ध प्रयोग है। जैसे :

| | शुद्ध | अशुद्ध |
|---|---|---|
| ड-ड़ | रेडियो | रेड़ियो |
| | सोडा | सोड़ा |
| | रोड | रोड़ |
| ड़-ड | घोड़ा | घोडा |
| | सड़क | सडक |
| | गाड़ी | गाडी |

इसके अतिरिक्त यह स्मरण रहना चाहिए कि "ड" और "ढ" का प्रयोग शब्द के आदि, शब्द-सीमा और अंत तीनों में (जैसे, डोल, अडिग और उजड्ड, ढाल, बेढब, बुड्ढा आदि) होता है लेकिन "ड़" और "ढ़" शब्द के आदि में कभी नहीं आते। जैसे; ड़ोल ढ़कना, अशुद्ध रूप हैं। ये ध्वनियाँ शब्द के मध्य और अंत में आती हैं। जैसे: पढ़ना, गढ़।

**"ण - न" की समस्या :** यह प्रायः देखा गया कि मूर्धन्य "ण" के स्थान पर दंत्य "न" का प्रयोग होता है और इसी प्रकार "न" के स्थान पर "ण" को लिखा जाता है। उदाहरण के लिए :

| | शुद्ध | अशुद्ध |
|---|---|---|
| ण-न | पुण्य | पुन्य |
| | चरण | चरन |
| | कल्याण | कल्यान |
| | प्रणाम | प्रनाम |
| | हरिण | हरिन |
| न-ण | खाना | खाणा |
| | जाना | जाणा |
| | पानी | पाणी |

वस्तुतः "ण" केवल संस्कृत के शब्दों में आता है और इसका प्रयोग "र", "प्र" तथा मूर्धन्य ध्वनियों के साथ प्रायः होता है।

**"व - ब" की समस्या :** "व" और "ब" लगभग एक ही प्रकार से लिखे जाते हैं। लेकिन इसके उच्चारण में भी प्रायः भेद नहीं किया जाता जिसके कारण "व" और "ब" वर्णों में जो थोड़ा-बहुत अंतर है वह भी समाप्त हो जाता है। यद्यपि "व" और "ब" से बने शब्दों में काफी अंतर मिलता है। जैसे, वाद-बाद, वार-बार। "व" और "ब" के आपस के परिवर्तन के कारण कुछ अशुद्धियाँ इस प्रकार है :

| **शुद्ध** | **अशुद्ध** |
|---|---|
| वन्दना | बन्दना |
| वर | बर |
| व्रत | ब्रत |
| विनीत | बिनीत |
| नवाब | नबाब |

**"श-ष" की समस्या :** "ष" मूर्धन्य ध्वनि है और "श" तालव्य ध्वनि है। लेकिन मूर्धन्य "ष" का उच्चारण हिन्दी में तालव्य "श" की तरह होता है। इसी कारण लिपि में भी तालव्य "श" लिखा जाता है। दुविधा के कारण कभी-कभी "श" के स्थान पर "ष" आ जाता है। इसमें अभ्यास की बहुत जरूरत है। वास्तव में मूर्धन्य "ष" संस्कृत के आगम शब्दों में प्रयुक्त होता है। उदाहरण के लिए:

| **शुद्ध** | **अशुद्ध** |
|---|---|
| विषय | विशय |
| पोषक | पोशक |
| मनुष्य | मनुश्य |
| निष्फल | निश्फल |
| विश्वास | विष्वास |

संस्कृत में "कोष" शब्द "खजाना" और "डिक्शनरी" दोनों के अर्थ में आता है किन्तु हिन्दी में "कोष" केवल "खजाना" के लिए और उसका दूसरा रूप "कोश" केवल डिक्शनरी के लिए प्रयुक्त होने लगा है।

**"श-स" की समस्या :** "श" तालव्य ध्वनि है और "स" वत्स्र्य। लेकिन इनका उच्चारण प्रायः एक ही स्थान पर करने से लिखित रूप में अशुद्धि दिखाई देती है। वास्तव में इन दोनों के बने शब्द भिन्न अर्थ भा [illegible] शंकर-संकर,

शाल-साल, शेर-सेर। इनके अशुद्ध रूप इस प्रकार हैं :

| **शुद्ध** | **अशुद्ध** |
|---|---|
| विकास | विकाश |
| प्रसाद | प्रशाद |
| अनुशंसा | अनुसंशा |
| शोर | सोर |
| मुश्किल | मुस्किल |

**''फ़-फ'' की समस्या :** "फ़ अरबी-फ़ारसी और अंग्रेजी की आगत ध्वनि है। इसके उच्चारण में ऊपर के दाँत और नीचे के ओठ मिलते हैं जबकि "फ" के उच्चारण में पहले दोनों ओठ मिलते हैं और बाद में झटके के साथ हवा निकल जाती है। लेकिन लेखन में "फ़" के स्थान पर "फ" का प्रयोग ज्यादा दिखाई देता हैं। उदाहरण के लिए :

| **शुद्ध** | **अशुद्ध** |
|---|---|
| फ़ीस | फीस |
| फ़ौरन | फौरन |
| फ़ासला | फासला |
| ऑफ़िस | ऑफिस |

कई शब्दों में तो "फ" का इतना प्रभाव पड़ा है कि "फ" से बना हर शब्द "फ़" का रूप ले लेता है। उदाहरण के लिए :

| **शुद्ध** | **अशुद्ध** |
|---|---|
| फूल | फ़ूल |
| फल | फ़ल |
| फूँक | फ़ूँक |

यह ध्यान देने की बात है कि कभी-कभी इनसे बने शब्दों में अर्थ-वैभिन्न्य

**''ज-ज़'' की समस्या :** "फ-फ़" की समस्या की भाँति "ज-ज़" की समस्या भी है। इसमें "ज़" का प्रयोग अधिकांशतः "ज" होता है। उदाहरण के लिए :

| **शुद्ध** | **अशुद्ध** |
|---|---|
| रोज़ | रोज |
| ज़हर | जहर |
| ज़रूरत | जरूरत |
| राज़ी | राजी |

**"क्ष-छ" की समस्या :** "क्ष" का शुद्ध उच्चारण न हो पाने के कारण इसे लिखने में कई बार गलती हो जाती है। आदि में इसका प्रयोग प्रायः "छ" होता है और बीच में प्रायः "च्छ" या "क्श" लिखा जाता है। उदाहरण के लिए :

| **शुद्ध** | **अशुद्ध** |
|---|---|
| क्षमा | छमा |
| क्षत्रिय | छत्रीय |
| नक्षत्र | नच्छत्र |
| लक्षण | लच्छन |
| रक्षा | रक्शा |

**"ज्ञ- ग्य " की समस्या :** "ज्ञ" का उच्चारण "ग्य" होने के कारण लेखन में भी "ग्य" लिखा जाता है और कई बार भ्रमवश "ग्य" के लिए भी "ज्ञ" लिखा जाता है। उदाहरण के लिए :

| **शुद्ध** | **अशुद्ध** |
|---|---|
| ज्ञान | ग्यान |
| विज्ञान | विग्यान |
| व्यंग्य | व्यंज्ञ |
| ग्यारह | ज्ञारह |

**महाप्राणीकरण की समस्या :** जब दो महाप्राण ध्वनियाँ (ख, घ, छ,झ, ठ, ढ, थ, ध, फ, भ) एक साथ आती हैं तो दूसरी ध्वनि का महाप्राणतत्व निर्बल हो जाता है और उच्चारण में अल्पप्राण जैसा सुनाई पड़ता है। इसी दृष्टि से वर्तनी में भी लिखा जाता है जो अशुद्ध है। उदाहरण के लिए :

| **शुद्ध** | **अशुद्ध** |
|---|---|
| भूख | भूक |
| ठाठ | ठाट |
| झूठ | झूट |

**द्वित्व व्यंजन की समस्या :** यदि एक ही व्यंजन दो बार एक साथ उच्चरित होता हो तो उसे द्वित्व व्यंजन कहते हैं जैसे "क्क" (पक्का), "च्च" (कच्चा), "ट्ट (खट्टा), "त्त" (पत्ता), "म्म" (सम्मान) आदि। यह स्मरणीय है कि द्वित्व व्यंजन केवल दो अल्पप्राण व्यंजनों का होता है या एक अल्पप्राण होता और दूसरा महाप्राण। दो महाप्राण ध्वनियाँ एक साथ नहीं आतीं। उदाहरण के लिए, **मक्खन**, मच्छर, पत्थर, आदि द्वित्व व्यंजन होंगे। मख्खन, मछ्छर, पथ्थर आदि द्वित्व व्यंजन नहीं होंगे और वे अशुद्ध होंगे।

देवनागरी लिपि की अपनी कुछ विशेषताएँ हैं जिनकी जानकारी न होने से वर्तनी संबंधी अशुद्धियाँ प्रायः हो जाती हैं। इसके उदाहरण नीचे दिए जा रहे हैं:

(क) ह्रस्व "इ" की मात्रा (ि) संयुक्त व्यंजन से पहले आती है किंतु गलती से इसे इन दोनों के बीच लिखा जाता है। उदाहरण के लिए :

| **शुद्ध** | **अशुद्ध** |
|---|---|
| निश्चित | निशचित |
| पश्चिम | पशचिम |
| व्यवस्थित | व्यवसथित |
| चन्द्रिका | चनद्रिका |

(ख) ह्रस्व "उ" और दीर्घ "ऊ" की मात्राएँ ( ु ू ) "र" के साथ प्रायः एक समान दिखाई देती हैं। लेकिन दोनों की शक्ल में कुछ अंतर है। जैसे, "रु" (ह्रस्व उ) "रू" (दीर्घ ऊ)। इस संबंध में कई अशुद्धियाँ देखी जा सकती हैं :

| **शुद्ध** | **अशुद्ध** |
|---|---|
| रूप | रुप |
| रूस | रुस |
| जरूरत | जरुरत |
| रुचि | रूचि |
| शुरू | शुरु |
| रुपया | रूपया |

(ग) "ऐ" की मात्रा होने से कुछ लोग गलती से यह समझ बैठते हैं कि "ऐ", "ओ", "औ" की भाँति "ऐ" होगा किंतु यह अशुद्ध रूप है। वास्तव में लिपि में 'ऐ' जैसा कोई स्वर नहीं है। इस प्रकार की कई अशुद्धियाँ मिलती हैं।

| **शुद्ध** | **अशुद्ध** |
|---|---|
| ऐसा | ऐसा |
| ऐनक | ऐनक |
| ऐतिहासिक | ऐतिहासिक |

(घ) कई बार "ए" के उच्चारण के लिए तीन रूप मिलते हैं –य, ये, ए। वास्तव में "ये" और "ए" शुद्ध रूप हैं और इसमें "ए" मानक रूप है। जैसे जाए (या जाये), गाए (या गाये) यहाँ पर "जाय" या "गाय" रूप अशुद्ध हैं।

(ङ) कई बार भ्रांतिवश "ड़" को "ङ" लिखा जाता है जो पूर्णतया अशुद्ध

है। वास्तव में "ड़" तो मूर्धन्य ध्वनि है और "ङ" कवर्ग की नासिक्य ध्वनि है। इन दोनों के भेद को समझना आवश्यक है। जैसे :

| **शुद्ध** | **अशुद्ध** |
|---|---|
| घोड़ा | घोङा |
| पड़ना | पङना |
| कड़ाई | कङाई |

(च) "द्य" वर्ण "द्"+य" के योग से बना व्यंजन गुच्छ है। लेकिन इसको भ्रमवश "ध" समझा जाता है जो अशुद्ध है। इन दोनों से बने शब्दों के अर्थ में अंतर देखा जा सकता है। जैसे, विद्या (शिक्षा)- विधा (क्षेत्र), वैद्य (चिकित्सक)-वैध (कानून के अनुसार)। "द्य" को "द्‌य" की भाँति भी लिखा जा सकता है। जैसे, उद्यान (उद्‌यान), गद्य (गद्‌य), विद्या (विद्‌या) आदि। इनके प्रयोग में निम्नलिखित अशुद्धियाँ पाई जाती हैं :

| **शुद्ध** | **अशुद्ध** |
|---|---|
| विद्यालय | विधालय |
| खाद्य | खाध |
| वाद्य | वाध |
| विद्यार्थी | विधार्थी |

(छ) हिन्दी में 'र' के चार रूप वर्तनी में प्रचलित हैं- र, ्र, र्, ्र (राम, क्रम, कर्म, ड्रामा)।

(1) 'र' वर्ण शब्द के आदि, मध्य और अंत में स्वतंत्र रूप से आता है। जैसे, राजा, रंक, चरण, कुरूप, हार, गुरु।

(2) ्र-संयुक्त अक्षर में यह स्वरांत 'र' (अ सहित) के रूप में आता है। जैसे, क्रम (करम), भ्रम (भ्रम), प्रेम (प्रेम), द्रोह (द्‌रोह) आदि।

(3) र्-यह हलंत (अर्थात 'अ' रहित) 'र' है। इसे रेफ भी कहते हैं। यह जिस व्यंजन के ऊपर होता है, उससे पहले इसका उच्चारण होता है और यह उच्चारण उसी व्यंजन के साथ मिला होता है। जैसे, कर्म (कर्‌म), शर्म (शर्‌म), खर्च (खर्‌च) आदि। यदि रेफ के बाद वाले व्यंजन के बाद कोई स्वर या उसकी मात्रा आ जाए तो यह रेफ उसी के ऊपर लग जाएगा। जैसे, शर्मा (शर्‌मा), आशीर्वाद (आशीर्‌वाद), गर्मी (गर्‌मी), कार्यों (कार्‌यों) आदि।

(4) ्र - यह ट, ठ, ड, ढ आदि व्यंजनों के साथ लगता है। जैसे, राष्ट्र

(राष्ट्र), उष्ट्र (उष्ट्र), ड्रामा (ड्रामा) आदि।

**अनुस्वार और अनुनासिक ध्वनियाँ :** अनुस्वार ( ं ) और अनुनासिक (ँ) हिन्दी में अलग-अलग ध्वनियाँ हैं। जैसे, हंस, हँस। अनुस्वार व्यंजन -ध्वनि है जो पाँचों वर्गों के पंचमाक्षर ङ, ञ, ण्, न्, म् के स्थान पर आता है। यह स्वर का अनुसरण करती है अर्थात् यह स्वर के बाद आती है। जैसे, गङ्गा, चञ्चल, मण्डल, सन्त, परम्परा। इन शब्दों के अनुस्वार ङ्, ञ्, ण्, न्, म् का प्रतिनिधित्व करते हुए अपने से पहले वाले लिपि चिह्न के ऊपर बिंदु के रूप में लगा करता है। ऐसा करने से इन्हें गंगा, चंचल, मंडल, संत, परंपरा आदि की तरह लिखा जाएगा। ऐसे शब्दों में अनुस्वार या नासिक्य व्यंजन किसी का भी प्रयोग किया जा सकता है।

यह स्मरण में रहे कि अनुस्वार हरेक मामले में नासिक्य व्यंजनों का प्रतिनिधित्व नहीं करता। उदाहरण के लिए, जहाँ दो नासिक्य व्यंजन एक साथ आते हों या उनका द्वित्वरूप आता हो वहाँ अनुस्वार ( ं ) का प्रयोग नहीं होगा, वरन् दोनों नासिक्य व्यंजनों का प्रयोग होगा। जैसे, वाङ्मय, मृण्मय, जन्म, निम्न, अक्षुण्ण, अन्न, सम्मान आदि।

यदि नासिक्य व्यंजन के बाद 'य', 'व' और 'ह' आते हों तो वहाँ नासिक्य व्यंजन ही आएगा न कि अनुस्वार का प्रयोग होगा। उदाहरण के लिए, पुण्य, कण्व, अन्य, न्याय, समन्वय, अन्वेषण, कान्ह, साम्य, तुम्हारा आदि।

जहाँ 'सम्' उपसर्ग के रूप में य, र, ल, श, स और ह से पूर्व आता है वहाँ 'म्' अनुस्वार में बदल जाएगा। उदाहरण के लिए :

सम् + यम = संयम
सम् + रचना = संरचना
सम् + लग्न = संलग्न
सम् + वेदना = संवेदना
सम् + शय = संशय
सम् + सार = संसार
सम् + हार = संहार
सम् + न्यास = संन्यास

यह ध्यान में रहे कि 'सम्वेदना' और "संवेदना' दोनों रूप लिखे जा सकते हैं। संन्यास को प्रायः 'सन्यास' लिखा जाता है जो नितांत अशुद्ध है।

शब्दांत में स्वर के बाद अनुस्वार लिखा जा सकता है जो 'म्' का प्रतिनिधित्व

करेगा। जैसे, अहं (अहम्), स्वयं (स्वयम्) आदि।

अनुनासिक (ँ) स्वर या व्यंजन नहीं है। यह स्वर की विशेषता है जो स्वर को अनुनासिकता प्रदान करती है। इसके उच्चारण के समय हवा नाक और मुँह दोनों से निकलती है। हिन्दी के सभी स्वर अनुनासिक होते हैं। जैसे, अँ, आँ, इँ, ईं, उँ, ऊँ आदि।

यह स्मरण रहे कि जिन स्वरों की मात्राएँ शिरोरेखा के ऊपर न हों तभी अनुनासिकता का चिह्न अर्थात् चंद्रबिंदु ( ँ ) लगाया जाता है। जैसे, आँख, ऊँट और यदि शिरोरेखा के ऊपर मात्रा हो तो वहाँ सुविधा के लिए चंद्रबिंदु के स्थान पर अनुस्वार या बिंदु ( ं ) लगाया जाता है। जैसे, ऐंठना, पोंछना यह बात अवश्य है कि ये अनुनासिकता या चंद्रबिंदु का प्रतिनिधित्व करेंगे। हिन्दी के अनुनासिक स्वर इस प्रकार हैं :

| | | |
|---|---|---|
| अँ | - | अँगुली, हँसना |
| आँ | - | आँख, साँस |
| इँ | - | सिंचाई, विंधना |
| ईं | - | ईंट, नींद |
| उँ | - | उँगली, रूँधना |
| ऊँ | - | ऊँट, पूँछ |
| एँ | - | महिलाएँ, में |
| ऐं | - | ऐंठना, में |
| ओं | - | गोंद, चोंच |
| औं | - | भौं, सौं |

**संख्यावाचक शब्दों की समस्याः** संख्यावाचक शब्दों के उच्चारण में भिन्नता होने के कारण लिखित रूप में भी अंतर पाए जाते हैं। इसमें विभिन्न भाषाओं और बोलियों का प्रभाव दिखाई देता है। यदि किसी को सौ तक गिनती शब्दों में लिखने के लिए कहा जाए तो कुछ-न-कुछ गलती अवश्य मिलेगी, अतः संख्यावाचक शब्दों के मानक रूप दिए जा रहे हैं। यह बात अवश्य है कि इन मानक रूपों में भी कहीं-कहीं मतभेद दिखाई देता है। एक, दो, तीन, चार पाँच, छह (छः) सात, आठ, नौ, दस, ग्यारह, बारह, तेरह, चौदह, पंद्रह, सोलह, सत्रह (सत्तरह), अट्ठारह, उन्नीस, बीस, इक्कीस, बाईस, तेईस, चौबीस, पच्चीस, छब्बीस, सत्ताईस, अट्ठाईस, उनतीस, तीस, इकत्तीस, बत्तीस, तैतीस, चौंतीस, पैंतीस, छत्तीस, सैंतीस, अड़तीस, उनतालीस, चालीस, इकतालीस, बयालीस, तैंतालीस,

चौवालीस, पैंतालीस, छियालीस, सैंतालीस, अड़तालीस, उनचास, पचास, इक्यावन, बावन, तिरपन, चौवन, पचपन, छप्पन, सत्तावन, अट्ठावन, उनसठ, साठ, इकसठ, बासठ, तिरसठ, चौंसठ, पैंसठ, छियासठ (छयासठ), सड़सठ, अड़सठ, उनहत्तर, सत्तर, इकहत्तर, बहत्तर, तिहत्तर, चौहत्तर, पचहत्तर, छिहत्तर, सतहत्तर, अठहत्तर, उनासी, अस्सी, इक्यासी, बयासी, तिरासी, चौरासी, पचासी, छियासी, सत्तासी, अट्ठासी, नवासी, नब्बे, इक्यानबे, बानबे, तिरानबे, चौरानबे, पंचानबे, छियानबे, सत्तानबे, अट्ठानबे, निन्यानबे, और सौ।

## शब्द संबंधी अशुद्धियाँ

पर्यायवाची शब्दों के प्रयोग में प्रायः अशुद्धि हो जाती है। जैसे :

अशुद्ध : वहाँ काफी **मात्रा** में लोग मौजूद थे।

शुद्ध : वहाँ काफ़ी **संख्या** में लोग मौजूद थे।

अशुद्ध : पति-पत्नी में आज किसी बात पर **युद्ध** हो गया।

शुद्ध : पति-पत्नी में आज किसी बात पर **लड़ाई** हो गई।

अशुद्ध : हमें अपने देश के प्राचीन गौरव पर **अहंकार** है।

शुद्ध : हमें अपने देश के प्राचीन गौरव पर **अभिमान** है।

अशुद्ध : कोलंबस ने अमरीका का **आविष्कार** किया।

शुद्ध : कोलंबस ने अमरीका की **खोज** की।

अशुद्ध : तरस्करी के मामले में तीन **महिलाएँ** पकड़ी गईं।

शुद्ध : तस्करी के मामले में तीन **औरतें** (या **स्त्रियाँ**) पकड़ी गईं।

## व्याकरण संबंधी अशुद्धियाँ

1. उपसर्ग और प्रत्ययों के प्रयोग में काफ़ी अशुद्धियाँ होती हैं। इनमें कहीं तो उपसर्ग-प्रत्यय अनावश्यक होते हैं और कहीं एक के स्थान पर दूसरे लगाए जाते हैं। उदाहरण के लिए :

अशुद्ध : **बेफ़िज़ूल** की बात क्यों कर रहे हो ?

शुद्ध : **फ़िज़ूल** की बात क्यों कर रहे हो ?

अशुद्ध : इसे **सप्रमाण सहित** प्रस्तुत कीजिए।

शुद्ध : इसे **सप्रमाण** प्रस्तुत कीजिए।

या

इसे **प्रमाण सहित** प्रस्तुत कीजिए।

अशुद्ध : मोहन ने यह काम **बखूबी से** निभाया।

शुद्ध : मोहन ने यह काम **बखूबी** निभाया

अशुद्ध : उनकी **सौजन्यता** से यह काम हुआ।

शुद्ध : उनके **सौजन्य** से यह काम हुआ।

अशुद्ध : उसके **पौरुषत्व** पर सब रीझ गए।

शुद्ध : उसके **पौरुष** पर सब रीझ गए।

अशुद्ध : यह **उत्कृष्टतम** वस्तु है।

शुद्ध : यह **उत्कृष्ट** वस्तु है।

अशुद्ध : **दरअसल में** उसको मुझसे मिलना था।

शुद्ध : **दरअसल** उसको मुझसे मिलना था।

(अरबी-फ़ारसी उपसर्ग 'दर' का अर्थ 'में' है।)

अशुद्ध : मैं तुम्हारे व्यवहार से बहुत **दुखित** हुआ।

शुद्ध : मैं तुम्हारे व्यवहार से बहुत **दुखी** हुआ।

अशुद्ध : रमेश ने मुझ से **आत्मीयपन** दिखाया।

शुद्ध : रमेश ने मुझ से **आत्मीयता** दिखाई।

अशुद्ध : मोहन की इस **उपलब्धता** पर लोगों ने उसे बधाई दी।

शुद्ध : मोहन की इस **उपलब्धि** पर लोगों ने उसे बधाई दी।

2. हिन्दी की अवधी, भोजपुरी, मगही, बघेली आदि बोलियों में और हैदराबाद दक्कन के आसपास बोली जाने वाली दक्खिनी में 'ने' का प्रयोग प्रायः नहीं होता। इसलिए कर्ता के साथ 'ने' का प्रयोग न होने के कारण अशुद्धि हो जाती है। उदाहरण के लिए :

अशुद्ध : मैं रोटी खाया हूँ।

शुद्ध : मैंने रोटी खाई है।

अशुद्ध : तुम उसको देखे हो।

शुद्ध : तुम ने उसको देखा है।

अशुद्ध : हम पत्र पढ़े हैं।

शुद्ध : हमने पत्र पढ़ा है।

अशुद्ध : वे खाना खाई हैं।

शुद्ध : उन्होंने खाना खाया है।

अशुद्ध : बच्चा अपने आप दूध पिया है।

शुद्ध : बच्चे ने अपने आप दूध पिया है।

अशुद्ध : मीनाक्षी सब को बुलाई हैं।

शुद्ध : मीनाक्षी ने सब को बुलाया है।

अशुद्ध : कल पिताजी फ़ोन करे थे।

शुद्ध : कल पिताजी ने फ़ोन किया था।

अशुद्ध : कौन पत्र लिखा है ?

शुद्ध : किसने पत्र लिखा है ?

प्रयोजनपरक वाक्यों में 'को' (या ए, ऐ) कारक चिह्न कर्ता के साथ लगने चाहिए लेकिन इनके स्थान पर 'ने' का प्रयोग होता है। यह प्रयोग विशेषकर दिल्ली, हरियाणा और पंजाब में अधिकांशतः मिलता है। उदाहरण के लिए :

अशुद्ध : मैंने वहाँ जाना है।

शुद्ध : मुझे (या मुझको) वहाँ जाना है।

अशुद्ध : आपने यह काम करना है।

शुद्ध : आपको यह काम करना है।

अशुद्ध : उन्होंने राम को दस रुपए देने है।

शुद्ध : उन्हें (या उनको) राम को दस रुपए देने हैं।

कर्म कारक में 'को' का प्रयोग प्रायः निर्जीव वस्तुओं के साथ नहीं होता यह प्रयोग अनावश्यक रूप से होता है। उदाहरण के लिए :

अशुद्ध : मोहन ने आम को खाया।

शुद्ध : मोहन ने आम खाया।

अशुद्ध : मोची जूते को बनाता है।

शुद्ध : मोचो जूता बनाता है।

अशुद्ध : चपरासी सभी अधिकारियों में पत्र को बाँट रहा है।

शुद्ध : चपरासी सभी अधिकारियों को पत्र बाँट रहा है।

स्थानवाची नामों के साथ 'को' का प्रयोग वहाँ नहीं होता जहाँ निर्दिष्ट दिशा

के रूप में संचलन या गति हो। उदाहरण के लिए :

अशुद्ध : जुबेर कल बंबई को गया।

शुद्ध : जुबेर कल बंबई गया है।

अशुद्ध : वैश्ना घर को जा रही है।

शुद्ध : वैश्ना घर जा रही है।

बहुत-से-लोग 'से' के स्थान पर प्रायः 'को' का प्रयोग करते हैं जो अशुद्ध है। उदाहरण के लिए :

अशुद्ध : मोहन को मिलो और उससे यह बात बताओ।

शुद्ध : मोहन से मिलो और उसे यह बात बताओ।

अशुद्ध : यह पुष्पा को पूछो।

शुद्ध : यह पुष्पा से पूछो।

अशुद्ध : मुझको यह बात मत बोलो।

शुद्ध : मुझसे यह बात मत कहो।

कई बार इसके विपरीत होता है जहाँ 'को' के स्थान पर 'से' का प्रयोग होता है। जैसे :

अशुद्ध : मोहन से सब बता दो।

शुद्ध : मोहन को सब बता दो।

पूर्वी क्षेत्र के लोग 'को' का प्रयोग प्रायः 'के' या 'रे' के स्थान पर करते हैं जो सही नहीं है। वास्तव में जनक-जन्य और स्वामित्व के अर्थ में संबंधकारक का संबंध क्रिया के साथ होता है। उदाहरण के लिए :

अशुद्ध : ललित को दो बेटियाँ हैं।

शुद्ध : ललित के दो बेटियाँ हैं।

अशुद्ध : उसके भाई को लड़की हुई है।

शुद्ध : उसके भाई के लड़की हुई है।

सर्वनामों में 'रे' लगाने के साथ-साथ 'को' का भी प्रयोग किया जाता है जो सर्वथा अशुद्ध है। दो कारक चिह्न हैं जो एक साथ नहीं लगते। उदाहरण के लिए :

अशुद्ध : मेरे को दो रुपए चाहिए।

**शुद्ध : मुझे दो रुपए चाहिए।**

अशुद्ध : तेरे को चंद्रप्रकाश के घर जाना है।

शुद्ध : तुझे चंद्रप्रकाश के घर जाना है।

अशुद्ध : तुम्हारे को मैंने कई बार समझाया है।

शुद्ध : तुम्हें (या तुमको) मैंने कई बार समझाया है।

इसी प्रकार सर्वनामों के 'रे' रूपों के साथ 'से' का भी प्रयोग किया जाता है जो अशुद्ध है। उदाहरण के लिए :

अशुद्ध : उसने मेरे से यह कहा।

शुद्ध : उसने मुझे यह कहा।

अशुद्ध : वह तुम्हारे से नहीं डरती।

शुद्ध : वह तुमसे नहीं डरती।

आकारांत स्थान-नामों के बाद कारक चिह्न आए तो उसमें कोई परिवर्तन नहीं होना चाहिए। उदाहरण के लिए :

1. यह आगरा का पेठा है।
2. मैं कलकत्ता में रहता हूँ।
3. वह अमरीका से आया है।
4. ये सेब शिमला से आए हैं।

कुछ विद्वानों ने इन स्थान नामों में 'आ' का 'ए' हो जाने की बात कही है जो सही नहीं लगती। रिश्ते-नाते के आकारांत शब्दों में भी प्रायः कारकचिह्न लगने से परिवर्तन नहीं होता। उदाहरण के लिए :

1. वह मेरे साला का लड़का है।
2. वह समीर के मामा की लड़की है।
3. उसके चाचा के घर शादी है।

'मामे का', 'चाचे का', 'साले का' प्रयोग सही नहीं है। फिर भी "साले का" का प्रयोग अब अधिक होने लगा है।

इस प्रकार परसर्गों का सही प्रयोग नहीं होता। कुछ अन्य उदाहरण दिए जा रहे हैं।

अशुद्ध : मोहन को सिर में दर्द है।

शुद्ध : मोहन के सिर में दर्द है।

अशुद्ध : मैं ज़रा जल्दी से हूँ।

शुद्ध : मैं ज़रा जल्दी में हूँ।

अशुद्ध : यह कुर्सी साठ रुपए को ली है।

शुद्ध : यह कुर्सी साठ रुपए में ली है।

अशुद्ध : इतनी तेजी में गाड़ी मत चलाओ।

शुद्ध : इतनी तेजी से गाड़ी मत चलाओ।

अशुद्ध : सादिक के दो नौकर हैं।

शुद्ध : सादिक के पास दो नौकर हैं।

अशुद्ध : हाथी के पास एक सूँड भी होती है।

शुद्ध : हाथी के एक सूँड भी होती है।

कभी-कभी 'ने' परसर्ग का अनावश्यक प्रयोग होता है। उदाहरण के लिए:

अशुद्ध : मैंने बिलकुल भूल गया।

अशुद्ध : मैं बिलकुल भूल गया।

अशुद्ध : आप ने यह बोला था।

शुद्ध : आप यह बोले थे।

3. कर्मवाच्य और भाववाच्य में भी कई अशुद्धियाँ मिलती हैं। जैसे :

अशुद्ध : लकड़ी अब नहीं कट जाएगी।

शुद्ध : लकड़ी अब नहीं काटी जाएगी।

या

लकड़ी अब नहीं कटेगी।

अशुद्ध : ऐसे सोए नहीं जाते।

शुद्ध : ऐसे सोया नहीं जाता।

अशुद्ध : शीला वहाँ से सीधी जाएगी।

शुद्ध : शीला वहाँ से सीधे जाएगी।

अशुद्ध : आप यहाँ से सीधा जाएँगे।

शुद्ध : आप यहाँ से सीधे जाएँगे।

अशुद्ध : ऐसा भी कहीं कही जाती है।

शुद्ध : **ऐसा भी कहीं कहा जाता है।**

अशुद्ध : वेंकट रमण के द्वारा पेन तोड़ दिया गया।

शुद्ध : वेंकट रमण से पेन टूट गया।

4. 'चाहिए' के प्रयोग में प्रायः अशुद्धि होती है। कई लोग बहुवचन के रूप में 'चाहिएँ' का प्रयोग करते है जो अशुद्ध है। एक वचन और बहुवचन दोनों में 'चाहिए' का ही प्रयोग होता है। उदाहरण के लिए :

अशुद्ध : मोहन को इस बारे में कई बातें करनी चाहिएँ।

शुद्ध : मोहन को इस बारे में कई बातें करनी चाहिए।

निषेधात्मक वाक्यों में संयुक्त क्रिया का प्रयोग नहीं होता। जैसे :

1) वह चिल्ला उठा।
वह नहीं चिल्लाया।

2) उसे भूख लग आई।
उसे भूख नहीं लगी।

3) वहीदा ने काम कर लिया।
वहीदा ने काम नहीं किया।

4) वह यहाँ से चला गया।
वह यहाँ से नहीं गया।

कुछ उदाहरण द्रष्टव्य हैं :

अशुद्ध : मैंने उससे यह बात पूछी तो उसने बता के नहीं दी।

शुद्ध : मैंने उससे यह बात पूछी तो उसने नहीं बताई।

अशुद्ध : शीला को रात भर नहीं पढ़ लेना पड़ा।

शुद्ध : शीला को रात भर नहीं पढ़ना पड़ा।

अशुद्ध : हमने पुस्तकें नहीं लौटा दी है।

शुद्ध : हमने पुस्तकें नहीं लौटाई हैं।

अशुद्ध : गलत बात नहीं कह देनी चाहिए।

शुद्ध : गलत बात नहीं कहनी चाहिए।

अशुद्ध : मैं नहीं घबरा गया।

शुद्ध : मैं नहीं घबराया।

5. हिन्दी की विभिन्न बोलियों के प्रभाव के कारण क्रियाओं के अमानक प्रयोग भी मिलते हैं। उदाहरण के लिए, 'करना' क्रिया के भूतकालिक रूप 'किया' (पुल्लिंग) और 'की' (स्त्रीलिंग) हैं लेकिन कई लोग 'करा-करी' का प्रयोग करते हैं, जो अशुद्ध है। जैसे :

अशुद्ध : उसने यह काम करा।

शुद्ध : उसने यह काम किया।

अशुद्ध : मोहन ने यह बात करी।

शुद्ध : मोहन ने यह बात की।

इसी प्रकार 'होना', 'देना' आदि के 'होवेगा', 'होएगा', 'होयगा', 'देवेगा', 'देएगा', 'लेओ,' 'ल्यो' आदि रूप क्षेत्रीय बोलियों के प्रभाव से मिलते हैं जो मानक हिन्दी में नहीं आते। जैसे :

अशुद्ध : वह कल वहाँ नहीं होवेगा।

: वह कल वहाँ नहीं होएगा।

शुद्ध : वह कल वहाँ नहीं होगा।

अशुद्ध : राम तुम्हें दस रुपए देवेगा।

शुद्ध : राम तुम्हें दस रुपए देगा।

कई बार 'तुम' के साथ 'चलियो, या आइयो' का प्रयोग होता है जो अशुद्ध एवं अमानक है। जैसे :

अशुद्ध : तुम वहाँ चलियो।

शुद्ध : तुम वहाँ चलना।

अशुद्ध : तुम भी कनॉट प्लेस आइयो।

शुद्ध : तुम भी कनॉट प्लेस आना।

6. अव्यय संबंधी अशुद्धियाँ भी प्रायः होती हैं। उदाहरण के लिए :

अशुद्ध : आप जब आना चाहें जभी आ सकते हैं।

शुद्ध : आप जब आना चाहें तब (तभी ) आ सकते हैं।

अशुद्ध : श्रीवल्ली आप से आप चली गई।

शुद्ध : श्रीवल्ली अपने आप चली गई।

अशुद्ध : जैसे वह आया था मैं भी आ जाऊँगा।

शुद्ध : जैसे वह आया था वैसे मैं भी आऊँगा।

7. कई बार निपातों का अनावश्यक प्रयोग होता है या दो-दो निपातों का एक साथ प्रयोग होता है। उदाहरण के लिए :

अशुद्ध : शब्द केवल संकेत मात्र है।

शुद्ध : शब्द केवल संकेत है।

अशुद्ध : यह तो केवल आप पर ही निर्भर है।

शुद्ध : यह तो केवल आप पर निर्भर है।

अशुद्ध : इन दोनों में केवल यही अंतर है।

शुद्ध : इन दोनों में यही अंतर है।

अशुद्ध : इसके बावजूद भी वह वहाँ गया।

शुद्ध : इसके बावजूद वह वहाँ गया।

पदक्रम में अधिकतर अशुद्धियाँ विशेषणों के प्रयोग में होती हैं और वे भी सार्वनामिक, संख्यावाचक और गुणवाचक विशेषणों में। उदाहरण के लिए :

अशुद्ध : मुझे एक चाय का पैकेट चाहिए।

शुद्ध : मुझे चाय का एक पैकेट चाहिए।

अशुद्ध : यह असली गाय का दूध है।

शुद्ध : यह गाय का असली दूध है।

अशुद्ध : शीला को एक फूलों की माला खरीदनी है।

शुद्ध : शीला को फूलों की एक माला खरीदनी है।

अशुद्ध : कई रेलवे के कर्मचारियों की गिरफ्तारी हुई।

शुद्ध : रेलवे के कई कर्मचारियों की गिरफ्तारी हुई।

अशुद्ध : हम निम्नलिखित डी० ए० वी० कॉलेज़ के छात्र हैं।

शुद्ध : हम डी० ए० वी० कॉलेज के निम्नलिखित छात्र हैं।

अशुद्ध : उसने तरह-तरह के चमड़े के जूते खरीदे।

शुद्ध : उसने चमड़े के तरह-तरह के जूते खरीदे।

अशुद्ध : उसकी कुछ समझ में न आया।

शुद्ध : उसकी समझ में कुछ न आया।

अशुद्ध : मंत्री द्वारा भगाई गई औरतों के प्रति सहानुभूति व्यक्त।

शुद्ध : भगाई गई औरतों के प्रति मंत्री द्वारा सहानुभूति व्यक्त।

अशुद्ध : पुलिस द्वारा चोरी का माल बरामद हुआ।

शुद्ध : चोरी का माल पुलिस द्वारा बरामद हुआ।

9. वाक्यों में उपवाक्यों के क्रम को ठीक से न रखने के कारण वाक्यों में अशुद्धि हो जाती है। यह अशुद्धि प्रायः अंग्रेजी वाक्य रचना के प्रभाव के कारण पाई जाती है। उदाहरण के लिए :

अशुद्ध : उसके घर में, जो काफी पुराना है, बहुत सीलन है।

शुद्ध : उसका घर काफ़ी पुराना है, उसमें बहुत सीलन है।

अशुद्ध : मोटे लड़के ने, जिसने कल सोनू को पीटा था, वह बैठा है।

शुद्ध : जिस मोटे लड़के ने कल सोनू को पीटा था, वह बैठा है।

अशुद्ध : रामलाल जिसे एक साल की सज़ा हुई, की अपील मंजूर हो गई है।

शुद्ध : जिस रामलाल को एक साल की सज़ा हुई थी उसकी अपील मंजूर हो गई है।

अशुद्ध : यह चित्र मंत्री महोदय जब हैदराबाद पधारे थे, उस समय लिया गया था।

शुद्ध : यह चित्र उस समय लिया गया था जब मंत्री महोदय हैदराबाद पधारे थे।

अशुद्ध : वह लड़का जिसको मैं ने देखा तक नहीं, को कैसे पहचानूँगा।

शुद्ध : जिस लड़के को मैं ने देखा तक नहीं, उसे कैसे पहचानूँगा।

अशुद्ध : वहीदा जो चारमीनार के पास रहती है को प्रथम पुरस्कार मिला।

शुद्ध : जो वहीदा चारमीनार के पास रहती है, उसको प्रथम पुरस्कार मिला।

या

उस वहीदा को प्रथम पुरस्कार मिला, जो चारमीनार के पास रहती है।

अशुद्ध : श्रीवल्ली की बात जो उसने बबीता से की थी, मेरे बारे में थी।

शुद्ध : श्रीवल्ली ने जो बात बबीता से की थी, मेरे बारे में थी।

या

श्रीवल्ली ने बबीता से जो बात की थी, वह मेरे बारे में थी।

कई बार ऐसी अशुद्धियाँ देखी गई हैं जिनमें अभिप्राय रहित कर्ता की अपेक्षा होती है, किन्तु उनमें अभिप्राय सहित कर्ता लगाया जाता है। इसके साथ ऐसे क्रियाविशेषण भी लगाए जाते हैं जिनकी वहाँ आवश्यकता नहीं होती। इस प्रकार के वाक्यों के अर्थ में असंगति मिलती है। उदाहरण के लिए :

अशुद्ध : उसने गोली अनजाने में चलाई थी।

शुद्ध : उससे गोली अनजाने में चल गई।

अशुद्ध : उससे गोली जान-बूझकर चल गई।

शुद्ध : उसने गोली जान-बूझकर चलाई।

अशुद्ध : शेख ने अनजाने में गिलास तोड़ दिया।

शुद्ध : शेख से अनजाने में गिलास टूट गया।

अशुद्ध : उसने अनजाने में दूध बिखेर दिया।

शुद्ध : उससे अनजाने में दूध बिखर गया।

कुछ क्रियाएँ ऐसी हैं जो सतही रूप में एक जैसा अर्थ देती हैं लेकिन उनमें सूक्ष्म अर्थभेद निहित रहता है। जैसे, "भागना-दौड़ना," "छलना-ठगना," "टहलना-घूमना" क्रिया रूपों को लें। "भागना" भय, शंका या अन्य कारण से विपरीत दिशा की ओर है जबकि "दौड़ना" सामान्य अर्थ में किसी भी दिशा में जाना हैं। "ठगना" क्रिया रुपया-पैसा आदि भौतिक वस्तुओं से संबंधित है जबकि "छलना" मानसिक क्रिया है। छलना ठगना की अपेक्षा अधिक योजनाबद्ध होती है। "टहलने" में पैदल चलना अनिवार्य है जबकि "घूमने" में नहीं। इस प्रकार के सूक्ष्म अर्थ भेद को न जानने के कारण कई बार अशुद्धियाँ हो जाती हैं। उदाहरण के लिए :

अशुद्ध : शत्रु मैदान से दौड़ खड़ा हुआ।

शुद्ध : शत्रु मैदान से भाग खड़ा हुआ।

अशुद्ध : मोहन बाजार से आम लेकर भागता हुआ आया।

शुद्ध : मोहन बाजार से आम लेकर दौड़ता हुआ आया।

अशुद्ध : उसने मुझसे बीस रुपए छल लिए।

शुद्ध : उसने मुझसे बीस रुपए ठग लिए।

अशुद्ध : उसने ठगी करके मेरा मकान अपने नाम करा लिया।

शुद्ध : उसने छल करके मेरा मकान अपने नाम करा लिया।

अशुद्ध : वह रोज शाम को कार पर टहलने जाता है।

शुद्ध : वह रोज शाम को कार पर घूमने जाता है।

अशुद्ध : सुबह-शाम थोड़ी दूर घूमना स्वास्थ्यकर है।

शुद्ध : सुबह-शाम थोड़ी दूर टहलना स्वास्थ्यकर है।

अशुद्ध : रामायण पढ़ना भी एक कला है।

शुद्ध : रामायण बाँचना भी एक कला है।

अशुद्ध : वह रोजाना सबेरे विज्ञान की पुस्तकें बाँचता है।

शुद्ध : वह रोज़ाना सबेरे विज्ञान की पुस्तकें पढ़ता है।

10. कभी-कभी वाक्यों में एक प्रकार के शब्दों को दो-दो बार लगाकर एक ही अर्थ को दुहराया जाता है जिससे वाक्य अशुद्ध हो जाता है। उदाहरण के लिए :

अशुद्ध : कृपया मुझे छुट्टी प्रदान करने की कृपा करें।

शुद्ध : कृपया मुझे छुट्टी प्रदान करें।

या

मुझे छुट्टी प्रदान करने की कृपा करें।

अशुद्ध : इन विषयों का वर्गीकरण किया गया है।

शुद्ध : इन विषयों का वर्गीकरण हुआ है।

अशुद्ध : इसका स्पष्टीकरण करने के लिए मंत्रालय को भेजें।

शुद्ध : इसके स्पष्टीकरण के लिए मंत्रालय को भेजें।

अशुद्ध : इसके लिए जिन आवश्यक गुणों की आवश्यकता है।

शुद्ध : इसके लिए जिन गुणों की आवश्यकता है।

अशुद्ध : हिन्दू लोगों में बहुत से लोग अत्यंत धर्मपरायण थे।

शुद्ध : हिन्दुओं में बहुत से लोग अत्यंत धर्मपरायण थे।

इस प्रकार उच्चारण, वर्तनी, शब्द और व्याकरण संबंधी अशुद्धियों पर ध्यान देने की आवश्यकता है। इनका सही प्रयोग न होने पर भाषा के मानक रूप के उभरने में कठिनाई बनी रहती है।

# अनुवाद

भाषा का जन्म व्यक्तियों में आपसी विचार-विनिमय के प्रयत्न से हुआ तो अनुवाद का जन्म दो भाषा-भाषी व्यक्तियों या समुदाय में विचार-विनिमय संभव बनाने के लिए। अतः अनुवाद एक ऐसी प्रक्रिया है जो भाषाओं पर लागू होती है अर्थात एक भाषा की पाठ्य सामग्री को दूसरी भाषा में प्रयुक्त करना अनुवाद है।

वैसे तो अनुवाद की परंपरा प्राचीन काल से चली आ रही है लेकिन आज के समाज के बहुभाषी होने के कारण इसका महत्व और बढ़ गया है। आधुनिक समाज में विभिन्न क्षेत्रों में प्रगति होने के कारण इसकी अधिकाधिक आवश्यकता महसूस की जा रही है। साहित्य के अतिरिक्त अब विज्ञान, विधि, प्रशासन, बैंकिंग आदि में इसके महत्व को समझा जा रहा है। केवल यही नहीं, शिक्षा और नागरी परिवेश ने प्रत्येक व्यक्ति को बहुभाषी बना दिया है जिसके कारण उसे स्वयं अनुवादक (चाहे अनजाने रूप में ) बनना पड़ रहा है। इस प्रकार आज अनुवाद की महत्ता बढ़ती जा रही है।

## अनुवाद का अर्थ और परिभाषा

अनुवाद शब्द 'अनु' और 'वाद' के जोड़ से बना है। 'अनु' का अर्थ है पीछे या बाद में और 'वाद' का अर्थ है बोलना या कहना। अतः अनुवाद का मूल अर्थ है, 'पुनःकथन' या 'किसी के कहने के बाद कहना'। बांद में यह अर्थ संकीर्ण होते हुए "एक भाषा की पाठ्य-सामग्री का दूसरी भाषा में रूपांतरण" अनुवाद माना गया'।

अनुवाद सदैव स्रोत भाषा से लक्ष्य भाषा की ओर निष्पादित होता है। यह जरूरी नहीं कि स्रोत भाषा की पाठ्य-सामग्री का अंतरण लक्ष्य भाषा में पूर्ण रूप से हो। वास्तव में दो भाषाओं के अनुभव की उपलब्धि और अभिव्यक्ति पूर्णतया एक प्रकार से नहीं होती, इसीलिए 'पूर्ण अनुवाद' नहीं हो पाता बल्कि 'लगभग अनुवाद' हो पाता है। इस प्रकार प्रत्येक स्तर पर–अर्थ के स्तर पर या व्याकरण

के स्तर पर–अनुवाद की अपनी सीमा होती है और वह चाहे कितना भी अच्छा क्यों न हो, मूलकृति के समान नहीं हो सकता। इस प्रकार अनुवाद की परिभाषा इस प्रकार की गई है, "एक भाषा में व्यक्त भावों या विचारों को दूसरी भाषा में समतुल्यता के आधार पर सहज रूप से व्यक्त करने का प्रयास अनुवाद है।"

## अनुवाद की प्रक्रिया

अनुवाद प्रक्रिया के तीन सोपान माने गए हैं : पहला, स्रोत भाषा का पाठ विश्लेषण; दूसरा, अंतरण और तीसरा, पुनर्रचना। यह बात अवश्य है कि कुशल और अभ्यास अनुवादक इन विभिन्न सोपानों को एक ही साथ पार करता है लेकिन उसे अज्ञात मन के भीतर इन सभी सोपानों से क्रमवार गुज़रना ही पड़ता है। इन सोपानों के दौरान जो समस्याएँ आती हैं, उनका विवेचन इस प्रकार है:

**1. पाठ विश्लेषण :** अनुवादक को सबसे पहले अनुवाद के पाठ के सही अर्थ को पकड़ने की आवश्यकता बनी रहती है। कभी-कभी अनुवाद्य पाठ वाक्य-संरचना के स्तर पर जटिल और दुरूह होता है और कभी-कभी संप्रेषणीय तथ्य अनुवादक से स्वयं विषय-ज्ञान की अपेक्षा रखता है। अतः पाठ विश्लेषण को दो निश्चित संदर्भों में रखना आवश्यक है।

(क) भाषा स्तर पर विश्लेषण।

(ख) विषयवस्तु के स्तर पर विश्लेषण।

(क) भाषा स्तर पर वाक्य, उपवाक्य, शब्द आदि का विश्लेषण करना पड़ता है। इनको आधार-वाक्य के संयोजन के संदर्भ में देखने की जरूरत होती है। यदि संयुक्त या मिश्र वाक्य उपवाक्यों से बना है तो वाक्यों की मूल संरचना और विस्तारक संरचना पर विचार करना होगा। उदाहरण के लिए, The man, who killed the dog, was sitting on the bank.

इसका आधार वाक्य होगा (1) The man was sitting on the bank.

और विस्तारक वाक्य होगा। (2) The man killed the dog.

इन दोनों वाक्यों में The man of sentence (1) = The man of sentence (2) है इसलिए The man of sentence (2) का रूपांतरण संबंधवाचक संरचना who के रूप में हुआ। Dog बैंक (Bank) पर नहीं है बल्कि Man बैंक (bank) पर है। इसमें आधार वाक्य एक है और इसके विस्तारक वाक्य दो हैं। इस आधार पर वाक्य की भी मूल संरचना है और The man was sitting **अनुबद्ध पद है।**

(ख) वाक्य सरंचना को केवल समझने से बात नही बनती, बल्कि पाठ में जो अर्थ निहित रहता है उसकी प्राप्ति की भी अपेक्षा निहित रहती है। दूसरे शब्दों में वाक्य का विश्लेषण करने से पूर्ण अर्थ बोध नहीं हो पाता। इसलिए वाक्य से ऊपरी सरंचना पर जाने से पूर्ण अर्थ की प्राप्ति होती है। हर भाषा की कुछ सरंचनाएँ अनेकार्थी या संदिग्धार्थी होती हैं। इनके अर्थ को यदि निर्धारित करना है तो यही वाक्योपरि संरचना अधिक सहायक होती है। इससे संदर्भ या स्थिति स्पष्ट होती है। इस वाक्योपरि संरचना, को प्रोक्ति कहते हैं। उदाहरण के लिए, शब्द के धरातल पर "उसे **सोना** महँगा पड़ा" में सोना 'धातु' और 'निद्रा' दोनों अर्थों में मिलता है। वाक्य के स्तर पर "राम ने दौड़ते हुए कुत्ते को मारा" वाक्य के दो अर्थ हो सकते हैं। (1) राम ने कुत्ते को मारा, कुत्ता दौड़ रहा था, (2) राम ने कुत्ते को मारा, राम दौड़ रहा था। इसी प्रकार "यह राम की तस्वीर है" वाक्य के तीन अर्थ हो सकते हैं। ऐसे वाक्यों का अनुवाद करते समय प्रसंग या संदर्भ समझने की जरूरत रहती है जो प्रोक्ति के स्तर पर जानी जा सकती है।

विषयवस्तु के स्तर पर आदर्श स्थिति वह है कि जिस विषय से पाठ संबद्ध हो उसका अनुवादक को कुछ सीमा तक विशेषज्ञ भी होना चाहिए। अर्थात विधि रसायन, भौतिकी, विज्ञान आदि विषयों की जानकारी होनी चाहिए। यह तो सभी जानते हैं कि विज्ञान की भाषा व्यवहार की दृष्टि से सीमित और निश्चित अर्थतंत्र लिए होती है जबकि साहित्य की भाषा व्यापक और असीम अर्थतंत्र लिए होती है। इन दोनों के भेद को जानना अनुवादक के लिए बहुत जरूरी है। उदाहरण के लिए, अंग्रेजी का "कम्युनिकेशन " शब्द साहित्यिक भाषा में अभिव्यंजना, संलाप, संदेश, संप्रेषण, प्रभाव, संचार, बात पहुंचाना आदि विभिन्न अर्थों में प्रयुक्त होता है जबकि वैज्ञानिक भाषा में संप्रेषण या संचार के अर्थ में प्रयुक्त होता है। इसी प्रकार अंग्रेजी के Prerogative, Privilege, Right शब्द सामान्य भाषा में एक ही अर्थ में प्रयुक्त होते हैं जबकि विधि या संविधान की भाषा में इन तीनों के अलग-अलग निश्चित अर्थ हैं।

**2. अंतरण :** दो भाषाओं की अर्थगत संरचना की अभिव्यक्तियाँ अंतरण के क्षेत्र में एक-दूसरे से टकराती हैं। हर भाषा की अपनी संरचना होती है और अपना भाव-जगत होता है। उन्हें एक-दूसरे की शाब्दिक संरचनाओं से बाँधना कठिन होता है। उनका अपना अर्थ-संसार होता है। अनुवाद करते समय कुछ सूचनाओं का ह्रास हो जाता है और कुछ में अतिरिक्त योगदान हो जाता है। उदाहरण के लिए, यदि हिन्दी के 'चाचा' शब्द का अनुवाद अंग्रेजी में **Uncle**

किया जाए तो इसमें चाचा, मामा, फूफा, मौसा, ताऊ का अतिरिक्त योग रहता है। इसी प्रकार रूसी भाषा में 'स्पुतनिक' शब्द के कई अर्थ है, जैसे सहयात्री, ग्रह, साथी और कृत्रिम उपग्रह। 1957 में रूस ने जब अपना उपग्रह चाँद की ओर उड़ाया था तो वह केवल एक निश्चित अर्थ के रूप में अन्य भाषाओं में अनूदित होने लगा है। इसी प्रकार दोनों भाषाओं में सांस्कृतिक और सामाजिक भेदों को देखना होता है, जैसे, कर्म, गंगाजल, संस्कार आदि। न केवल यही, शब्द-समूह के अर्थ का अंतरण करते हुए उनके संयोजन से उत्पन्न अर्थ को भी देखने की आवश्यकता रहती है। जैसे, Acid test (अग्नि परीक्षा), Environmental handicaps (परिवेशजन्य सीमाएँ), Demand loan (अविलंब ऋण) आदि।

इस समस्या को समतुल्यता के आधार पर देखा जा सकता है। यह समतुल्यता अर्थ और अभिव्यक्ति के धरातल पर होगी। इस प्रक्रिया के अंतर्गत वाक्य-संरचना, पदबंध-संरचना, शब्द-संयोजन, अक्षर-निर्माण, ध्वनि-व्यवस्था आदि का अर्थ समतुल्यता के आधार पर अंतरण किया जाएगा। वास्तव में अनुवाद में अंतरण एक ऐसी प्रक्रिया है जिसमें स्रोत भाषा रूपी डिब्बे में संयोजित सामग्री को लक्ष्य भाषा रूपी डिब्बे में उसी प्रकार व्यवस्थित रूप में संयोजित करना है।

**3. पुनर्रचना :** लक्ष्य भाषा के नियमों में संदेश को पुनः व्यवस्थित और संयोजित करना होता है ताकि वह संप्रेषणीय बन सके। इस प्रक्रिया के परिणामस्वरूप मूल और अनूदित पाठों के बीच समतुल्यता का संबंध स्थापित होता है। किंतु यह समतुल्यता रूपपरक अर्थात भाषापरक नहीं होती वरन् संदर्भपरक होती है। इसका अभिप्राय यह है कि स्रोत भाषा और लक्ष्य भाषा के विभिन्न व्याकरणिक पैटर्नों, पूर्ण अर्थों और प्रकार्यों को शब्द के एक-दूसरे के अनुरूप होना न होना उतना महत्वपूर्ण नहीं है जितना संदर्भ का होना आवश्यक है। स्रोत भाषा के अर्थ के लिए लक्ष्य भाषा में समतुल्य अर्थ का चयन करते समय शब्द या वाक्य की सीमा से ऊपर उठकर पाठ के स्तर पर भी जाना पड़ता है। घटकों के व्याकरणिक संबंध, उनके संदर्भपरक अर्थ और इन दोनों के लक्ष्यार्थ मूल्यों पर ध्यान देना ही पुनर्रचना या पुनर्गठन है। इस प्रक्रिया में लक्ष्य भाषा की भाषिक व्यवस्था और शैली संस्कार कथ्य को संप्रेषित करता है।

## अनुवादक के गुण

अनुवादक की स्थिति बड़ी पेचीदा होती है। चूँकि हर भाषा की भावानुभूति या पकड़ अलग-अलग होती है और उसमें अनुवादक को सतर्क रहना पड़ता है।

वह न केवल दो भाषाओं का दूत होता है वरन् दो जनताओं और संस्कृतियों का भी दूत होता है। उसके लिए निम्नलिखित गुणों का होना आवश्यक है :

1. स्रोत भाषा का अच्छा ज्ञान।
2. लक्ष्य भाषा का पूर्ण ज्ञान।
3. विषय का ज्ञान।
4. अन्य संबद्ध विषयों का ज्ञान।

इस प्रकार अनुवाद की प्रक्रिया मौलिक लेखन से भी ज्यादा कठिन और परिश्रम-साध्य कार्य है। इसका कार्य भाषांतर द्वारा केवल अर्थ संप्रेषण करना नहीं है वरन् मूलकृति के गूढ़ अर्थ की पुनः सृष्टि भी करना है। कई बार दो भाषाओं में समानार्थक शब्दों की व्यंजना एक जैसी नहीं होती। उनके साथ उनका अपना भावजगत भी होता है। भाषायी समस्याओं के अतिरिक्त सामाजिक और सांस्कृतिक सूचनाओं का अंतरण भी एक समस्या पैदा करता है। समाज और संस्कृति को उद्घाटित करने वाले पाठ का अनुवाद करते हुए अनुवाद को सभी प्रकार के समतुल्य शब्द बनाने पड़ते हैं जो पाठक के लिए बोधगम्य हों। इस प्रकार अनुवाद एक ऐसी प्रक्रिया है जिसमें एक भाषा की प्रतीक-योजना का अंतरण दूसरी भाषा की प्रतीक-योजना में समतुल्यता के सिद्धांत पर किया जाता है। इसमें भाषायी क्षेत्र के बाहर भी जाना पड़ता है और दोनों भाषाओं की संस्कृति एवं सूक्ष्मताओं को भी सामने रखा जाता है।

**अनुवाद के कुछ नमूने :**

**1.** Discipline is very essential in every walk of life. Discipline is the soul of military life. Without discipline an army is no better than a crowd. It is the first thing needed for maintaining the harmony and concord in a family. It is equally necessary in maintaining peace and harmonious relation in society or in a nation. Without discipline we are no better the brutes. If there is no discipline in God's creation, chaotic conditions will prevail and this universe would come to topsyturvydom in no times. 'Learn to obey, if you wish to command', thus does to proverb. There is much truth in this proverb 'Child is the father of man' so says Wordsworth. Childhood is the part of a man's life when it can easily be moulded. If a student forms disciplined habits in his school career, it will have a good effect upon his future life.

**अनुवाद :** अनुशासन जीवन की प्रत्येक स्थिति में अत्यावश्यक है। अनुशासन

सैनिक जीवन की आत्मा है। अनुशासन के बिना सेना भीड़ के समान है। परिवार में सद्भाव और मेल बनाए रखने के लिए इसकी आवश्यकता सबसे पहले पड़ती है। समाज और राष्ट्र में शांति और सद्भावपूर्ण संबंध बनाए रखने के लिए इसकी बड़ी आवश्यकता है। अनुशासन के बिना हम पशु से कम नहीं हैं। ईश्वर की सृष्टि में यदि अनुशासन नहीं है तो अराजकता फैल जाएगी और यह विश्व तुरंत ही अस्त-व्यस्त हो जाएगा। एक कहावत है "यदि आप हुकम देना चाहते हैं तो पालन करना भी सीखिए"। इस कहावत में काफ़ी सच्चाई है। बड्र्सवर्थ ने कहा है कि "बालक मनुष्य का पिता है"। बाल्यावस्था मनुष्य के जीवन का एक अंश है जिसे आसानी से ढाला जा सकता है। यदि किसी छात्र में अनुशासन की आदतें स्कूली जीवन में बन जाती हैं तो इससे उसके भावी-जीवन पर अच्छा प्रभाव पड़ता है।

**2.** A considerable increase in administrative expenditure has taken place as a consequence of the grant of interim relief to Central Government employees. Audit is necessary to take vigorous steps to effect economics wherever possible. The Cabinet has decided, inter alia in this connection that a ban on the creation of post on the non-plan side should be imposed. Accordingly, with immediate effect, no post shall be created on the non-plan side except in the cases mentioned in the annexure to this office memorandum. Even in regard to the exempted categories of posts, new items of work should as far as possible, be handled by a re-distribution of work among the existing staff and not by fresh recruitment of staff. The ban will be operative not only in the Secretariat and attached offices but also in all subordinate offices. It is further clarified that administrative, executive or ministerial posts in the ministry or in an attached office or in a subordinate office will not be treated as posts in connection with a plan scheme.

**अनुवाद :** केंद्रीय सरकार के कर्मचारियों को अंतरिम सहायता देने के कारण प्रशासनिक व्यय में काफ़ी वृद्धि हुई है। इसलिए मितव्ययिता के लिए जहाँ कहीं संभव हो, जोरदार कदम उठाना आवश्यक है। और बातों के साथ-साथ इस संबंध में मंत्रिमंडल ने यह निर्णय किया है कि योजनेतर पदों के सृजन पर प्रतिबंध लगाया जाना चाहिए। तदनुसार, इस कार्यालय ज्ञापन के अनुलग्नक में उल्लिखित मामलों को छोड़कर किसी योज़नेतर दर का सृजन तत्काल प्रभावी रूप से नहीं किया जाएगा। यहाँ तक कि छूट प्राप्त पद-श्रेणियों के संबंध में भी नए काम

का निपटान यथासंभव वर्तमान कर्मचारियों में काम का पुनः वितरण करके किया जाएगा, न कि कर्मचारियों की नई भर्ती करके किया जाएगा। यह प्रतिबंध न केवल सचिवालय और संबद्ध कार्यालयों में लागू होगा वरन् अधीनस्थ कार्यालयों में भी लागू होगा। यह भी स्पष्ट किया जाता है कि मंत्रालय के या किसी संबद्ध कार्यालय के या किसी अधीनस्थ कार्यालय के प्रशासनिक, कार्यकारी या लिपिक-वर्गीय पद "प्लान-स्कीम" से संबंधित पद नहीं माने जाएँगे।

**3.** Pt. Jawaharlal Nehru became à historian by accident. His historical works belong to the genre known as prison literature. It was because he was put way, in prisons by the British Government because he whipped up the national fervour of the people and this challenged the seat of power. In prison, he could take to his role as a historian. He had plenty of time on hand where others might have 'killed time' by indolence and passivity. Panditji turned to pen. He delved into his very being. He went over all the vast and wide reading, he had done during his formative years. Then came the idea of giving own interpretation of history.

**अनुवाद :** पं० जवाहरलाल नेहरू संयोग से इतिहासकार बन गए। उनकी इतिहास संबंधी रचनाएँ "कारावास साहित्य" की विधा के रूप में जानी जाने लगी। उन्हें ब्रिटिश सरकार द्वारा कारावास में डाल दिया गया था क्योंकि उन्होंने जनता में राष्ट्रीय भावना को जगाया था और यह सत्ता के लिए चुनौती थी। कारावास में उन्होंने इतिहासकार की भूमिका को ग्रहण कर लिया। उनके पास काफ़ी समय था जबकि दूसरे लोग अकर्मण्यता और निष्क्रियता में ही अपना समय काट रहे थे। पंडित जी लेखन कार्य में जुट गए। वे अपने-आप में खो गए। अपने निर्माण काल में पंडित जी ने जो व्यापक अध्ययन किया था उसका पुनः अवलोकन किया। तब, उनमें इतिहास को अपनी व्याख्या देने का विचार आया।

**4.** While a student in London, Krishna Menon required himself intellectually and politically with a vigour and a vision hither to rarely equalled. Apart from his law, Menon studied political science at the London School of Economics under the outstanding Professor Harold Laski who was later to describe Menon as the best student I have ever had. Menon also did his Masters and this fact is not widely known by dissertation on two subjects that are profoundly revealing about him.

**अनुवाद :** जब कृष्ण मेनन लंदन में छात्र थे तो उन्होंने ओजस्विता और दूरदर्शिता से पूर्ण जो बुद्धिमत्ता और राजनीतिज्ञता प्राप्त की थी, उसकी तुलना नहीं की जा सकती। कानून के साथ-साथ उन्होंने "लंदन स्कूल आफ़ इक्नामिक्स" में विद्वान प्रोफेसर हेरल्ड लास्की के निर्देशन में राजनीतिशास्त्र का अध्ययन भी किया था। प्रो० लास्की ने बाद में कहा था कि मेनन अब तक के छात्रों में सब से योग्य छात्र थे। मेनन ने स्नातकोत्तर उपाधि भी प्राप्त की थी और इस तथ्य की जानकारी तब मिली थी जब दो विषयों पर उन्होंने लघु शोध प्रबंध लिखा था और इससे उनकी विद्वत्ता पूर्णतया व्यक्त हुई थी।

**5.** No body wants accidents, still they happen. Most of the accidents are attributable to failure of Drivers, Station staff and Gateman, but these people deal with innumberable trains day in and day out with perfect safety.

What further needs to be done ? The answer is a little drill to check up all the relevant factors and not take them for granted. Every one who deals with safety can devise for himself simple exercises which will ensure that no important item of safety is neglected at any stage. In a very short time these will become second nature requiring no deliberate effort. In addition to this, when we want to cross a line, look on either side to make sure that there is no movement going on which may endanger safety.

**अनुवाद :** कोई भी व्यक्ति दुर्घटना नहीं चाहता, फिर भी ये होती रहती हैं। बहुत सी दुर्घटनाएँ ड्राइवर, स्टेशन कर्मचारियों और गेटमैन की भूल से होती हैं। किंतु ये लोग दिन-रात असंख्य रेलगाड़ियाँ पूर्ण सुरक्षा के साथ चलाते रहते हैं।

इस संबंध में आखिर क्या करने की आवश्यकता है ? इसका उत्तर यही है कि सब बातों को जाँचने के लिए थोड़ा-सा ऐसा अभ्यास करना चाहिए कि कोई त्रुटि न रह जाए। मुझे यह पता है यह सोच कर संतोष नहीं कर लेना चाहिए। जिस भी व्यक्ति का सुरक्षा से संबंध है वह स्वयं ही कुछ सामान्य अभ्यासों को निकाल सकते हैं जिससे किसी भी स्थिति में सुरक्षा के किसी भी महत्वपूर्ण भाग की उपेक्षा न हो सके। थोड़े ही समय में उनकी यह आदत बन जाएगी और इसके लिए उन्हें कोई विशेष प्रयत्न नहीं करना पड़ेगा। इसके अतिरिक्त जब हम किसी लाइन को पार करना चाहते हैं तो हमें दोनों तरफ देख कर यह निश्चित कर लेना चाहिए कि लाइन पर कोई गाड़ी नहीं चल रही है जिसके कारण खतरे की संभावना बनी रहती है।

## अनुवाद के कुछ नमूने : वाक्य स्तर पर

| | |
|---|---|
| 1. He is under age now. | वह अभी नाबालिग है। |
| 2. He is out of temper. | वह गुस्से में है। |
| 3. You are out of your sense. | तुम्हारे होश हवास ठीक नहीं हैं। |
| 4. He is a bit out of sorts. | उसकी तबीयत कुछ सुस्त है। |
| 5. The bank is on its last legs. | बैंक का दीवाला निकलने वाला है। |
| 6. I am between the horns of a dilemma. | मैं दुविधा में पड़ा हूँ। |
| 7. There was a dead calm. | घोर सन्नाटा छाया हुआ था। |
| 8. He was born and bred in India. | उसका पालन पोषण भारत में हुआ था। |
| 9. He is off his head. | उसका दिमाग खराब हो गया है। |
| 10. He is the black sheep of our family. | वह हमारे कुल का कलंक है। |
| 11. He breathed his last. | उसका देहांत हो गया। |
| 12. He gave up the ghost. | उसका प्राणांत हो गया। |
| 13. He paid the debt to the Nature. | वह पंचतत्व को प्राप्त हुआ। |
| 14. His life was cut off its bloom. | उसका असामयिक निधन हुआ। |
| 15. He took umbrage at my words. | उसने मेरा कहा बुरा माना। |
| 16. The patient is past cure. | रोगी की हालत बचने योग्य नहीं है। |
| 17. He pocketed the insult. | उसने अपमान चुपचाप सहन कर लिया। |
| 18. All I ask is a fair deal and no favour. | मैं केवल न्याय चाहता हूं। |
| 19. He has got into the hot water. | वह बड़ी कठिनाई में पड़ गया। |
| 20. He laid faults at my doors. | उसने अपना दोष मेरे सिर मढ़ दिया। |
| 21. You threw cold water upon his zeal. | आपने उसका जोश ठंडा कर दिया। |
| 22. His business is at a low ebb. | उसका व्यापार मंदा है। |
| **23. He makes much ado about.** | **वह तिल का ताड़ बना देता है।** |

nothing

| | |
|---|---|
| 24. He beat a hasty retreat. | वह उलटे पाँव भागा। |
| 25. He moved heaven and earth to do the work. | उसने इस काम के लिए आकाश–पाताल एक कर दिया। |
| 26. It did not catch my eye. | इस पर मेरे दृष्टि नहीं पड़ी। |
| 27. I am at loss to determine what to do. | मैं किंकर्तव्यविमूढ़ हूँ। |
| 28. This opportunity slipped through my finger. | यह मौका मेरे हाथ से निकल गया। |
| 29. This is a moot point. | यह विवादास्पद विषय है। |
| 30. He set upon going to Hyderabad. | वह हैदराबाद जाने के लिए कटिबद्ध था। |

# प्रारूपण और टिप्पणी लेखन

## कार्यालयी कार्यविधि

कार्यालय में प्राप्त होने वाले पत्रों को, जिन पर आवश्यक कार्रवाई की जानी है, आवती कहा जाता है। कार्यालय समय में प्राप्त होने वाली सारी डाक केंद्रीय रजिस्ट्री अनुभाग में प्राप्त की जाती है। आमतौर पर केंद्रीय रजिस्ट्री मंत्रालयों में होती है। कई कार्यालयों में 'आवती और निर्गम अनुभाग' या 'प्रेषण अनुभाग' या 'वितरण अनुभाग' होते हैं।

कार्यालय समय के बाद प्राप्त होने वाली डाक को रात्रि ड्यूटी लिपिक या स्थानिक लिपिक प्राप्त करता है। तुरंत या तत्काल आवतियों को संबंधित अधिकारी के निवास स्थान पर भेजा जाता है।

डाक पर तारीखवार मोहर लगाकर उसे रजिस्टर में दर्ज़ किया जाता है और अनुभागवार उसे छाँटा जाता है। तार, सेविंग्राम, टेलेक्स, रजिस्ट्री डाक, अंतर्विभागीय मिसिलें, अदालती सम्मन, संसद प्रश्न, संसद सदस्यों से आने वाले पत्र आदि अलग रजिस्टर में दर्ज किए जाते हैं।

प्रत्येक अनुभाग की डाक के लिए एक बीजक तैयार किया जाता है। कुछ कार्यालयों में रजिस्टर की व्यवस्था है। डाक की सूची उसी रजिस्टर में दी जाती है। इसके बाद डाक को संबंधित अनुभाग में भेजा जाता है। इसे डाक वितरण कहते हैं। डायरीकार इसे प्राप्त कर और इसकी जाँच कर बीजक की दूसरी प्रति या डाक रजिस्टर पर हस्ताक्षर करके लौटा देता है। मंत्री या उच्च अधिकारियों की डाक उनके व्यक्तिगत स्टाफ द्वारा प्राप्त की जाती है। जिन कार्यालयों में डेस्क अधिकारी की व्यवस्था है, डाक उसी डेस्क अधिकारी के पास भेजी जाती है।

डायरीकार सभी आवतियों को अनुभाग अधिकारी को प्रस्तुत करता है। अनुभाग अधिकारी उनमें से कुछ आवतियों को उच्च अधिकारी के अवलोकन

के लिए भेजता है। कुछ विशेष आवतियों को अपने नाम पर रख लेता है और शेष आवतियों को संबंधित सहायक के नाम अंकित कर देता है। यदि किसी आवती पर तत्काल कार्रवाई करनी हो तो उसे अपनी डायरी में नोट कर लेता है।

डायरीकार संबंधित सहायकों के नाम अंकित आवतियों को अनुभाग डायरी में दर्ज कर संबंधित सहायकों को देता है। वह उन आवतियों को डायरी नहीं करेगा, जो बिना नाम की आई हों और अधिकारी ने भी कोई कार्रवाई न करने का आदेश दिया हो। नेमी आवतियों, आकस्मिक छुट्टी के आवेदन-पत्र, टेलीफोन सूचियों, छुट्टियों की सूचना, दौरा कार्यक्रम आदि को अनुभाग डायरी में दर्ज नहीं किया जाता।

उच्चाधिकारी अवलोकन के लिए आई आवतियों पर कार्य करने की दिशा में अपने आदेश, निदेश या अनुदेश देता है। यदि वह किसी आवती को अनुभाग की सहायता के बिना स्वयं निपटाना उचित समझता है तो उसे अलग से अपने पास रख लेता है। यदि कोई आदेश, निदेश, अनुदेश न देना हो तो वह उस पर आद्यक्षर करके लौटा देता है।

संबंधित सहायक आवतियों की जाँच करके प्राथमिकता के अनुसार उन्हें छाँट लेता है और उन सभी को अपनी सहायक डायरी में दर्ज कर लेता है। यदि किसी आवती का संबंध दूसरे अनुभाग से होगा तो वह आवती या उसका संगत उद्धरण लेकर उसे उस अनुभाग को भेज देता है।

टिप्पणी लिखने से पहले सहायक टिप्पणी भाग में डाकेट करता है। वास्तव में मिसिल के दो भाग होते हैं– एक, टिप्पणी भाग और दूसरा, पत्राचार भाग। टिप्पणी भाग में विचाराधीन कागजपत्र के संबंध में टिप्पणी लिखी जाती है और पत्राचार भाग में आवती और उसके साथ संलग्न कागजपत्र तथा निर्गम की कार्यालय प्रतियाँ रखी जाती हैं।

इसके अतिरिक्त यह भी बताना संगत होगा कि यदि मुख्य मिसिल अनुभाग में न हो या किसी उच्चाधिकारी के पास किसी मामले में गई हुई हो और उसके शीघ्र लौटने की संभावना न हो तो खंड मिसिल खोली जाती है। खंड मिसिल उस स्थिति में भी खोली जाती है जब किसी मामले पर विभिन्न अधिकारियों और विभिन्न अनुभागों से एक साथ सलाह लेनी हो, तब आवती के उद्धरण लेकर खंड मिसिल में रखकर भेजे जाते हैं।

टिप्पणी लिखते समय संबंधित अभिलेखों (या अभिलेखबद्ध मिसिलों ), नियम-

विनियमों और स्थायी निदेश मिसिलों को इकट्ठा कर उनका हवाला देगा। यदि कोई महत्वपूर्ण नीति संबंधी मामला है तो उसके साथ ये मिसिलें संलग्न भी कर सकता है और अधिकारी की सुविधा के लिए आक्षरिक पर्ची या पताका (फ्लैग) लगा देगा।

इस बात पर अवश्य ध्यान देना चाहिए कि टिप्पणियाँ संक्षिप्त और विषय-संगत होनी चाहिए। टिप्पणी स्वतः स्पष्ट और स्वतः पूर्ण होनी चाहिए। यदि तथ्यों का क्रमिक सार है तो उसका हवाला देना चाहिए न कि दोबारा उसकी व्याख्या करनी चाहिए।

टिप्पणी लिखने के बाद अनुभाग अधिकारी उस टिप्पणी को अच्छी तरह जाँच कर उसे उच्चाधिकारी के पास भेज देता है। यदि आवश्यकता पड़ती है तो वह भी विचार और सुझाव देने वाली टिप्पणी दे देता है। नेमी मामले अनुभाग अधिकारी के स्तर पर ही निपटाए जाते है। वरिष्ठ सहायक (जिसकी सेवा कम से कम आठ वर्ष की हो और वे उस अनुभाग में कम से कम छह मास रहे हों।) अपनी टिप्पणी सीधे ही शाखा अधिकारी को भेज सकता है।

अनुभाग से बाहर जाने वाली मिसिलों का संचलन मिसिल संचलन रजिस्टर में दर्ज किया जाता है।

उच्चाधिकारी अपनी प्रदत्त शक्तियों का उपयोग करते हुए उस मामले पर अपने आदेश, निदेश और अनुदेश देता है। यदि वह मामला उनके क्षेत्राधिकार के बाहर होता है तो उस मामले को अंतरविभागीय टिप्पणी या पत्र के द्वारा दूसरे मंत्रालय (वित्त, प्रशासी या अन्य) से सहमति प्राप्त करने के लिए भेजा जाता है।

मामले पर आवश्यक निर्णय लिए जाने के बाद मिसिल अनुभाग में वापस आ जाती है और संबंधित पक्ष को उसका उत्तर देने की तैयारी प्रारंभ होती है। उत्तर का मसौदा तैयार होने पर उसे सक्षम अधिकारी से अनुमोदित कराया जाता है। उसके बाद उसकी स्वच्छ प्रति भेज दी जाती है। यदि किसी मामले पर आवश्यक निर्णय लेने में देरी होने की संभावना होती है तो उसकी पावती भेजते हुए अंतरिम उत्तर दिया जाता है।

## सरकारी पत्राचार : स्वरूप और प्रकार

सरकारी कार्यालयों में पत्राचार किसी एक रूप में नहीं किया जाता। उसके कई रूप प्रयोग में लाए जाते हैं। विषय के अनुसार पत्र-व्यवहार का रूप भी बदलता रहता है। सरकारी पत्रों में निम्नलिखित पत्र मुख्य रूप से प्रयुक्त होते

हैं।

(1) पत्र, (2) स्मरण-पत्र (अनुस्मारक), (3) अर्ध सरकारी पत्र, (4) पृष्ठांकन, (5) आदेश तथा कार्यालय आदेश, (6) कार्यालय ज्ञापन, (7) अधिसूचना, (8) संकल्प, (9) अंतरविभागीय टिप्पणी, (10) प्रेस विज्ञप्ति या प्रेस टिप्पणी, (11) तार और टेलेक्स संदेश और (12) सेविंग्राम।

**पत्र** का प्रयोग विदेशी सरकारों, राज्य सरकारों, संबद्ध तथा अधीनस्थ कार्यालयों, सार्वजनिक संस्थाओं और जनता के साथ औपचारिक पत्रव्यवहार के रूप में किया जाता है। पत्र में पत्र संख्या, संबंधित मंत्रालय/कार्यालय का नाम और तारीख, पाने वाले का नाम और या/पदनाम, विषय आदि दिए जाते हैं। सरकारी अधिकारियों को भेजे जाने वाले पत्रों में संबोधन 'महोदय' शब्द से किया जाता है। गैर-सरकारी व्यक्तियों अथवा संस्थाओं को 'प्रिय महोदय' आदि से संबोधित किया जाता है। सभी सरकारी पत्रों में अधोलेख के रूप में 'भवदीय' लिखा जाता है।

जब पत्र का उत्तर नहीं आता, तब **स्मरण-पत्र** (अनुस्मारक) भेजा जाता है। स्मरण-पत्र का प्रारूप पत्र के सामान ही होता है। उस पर दाईं ओर केवल स्मरण-पत्र और उसकी संख्या लिखी जाती है।

**अर्ध सरकारी पत्रों** का प्रयोग सरकारी अधिकारियों के आपसी पत्र-व्यवहार में, विचारों या सूचना के आदान-प्रदान के लिए किया जाता है। अर्धसरकारी पत्र का प्रयोग उस समय भी किया जाता है जब किसी अधिकारी का ध्यान व्यक्तिगत रूप से किसी मामले की ओर दिलाना वांछनीय है। इसमें औपचारिकता की आवश्यकता नहीं रहती। यह उत्तम पुरूष में और व्यक्तिगत स्तर पर मित्र भाव से ही लिखे जाते हैं। इनमें संबोधन 'प्रिय', 'प्रियवर' आदि से किया जाता है और अधोलेख के रूप में 'आपका' लिखा जाता है।

**पृष्ठांकन** का प्रयोग तब किया जाता है जब कोई कागज़ अपने मूल रूप में भेजने वाले को लौटाना हो या जब पत्रादि पाने वाले के अतिरिक्त उसकी प्रति किसी और विभाग या कार्यालय को भेजना अपेक्षित हो। मंत्रालयों द्वारा समय-समय पर जारी किए गए कार्यालय-ज्ञापनों तथा परिपत्रों की प्रतियाँ संबद्ध तथा अधीनस्थ कार्यालय, विभिन्न अधिकारियों तथा अनुभागों की सूचना, आवश्यक कार्रवाई, अनुपालन, संदर्शन आदि के लिए भी पृष्ठांकन द्वारा घुमाई जाती है।

सरकारी आदेश प्रायः दो प्रकार के होते हैं : (1) **सामान्य आदेश** और (2) **कार्यालय आदेश**। **सामान्य आदेश** नए पदों की स्वीकृति, वित्तीय मंजूरी और

अनुशासनिक मामलों में संबंधित कर्मचारियों को सरकारी आदेशों की सूचना देने के लिए आदेश जारी किए जाते हैं। (2) **कार्यालय आदेश** आंतरिक प्रशासन अर्थात छुट्टी की मंजूरी, अधिकारियों एवं विभागों में काम का वितरण, अराजपत्रित अधिकारियों की तैनाती या स्थानांतरण आदि के लिए जारी किए जाते हैं।

पहले **'कार्यालय ज्ञापन'** अंतरविभागीय पत्राचार के लिए होता था और ज्ञापन का प्रयोग विभाग के भीतर के कार्य-कलापों के लिए होता था। अब ज्ञापन को कार्यालय ज्ञापन में सम्मिलित कर दिया गया है। अतः कार्यालय ज्ञापन के कार्यों में बढ़ोतरी हो गई है। अब कार्यालय ज्ञापन का प्रयोग जहाँ मंत्रालयों एवं विभागों के आपसी पत्राचार के लिए किया जाता है, वहाँ इसका प्रयोग विभाग के भीतर कर्मचारियों से स्पष्टीकरण माँगने, कर्मचारियों को अध्ययन जारी रखने और किसी योजना में बाहर से पारिश्रमिक ग्रहण करने की अनुमति देने या किसी प्रकार की सूचना देने (जो सरकारी आदेश के समान नहीं होते) के लिए भी किया जाता है। इसका प्रयोग संबद्ध तथा अधीनस्थ कार्यालयों के साथ भी पत्र-व्यवहार करने में किया जा सकता है। इसमें संबोधन और अधोलेख नहीं होता। इसमें हस्ताक्षर करने वाले अधिकारी का नाम और पदनाम दिया जाता है और यह प्रायः अन्य पुरुष में लिखा जाता है। कार्यालय-ज्ञापन का प्रयोग परिपत्र के रूप में भी किया जाता है। कुछ कार्यालयों में कार्यालय-ज्ञापन और ज्ञापन दोनों का प्रयोग अभी भी चल रहा है।

**अधिसूचना** का प्रयोग सांविधिक नियमों और आदेशों की घोषणा के लिए तथा राजपत्रित अधिकारियों की नियुक्ति, पदोन्नति, परावर्तन तथा प्रतिनियुक्ति संबंधी आदेशों की घोषणा के लिए किया जाता है। इसे भारत के राजपत्र में प्रकाशित किया जाता है।

जाँच समितियों या आयोगों की स्थापना तथा नीति-संबंधी महत्वपूर्ण मामलों पर सरकार के निर्णयों की सार्वजनिक घोषणा करने के लिए **संकल्पों** का प्रयोग किया जाता है। संकल्प भी प्रायः भारत के राजपत्र में प्रकाशित किए जाते हैं।

**अंतरविभागीय पत्राचार** मिसिल पर टिप्पणी लिखकर या स्वतः पूर्ण टिप्पणी के रूप में दिया जाता है। इसका प्रयोग प्रायः किसी प्रस्ताव पर अन्य विभागों की सलाह, विचार, सहमति, सम्मति आदि प्राप्त करने या भेजे गए नियमों, आदेशों आदि को स्पष्ट कराने के लिए किया जाता है।

कई बार सरकार के महत्वपूर्ण निर्णयों के व्यापक प्रचार की आवश्यकता पड़ती है। ऐसे निर्णयों को **प्रेस विज्ञप्ति** या **प्रेस टिप्पणी** के रूप में पत्रसूचना-

कार्यालय (प्रेस इन्फार्मेशन ब्यूरा) को भेजा जाता है। यह कार्यालय इन्हें समाचारपत्रों में प्रकाशित करने के लिए भेजते हैं। प्रेस विज्ञप्ति प्रेस नोट की तुलना में अधिक औपचारिक होती है और इसे समाचारपत्रों में ज्यों का त्यों प्रकाशित किया जाता है जबकि प्रेस नोट के लिए भेजी गई सामग्री में आवश्यकतानुसार काट-छाँट तथा संपादन करने की छूट होती है।

तार का प्रयोग अन्य शहरों में स्थित कार्यालयों या पार्टियों के साथ अत्यावश्यक तथा अति तत्काल मामलों में किया जाता है। तार दो प्रकार के होते हैं अर्थात शब्दबद्ध तार और बीजांक/कूटतार (एन्क्लेयर टेलिग्राम और साइफ़रकोड टेलिग्राम )। शब्दबद्ध तार स्पष्ट भाषा में लिखे जाते हैं । गोपनीय कार्य के लिए गुप्त भाषा में बीजांक/कूटतार का प्रयोग होता है। सरकारी तारें चार प्रकार की होती हैं : (1) जीवन रक्षा, (2) अति तत्काल, (3) संक्रियात्मक तत्काल और (4) तत्काल। बीजांक/कूट भाषा तारों को छोड़कर अन्य तारों के बाद उसकी पुष्टि के लिए उसकी प्रतियाँ डाक द्वारा भेजी जाती हैं। महत्वपूर्ण और अत्यावश्यक मामलों में तार की बजाय टेलेक्स संदेश भेजे जाते हैं।

**सेविंग्राम** एक प्रकार का तुरंत पत्र है जिसे कूटित रूप (कोडिड वर्ज़न ) में भेजा जाता है। इसका प्रयोग पहले केवल समुद्रपारीय पत्रव्यवहार के रूप में किया जाता था, अब अंतर्देशीय पत्र व्यवहार के रूप में भी इसका प्रयोग होने लगा है। यह एक प्रकार का गुप्त पत्र होता है जो राजनयिक थैला (डिप्लोमेटिक बैग ) या रजिस्ट्री डाक बीमा द्वारा भेजा जाता है।

## 3. प्रारूपण : सामान्य सिद्धांत

प्रारूपण या मसौदा-लेखन को सुविधा की दृष्टि से दो वर्गों में बाँटा जा सकता है, (1) प्रारंभिक प्रारूपण (2) उच्चतर प्रारूपण। प्रारंभिक प्रारूपण में आवेदन-पत्र, पत्र, स्मरण-पत्र, अंतरिम उत्तर, पृष्ठांकन, दौरा कार्यक्रम, अर्ध सरकारी पत्र, कार्यालय आदेश आदि आते हैं और उच्चतर मसौदा-लेखन में कार्यालय ज्ञापन, अधिसूचना, संकल्प, प्रेस विज्ञप्ति आदि आते हैं।

नेमी मामलों में सामान्यतः प्रारूप या मसौदा तैयार नहीं किया जाता। सीधे ही पत्र की स्वच्छ प्रति तैयार कराकर उसे जारी कराया जाता है।

प्रारूप या मसौदा सक्षम अधिकारी के पास सीधे भी भेजा जा सकता है। यह अधिकारी के पास अनुमोदन के लिए सीधे तब प्रस्तुत किया जाता है जब (1) आवती पर की जाने वाली कार्रवाई स्पष्ट हो या (2) पहले से चली आ रही

परिपाटी पर आधारित हो और इसपर किसी प्रकार की टिप्पणी लिखने की आवश्यकता न समझी जाती हो या (3) मामले की जाँच करने पर कार्रवाई की दिशा स्पष्ट हो और टिप्पणी लिखकर उसीके साथ भेजा जा सकता है।

यदि उपयुक्त अधिकारी किसी आवती पर कार्य की दिशा में कोई आदेश, निदेश, अनुदेश आदि देता है तब सहायक उसपर कार्रवाई कर मसौदा तैयार करता है और उसे उस अधिकारी को प्रस्तुत करता है।

यदि किसी अधिकारी ने किसी मामले के संबंध में कोई राय बना ली हो वह पत्र की स्वच्छ प्रति बनाकर उसपर अपने हस्ताक्षर कर देता है और उसे जारी करने का अधिकार दे सकता है। वह यह भी कर सकता है कि स्वयं मसौदा तैयार करे और उसे अनुमोदन के लिए सक्षम अधिकारी को प्रस्तुत कर दे।

मसौदा या प्रारूप लिखते हुए निम्नलिखित अनुदेशों का पालन किया जाना चाहिए।

(1) मसौदा स्वतः स्पष्ट और स्वतः पूर्ण होना चाहिए।

(2) मसौदा यथासंभव संक्षिप्त लिखा जाना चाहिए। यदि किसी कारणवश मसौदा लम्बा या जटिल हो जाए तो अंत में ऊपर कही गई पूरी बात का सार देना उचित होगा। अपने विचारों को सिलसिलेवार रखना चाहिए।

(3) लंबे वाक्यों से हमेशा बचना चाहिए। शब्दों को घुमा-फिराकर या बढ़ा-चढ़ा कर बात नहीं कहनी चाहिए।

(4) पत्र भेजने वाले को उत्तर देते समय उसके पत्र का उल्लेख करना चाहिए अर्थात् क्रम संख्या, तारीख आदि देनी चाहिए और यदि एक से अधिक पत्रों का उल्लेख करना आवश्यक हो तो उसे मसौदे के हाशिये में दिया जाना चाहिए। जहाँ उचित हो, विषय का भी उल्लेख किया जाना चाहिए।

(5) मिसिल में रखे गए सभी मसौदों पर मिसिल संख्या लिखी होनी चाहिए। जब एक ही मिसिल में एक ही तारीख को एक ही पते पर एक से अधिक पत्र भेजने हों तो वर्ष दिखाने वाली संख्या से पहले अलग-अलग क्रम संख्या रखनी चाहिए ताकि हवाले में भ्रम न रहे। उदाहरण के लिए; सं० फ़ा 1/15 (i)/79 प्र०, फ़ा 1/15 (ii)/79 प्र० आदि।

(6) मसौदे में यह स्पष्ट किया जाना चाहिए कि पत्र के साथ कितने संलग्नक (एन्क्लोजर्स) जाएँगे। जैसे पृष्ठ के बाईं ओर इस प्रकार लिखा जाए 'संलग्नक संख्या 2'।

(7) जिस अधिकारी के हस्ताक्षर से पत्र जारी किया जा रहा हो, मसौदे में उसका नाम, पदनाम तथा टेलीफोन नंबर अवश्य ही देना चाहिए।

(8) मसौदा लिखते समय या टाइप करते समय दोनों ओर हाशिया काफी छोड़ना चाहिए या पंक्तियों के बीच काफी अंतर रखना चाहिए ताकि आवश्यकता पड़ने पर शब्द जोड़ने या व्याख्या करने में असुविधा न हो।

(9) मसौदे के साथ "अनुमोदन के लिए मसौदा ' (ड्राफ्ट फ़ार एप्रूवल) की पर्ची लगा दी जानी चाहिए। यदि एक से अधिक मसौदे हों तो उनपर पर्चियों पर 'अ० म० (I),' 'अ० म० (II) ' आदि अंकित करना चाहिए।

(10) 'तत्काल ' तथा 'प्राथमिकता' के रूप में जारी किए जाने वाले मसौदों पर अनुभाग अधिकारी के स्तर के अधिकारी के आदेशों के अनुसार 'तत्काल' अथवा 'प्राथमिकता' लिखा जाना चाहिए।

(11) डाक से भेजे जाने वाले पत्र यदि महत्वपूर्ण हों या उनके साथ कोई मूल्यवान प्रलेख (जैसे करार, सेवापंजी, चेक) आदि भेजे जा रहे हों तो उनके औचित्य को देखते हुए, उन्हें रजिस्ट्री डाक, बीमाकृत लिफाफे या डाक प्रमाण पत्र द्वारा भेजा जाना चाहिए।

(12) मसौदे पर अनुमोदन करने का संकेत देने के लिए संबंधित अधिकारी को अपने आद्यक्षर अवश्य करने होंगे।

## प्रारूपण के कुछ नमूने

### पत्र

**शिक्षा मंत्रालय से दो सहायकों को केंद्रीय हिन्दी निदेशालय में स्थानांतरित किया गया है। किंतु उनके पिछले कार्यालय से अभी तक उनकी सेवापंजियाँ और अन्य सेवा रिकार्ड प्राप्त नहीं हुए हैं। शिक्षा मंत्रालय से उक्त दस्तावेज़ शीघ्र भेजने का अनुरोध करने के लिए पत्र के प्रारूप का नमूना :**

सं० फा० 3-9 /91- प्र

भारत सरकार

केंद्रीय हिन्दी निदेशालय

मानव संसाधन विकास मंत्रालय

(शिक्षा और संस्कृति विभाग)

वेस्ट ब्लाक- 7, रामकृष्णपुरम

नई दिल्ली, 23 अगस्त, 1991

सेवा में,

अवर सचिव
कल्याण मंत्रालय
शास्त्री भवन, नई दिल्ली

**विषयः** सर्वश्री रामलाल और श्यामलाल, सहायकों की सेवा पंजियों और अन्य सेवा रिकार्डों के संबंध में।

महोदय,

आपके कार्यालय पत्र सं० फा० 5-2/91- प्र० दि० 5 जून, 1991 के संबंध में मुझे यह कहने का निदेश हुआ है कि सर्वश्री रामलाल और श्यामलाल, सहायकों का स्थानांतरण आपके कार्यालय से हमारे कार्यालय में किया गया था। उक्त दोनों सहायकों ने यहाँ अपना कार्यभार 2 जुलाई, 1991 (पूर्वाह्न ) को संभाल लिया था। आज डेढ़ मास से अधिक हो गया है किंतु इन सहायकों की सेवा पंजी और अन्य सेवा रिकार्ड अभी तक प्राप्त नहीं हुए। इनके अभाव में बड़ी कठिनाई हो रही है। अतः यह अनुरोध किया जाता है कि उक्त दोनों व्यक्तियों की सेवा पंजी, अंतिम वेतन पत्र, अर्जित छुट्टी एवं आकस्मिक छुट्टी आदि के सभी दस्तावेज़ शीघ्र भेजने की कृपा करें।

भवदीय
ह० ..............................
(पुष्पा नांगिया )
उपनिदेशक (प्रशासन )

## स्मरण पत्र

**शिक्षा मंत्रालय से सहायकों को केंद्रीय हिन्दी निदेशालय में स्थानांतरित किया गया है। किंतु उनके पिछले कार्यालय से अभी तक उनकी सेवा पंजियाँ और अन्य सेवा रिकार्ड प्राप्त नहीं हुए। इस संबंध में पहले एक पत्र भेजा गया था। उक्त सामग्री शीघ्र मँगवाने के लिए स्मरण पत्र (अनुस्मारक ) के प्रारूप का नमूना।**

सं० फ़ा० 3-9 /91- प्र०
भारत सरकार
केंद्रीय हिन्दी निदेशालय **स्मरण पत्र-1**
(शिक्षा और संस्कृति विभाग)
मानव संसाधन विकास मंत्रालय

वेस्ट ब्लाक- 7, रामकृष्णपुरम
नई दिल्ली, 15 सितंबर, 1991

सेवा में,

अवर सचिव
कल्याण मंत्रालय
शास्त्री भवन, नई दिल्ली

**विषयः** सर्वश्री रामलाल और श्यामलाल, सहायकों की सेवा पंजियों और अन्य सेवा रिकार्डों के संबंध में।

महोदय,

इस कार्यालय के समसंख्यक पत्र दि० 23 अगस्त, 1991 के बारे में मुझे यह कहने का निदेश हुआ है कि सर्वश्री रामलाल और श्यामलाल, सहायकों की सेवा पंजियाँ और अन्य सेवा रिकार्ड अभी तक प्राप्त नहीं हुए। इनके अभाव में काफ़ी कठिनाई हो रही है। अतः यह पुनः अनुरोध किया जाता है कि उक्त व्यक्तियों के सभी दस्तावेज़ शीघ्रातिशीघ्र भिजवाने की कृपा करें।

भवदीय

ह० ........................

(पुष्पा नांगिया )

उपनिदेशक (प्रशासन)

**स्वीकृति पत्र**

**उप मुख्य नियंत्रकों के दो अस्थायी पदों को स्थायी बनाने के लिए मंत्रालय से स्वीकृति भेजने के लिए स्वीकृति पत्र के प्रारूप का नमूना :**

सं० .........
भारत सरकार
वाणिज्य मंत्रालय

उद्योग भवन, नई दिल्ली
दि० 5 जुलाई, 1991

सेवा में,

मुख्य नियंत्रक, आयात-निर्यात
नई दिल्ली

**विषय :** उप मुख्य नियंत्रकों के पदों को स्थायी बनाना।

महोदय,

आपके पत्र संख्या............दिनांक 10 मार्च, 1991 के संबंध में मुझे यह कहने

का निदेश हुआ है कि राष्ट्रपति ने मुख्य नियंत्रक, आयात-निर्यात के कार्यालय में उप मुख्य नियंत्रकों के उन दो अस्थायी पदों को दिनांक 1 अप्रैल, 1991 से स्थायी बना देने की स्वीकृति प्रदान की है जो तीन वर्ष से अधिक अवधि से विद्यमान हैं।

इस स्वीकृति के लिए वित्त मंत्रालय ने अपनी सहमति अंतरविभागीय टिप्पणी सं० ............ दिनांक 10 मई 1991 के अंतर्गत दी है।

भवदीय

ह० ............

(सोहनलाल अग्रवाल)

अवर सचिव, भारत सरकार।

सं०............ नई दिल्ली, दिनांक 5, जुलाई 1991

नियंत्रक और महालेखापरीक्षक, नई दिल्ली को सूचना के लिए प्रति।

ह० .........................

अवर सचिव, भारत सरकार

## अंतरिम उत्तर

**संघ लोक सेवा आयोग द्वारा कुछ सूचनाएँ माँगी गई हैं। सूचना इकट्ठी की जा रही हैं। इस संबंध में अंतरिम उत्तर के प्रारूप का नमूना :**

**सं० ---------**

भारत सरकार

स्वास्थ्य और परिवार कल्याण मंत्रालय

निर्माण भवन, नई दिल्ली

दिनांक 30 नवंबर, 1992

सेवा में,

सचिव

संघ लोक सेवा आयोग

नई दिल्ली

**विषय : अनुसंधान अधिकारियों की तदर्थ नियुक्ति के बारे में।**

महोदय,

आपके पत्र सं० .......... दिनांक 20 नवंबर, 1992 की पावती भेजने और

यह सूचित करने का निदेश हुआ है कि इस मंत्रालय के अनुसंधान अधिकारियों की तदर्थ नियुक्ति के बारे में जो सूचनाएँ माँगी गई हैं वे इस मंत्रालय के संबद्ध तथा अधीनस्थ कार्यालयों से इकट्ठी की जा रही हैं इनके प्राप्त होते ही आपके पास भेज दी जाएँगी।

भवदीय
ह० .......
(बिन्दु बहुगुणा)
अवर सचिव, भारत सरकार

**पृष्ठांकन**

**गृह मंत्रालय के कार्यालय ज्ञापन सं० फ़ा०-2/65/91 नि० दिनांक 19 दिसंबर, 1991 तथा विधि और न्याय मंत्रालय के कार्यालय ज्ञापन सं० 1/62/91- न्याय दिनांक 25 मार्च, 1992 की एक-एक प्रति सभी अधिकारियों, अनुभागों आदि को भेजने के लिए पृष्ठांकन के मसौदे का नमूनाः**

सं० फ़ा० -1/17/91-प्र
भारत सरकार
कृषि एवं सिंचाई मंत्रालय
(कृषि विभाग)

कृषि भवन, नई दिल्ली
3 जून, 1992

निम्नलिखित कागज-पत्रों की एक-एक प्रति सभी अधिकारियों, अनुभागों तथा एककों की सूचना और आवश्यक कार्रवाई के लिए भेजी जा रही है।

ह० ...........
(जी० डी० सिंह)
अवर सचिव (प्रशासन)

सभी अधिकारी/अनुभाग/एकक

**भेजे जा रहे काग़ज-पत्रः**

(1) गृह मंत्रालय, का० ज्ञा० सं० फ़ा० 2/65/91-नि० दिनांक 19.12.1991

(2) विधि और न्याय मंत्रालय का० ज्ञा० सं० 1/62/91-न्याय दिनांक 25.3.1992

**या**

सं० फ़ा०-1/17/91-प्र०
भारत सरकार
कृषि एवं सिंचाई मंत्रालय
(कृषि विभाग)

कृषि भवन, नई दिल्ली
दिनांक 3 जून 1992

निम्नलिखित कागजपत्रों की एक-एक प्रति सभी अधिकारियों, अनुभागों और एककों की सूचना और आवश्यक कार्रवाई के लिए भेजी जा रही है।

(1) गृह मंत्रालय, का० ज्ञा० सं० फ़ा० 2/65/91 नि० दिनांक 19.12.1991

(2) विधि और न्याय मंत्रालय, का० ज्ञा० सं० 1/62/91-न्याय दिनांक 25.3.1992

ह० ...........
कृते अवर सचिव, भारत सरकार

सभी अधिकारी/अनुभाग/एकक

**या**

सं० फ़ा० 1/17/91 -प्रा०
भारत सरकार
कृषि एवं सिंचाई मंत्रालय
(कृषि विभाग)

कृषि भवन, नई दिल्ली
दिनांक 3 जून, 1992

गृह मंत्रालय, का० ज्ञा० सं० फ़ा० 2/65/91 -नि० दिनांक 19.12.1991 तथा विधि और न्याय मंत्रालय का० ज्ञा० सं० 1/62/91- न्याय दिनांक 25.3.1992 की एक-एक प्रति सभी अधिकारियों, अनुभागों और एककों की सूचना तथा आवश्यक कार्रवाई के लिए भेजी जा रही है।

ह० ...........
सभी अधिकारी/अनुभाग/एकक कृते अवर सचिव (प्रशासन)

**दौरा कार्यक्रम**

**(1) श्री मोहनलाल, अनुभाग अधिकारी को भोपाल, नागपुर, और मद्रास में स्थित क्षेत्रीय कार्यालयों का निरीक्षण करने जाना है। इस संबंध में प्रस्तावित दौरा कार्यक्रम**

का नमूना :

## राजभाषा विभाग

(गृह मंत्रालय )

श्री मोहनलाल, अनुभाग अधिकारी का भोपाल, नागपुर और मद्रास में स्थित क्षेत्रीय कार्यालयों के निरीक्षण के लिए प्रस्तावित दौरा कार्यक्रमः

| | | |
|---|---|---|
| प्रस्थान | दिल्ली | 5- 6- 91 (अपराह्न) |
| आगमन | भोपाल | 6- 6- 91 (पूर्वाह्न) |
| प्रस्थान | भोपाल | 7- 6- 91 (अपराह्न) |
| आगमन | नागपुर | 8- 6- 91 (पूर्वाह्न) |
| विराम | | 9- 6- 91 निरीक्षण कार्य |
| प्रस्थान | नागपुर | 10 - 6- 91 (अपराह्न) |
| आगमन | मद्रास | 11- 6- 91 (पूर्वाह्न) |
| विराम | | 12 -6- 91 और<br>13- 6- 91 निरीक्षण कार्य |
| प्रस्थान | मद्रास | 14- 6- 91 (अपराह्न) |
| आगमन | दिल्ली | 16- 6- 91 (पूर्वाह्न) |

अनुमोदन के लिए

ह० ..............

अवर सचिव — अनुभाग अधिकारी

उप सचिव — स्थापना अनुभाग

**(2) एक कार्यालय के उपसचिव को अपने क्षेत्रीय कार्यालयों का निरीक्षण करने के लिए तीन नगरों का दौरा करने जाना है। एक ओर की यात्रा हवाई जहाज से की जाएगी। इस संबंध में सूचना के लिए एक सप्ताह के दौरा कार्यक्रम का नमूना :**

### सूचना और प्रसारण मंत्रालय

श्री शेरबहादुर झा, उपसचिव का अहमदाबाद, बंबई और पुणे में स्थित क्षेत्रीय कार्यालयों के निरीक्षण के लिए दौरा कार्यक्रम :

| | | |
|---|---|---|
| प्रस्थान | दिल्ली | 3-3-1991 (अहमदाबाद एक्स० 21-35 बजे) |
| आगमन | अहमदाबाद | 4-3-1991 (9-55 बजे) |
| विराम | " | 5-3-1991 निरीक्षण कार्य |

| | | |
|---|---|---|
| प्रस्थान | " | 6-3-1991 (गुजरात एक्स० 19-30बजे ) |
| आगमन | बंबई | 7-3-1991 (5-40 बजे) |
| प्रस्थान | " | 8-3-1991 (दक्कन एक्स० 17-10 बजे) |
| आगमन | पुणे | 8-3-1991 (20-20 बजे) |
| विराम | " | 9-3-1991 निरीक्षण कार्य |
| प्रस्थान | " | (उड़ान सं० आई० सी० 403)<br>10- 30 बजे) |
| आगमन | दिल्ली | 10-3-1991 (13-15 बजे) |

सूचना के लिए

ह० भरत सिंह
उपसचिव का व्यक्तिक सहायक

प्रतिः

(1) पत्र सूचना कार्यालय, अहमदाबाद, बंबई और पुणे।

(2) सचिव महोदय का व्यक्तिक सहायक।

(3) लेखा अनुभाग।

(4) प्रसारण प्रभाग के सभी अनुभाग।

## अर्ध सरकारी पत्र

**(1) रक्षा मंत्रालय से अपेक्षित सूचनाएँ मँगवाने के लिए कई पत्र भेजे जा चुके हैं, किंतु अभी तक कोई सूचना प्राप्त नहीं हुई। इस संबंध में अर्ध सरकारी अनुस्मारक के प्रारूप का नमूना :**

अ० स० प० सं० ..............

अमरनाथ जैन — भारत सरकार
अवर सचिव — भूतल परिवहन मंत्रालय
परिवहन भवन,
नई दिल्ली, दि० 15 जुलाई,1991

प्रिय श्री श्रीवास्तव,

इस कार्यालय के समसंख्यक पत्र दि० 22 मई, 1991, 10 जून, 1991 और 23 जून, 1991 द्वारा आपके कार्यालय से कुछ आवश्यक सूचनाएँ माँगी गई थीं। ये सूचनाएँ अभी तक प्राप्त नहीं हुईं। आपसे मेरा अनुरोध है कि आप इस मामले

म व्यक्तिगत रुचि लेकर अपेक्षित सूचनाएँ शीघ्र भिजवाने की कृपा करें।

साभार।

आपका
ह० अमरनाथ जैन

श्री ब्रजेश श्रीवास्तव
अवर सचिव,
रक्षा मंत्रालय,
साउथ ब्लाक, नई दिल्ली।

**(2) विदेश मंत्रालय से दूसरे मंत्रालय में कुछ सहायकों को स्थानांतरित करने के आदेश निकल चुके हैं। विदेश मंत्रालय ने उन्हें अभी तक कार्यमुक्त नहीं किया है। इन व्यक्तियों को कार्य के हित में शीघ्र मुक्त कराने के लिए उपसचिव की ओर से अर्ध सरकारी पत्र (अनुस्मारक) के मसौदे का नमूना :**

अ० स० प० 10/25/90-प्र०

राजेन्द्र गौड़ — भारत सरकार
उपसचिव — गृह मंत्रालय
टेलीफोन 385099 — नई दिल्ली, दिनांक 13 अप्रैल, 1992

प्रिय श्री चतुर्वेदी,

कृपया इस मंत्रालय के समसंख्यक पत्र दिनांक 28-3-92 को देखें। आपके मंत्रालय के तीन सहायकों–सर्वश्री रामलाल, श्यामलाल और पन्नालाल–को हमारे मंत्रालय में स्थानांतरित किया गया है लेकिन उन्होंने अभी तक हमारे यहाँ कार्यभार ग्रहण नहीं किया है। इनके न होने से मंत्रालय में काफ़ी असुविधा हो रही है। अतः आपसे अनुरोध है कि इस मामले में आप व्यक्तिगत ध्यान देकर इन सहायकों को शीघ्र ही मुक्त कराने की कृपा करें।

आपका
ह०
(राजेन्द्र गौड़)

श्री लक्ष्मण चतुर्वेदी
उपसचिव
विदेश मंत्रालय
नई दिल्ली

या

अ० स० प० सं 10/25/92-प०

राजेन्द्र गौड़ भारत सरकार
उपसचिव गृह मंत्रालय
टेलीफोन 3171541 नई दिल्ली, दिनांक 13 अप्रैल, 1992

प्रिय श्री चतुर्वेदी,

कार्यालय ज्ञापन सं० 8/6/92 प्र० दिनांक 19 फ़रवरी, 1992 के अनुसार आपके मंत्रालय के तीन सहायकों– सर्वश्री रामलाल, श्यामलाल और पन्नालाल–का हमारे मंत्रालय में तबादला किया गया है। आज दो मास से अधिक समय हो गया है, लेकिन इन सहायकों ने अभी तक हमारे यहाँ कार्यभार नहीं संभाला है। इस संबंध में पहले भी दो पत्र भेजे जा चुके हैं। अतः आपसे अनुरोध है कि इस ओर आप व्यक्तिगत रुचि लेकर इन सहायकों को शीघ्र ही कार्यमुक्त कराने की कृपा करें क्योंकि यहाँ काम के बढ़ जाने से काफ़ी असुविधा हो रही है।

आपका
ह०
(राजेन्द्र गौड़)

श्री लक्ष्मण चतुर्वेदी
उप सचिव
विदेश मंत्रालय
नई दिल्ली

## कार्यालय आदेश

**(1) एक मंत्रालय के दो सहायक सचिवालय प्रशिक्षण तथा प्रबंध संस्थान, नई दिल्ली से प्रशिक्षण प्राप्त कर लौट आए हैं। उन्हें विभिन्न अनुभागों में तैनात करने के लिए कार्यालय आदेश के मसौदे का नमूनाः**

सं० 3/8/92-स्था०
भारत सरकार
कृषि एवं सिंचाई मंत्रालय
(सिंचाई विभाग)

कृषि भवन, नई दिल्ली
दिनांक 5 अप्रैल, 1992

कार्यालय आदेश सं० 30/92

इस मंत्रालय के सहायक सर्वश्री रामकुमार और मोहनकुमार सचिवालय

प्रशिक्षण तथा प्रबंध संस्थान, नई दिल्ली से प्रशिक्षण प्राप्त कर लौट आए हैं। उन्हें अगले आदेश तक क्रमशः उर्वरक अनुभाग और लेखा अनुभाग में तैनात किया जाता है।

ह०
(आशा महेन्द्र)
अवर सचिव (प्रशासन)

प्रतिः

(1) सर्वश्री रामकुमार और मोहनकुमार

(2) संबंधित अनुभाग

(3) रोकड़ अनुभाग

(4) कार्यालय आदेश मिसिल।

**(2) छुट्टी की स्वीकृति : एक कार्यालय के एक प्रवर श्रेणी लिपिक ने 60 दिन की छुट्टी के लिए आवेदन किया है। उसको 25 दिन की अर्जित छुट्टी देय है। शेष छुट्टी आधे वेतन पर या असाधारण छुट्टी मिलेगी। प्रमाण पत्र देते हुए इसकी स्वीकृति की सूचना देने के लिए कार्यालय आदेश के मसौदे का नमूना :**

सं० फा० 1/25/80-प्र०
भारत सरकार
सूचना एवं प्रसारण मंत्रालय

शास्त्री भवन, नई दिल्ली
दिनांक 5 अप्रैल, 1992

**कार्यालय आदेश**

इस मंत्रालय के प्रवर श्रेणी लिपिक श्री हरिमंगल पाण्डेय को उनके आवेदन पत्र दिनांक 22 मार्च, 1992 के बारे में सूचित किया जाता है कि उनकी छुट्टी निम्न रूप से मंजूर की गई है :

| | | |
|---|---|---|
| (1) अर्जित छुट्टी | 25 दिन | 1-4-92 – 25-4-92 |
| (2) आधे वेतन पर छुट्टी | 25 दिन | 26-4-92 – 20-5-92 |
| (3) असाधारण छुट्टी | 10 दिन | 21-5-92 – 30-5-92 |

(1) श्री पांडेय को इस छुट्टी के बाद 31-5-92 और 1-6-92 (शनिवार और रविवार) की छुट्टी साथ जोड़ने की अनुमति दी जाती है।

(2) श्री पांडेय छुट्टी पर जाने से पहले अपना वह पता दे जाएँ जिसमें वे छुट्टी के दौरान रहेंगे।

(3) यह वे चाहते हैं कि उन्हें अवकाश का वेतन मनीआर्डर द्वारा भेजा जाए तो वे अपना पत्र रोकड़िया को दे जाएँ।

(4) वे यह भी नोट करें कि उनकी छुट्टी और नहीं बढ़ाई जाएगी।

प्रमाणित किया जाता है कि छुट्टी की समाप्ति पर श्री पांडेय के उसी स्थान पर और उसी पद का कार्यभार संभालने की संभावना है जिस पर वे छुट्टी पर गए थे।

यह भी प्रमाणित किया जाता है कि अगर श्री पाण्डेय छुट्टी पर न जाते तो वे अपने वर्तमान पद पर काम करते रहते।

ह० ............

अवर सचिव (प्रशासन)

श्री हरिमंगल पांडेय
प्रवर श्रेणी लिपिक
15 बी, विजय नगर,
दिल्ली- 110009

## कार्यालय ज्ञापन

**(1) अनुमति : एक कार्यालय के एक सहायक ने एम० ए० की पढ़ाई तथा परीक्षा देने की अनुमति माँगी है। ये कक्षाएँ संध्या समय लगती हैं। अनुमति दिए जाने के संबंध में कार्यालय ज्ञापन के मसौदे का नमूना :**

सं० ......

भारत सरकार
मानव संसाधन विकास मंत्रालय
(शिक्षा और संस्कृति विभाग)

शास्त्री भवन, नई दिल्ली
दिनांक 10 जुलाई, 1992

**कार्यालय ज्ञापन**

इस मंत्रालय की सहायक कु० बिंदु बहुगुणा को उनके आवेदन पत्र ता० 25 जून, 1992 के संबंध में सूचित किया जाता है कि दिल्ली विश्वविद्यालय की सांध्यकालीन कक्षाओं में एम० ए० (हिन्दी) में प्रवेश लेने की और 1993 की

परीक्षा में बैठने की अनुमति निम्नलिखित शर्तों पर दी जाती है :

(1) इससे कार्यालय-कर्तव्यों में किसी प्रकार की बाधा नहीं पड़ेगी।

(2) उन्हें कार्यालय समय से पहले जाने की अनुमति नहीं दी जाएगी।

(3) परीक्षा की तैयारी के लिए छुट्टी अनुभाग के कार्य की स्थिति देखकर दी जाएगी।

यह अनुमति बिना कारण बताए और बिना समय दिए सार्वजनिक हित में किसी भी समय वापस ली जा सकती है।

ह० .............

हरीश गुलियानी<br>
अवर सचिव (प्रशासन)

कु० बिंदु बहुगुणा<br>
सहायक<br>
सामान्य अनुभाग

प्रतिः सामान्य अनुभाग की सूचना के लिए

ह० ............

अवर सचिव (प्रशासन)

**(2) अनुशासनिक मामले : एक कार्यालय के एक अवर श्रेणी लिपिक के अनुभाग अधिकारी ने उसके विरुद्ध शिकायत की है कि वह गत्त कई दिनों से या तो कार्यालय देर से आता है या बिना अनुमति लिए कार्यालय से जल्दी चला जाता है। सीट का काम भी पूरा नहीं करता और न ही उनकी कोई बात सुनता है। इस संबंध में उससे स्पष्टीकरण माँगने के लिए कार्यालय ज्ञापन के मसौदे का नमूना :**

सं० फा० 1/15/90-प्र०<br>
भारत सरकार<br>
विधि और न्याय मंत्रालय<br>
(वैधानिक कार्य विभाग)

शास्त्री भवन, नई दिल्ली<br>
दिनांक 5 अप्रैल, 1992

**कार्यालय ज्ञापन**

ऐसी सूचना मिली है कि श्री सुरेशचन्द्र कपूर, अवर श्रेणी लिपिक पिछले कई दिनों में बिना सूचना दिए कार्यालय देर से आते हैं और बिना अनुमति लिए

कार्यालय से जल्दी चले जाते हैं। इसके अतिरिक्त वे अपनी सीट का काम भी समय पर पूरा नहीं करते और अपने अधिकारियों के साथ अवज्ञा बरतते हैं। उनका यह आचरण आपत्तिजनक, अनुचित और कार्यालय अनुशासन के विरुद्ध है। इससे पहले कि उनके विरुद्ध कोई कार्रवाई की जाए, श्री कपूर को सूचना दी जाती है कि वे इस कार्यालय ज्ञापन के मिलने के एक सप्ताह के भीतर अपना स्पष्टीकरण दे दें अन्यथा उनके विरुद्ध एकतरफ़ा कार्रवाई की जाएगी।

ह० ..........

अवर सचिव (प्रशासन)

श्री सुरेशचंद्र कपूर
अवर श्रेणी लिपिक
लेखा अनुभाग

## 4. टिप्पणी-लेखन के सामान्य सिद्धांत

जैसा कि पहले बताया गया है कि मिसिल के दो भाग होते हैं– एक, टिप्पण या टिप्पणी भाग और दूसरा, पत्राचार भाग। टिप्पणी भाग में विचाराधीन कागजपत्रों के बारे में टिप्पणियाँ लिखी जाती हैं और पत्राचार भाग में रखी जाने वाली आवतियों तथा संबंधित पत्र-व्यवहार या निर्गम की कार्यालय प्रतियाँ रखी जाती हैं।

किसी भी विचाराधीन पत्र को सुविधापूर्वक निपटाने के लिए जो राय या सुझाव दिया जाता है वह टिप्पण या टिप्पणी कहलाती है। इसका उद्देश्य मामलों को शीघ्र निपटाना होता है।

टिप्पणी मुख्यतः दो प्रकार की होती हैं– (1) अधिकारी स्तर की टिप्पणी और (2) सहायक स्तर की टिप्पणी।

सहायक स्तर की टिप्पणी में डाकेटिंग की जाती है जब कि अधिकारी स्तर की टिप्पणी में डाकेटिंग नहीं होती। एक अन्य प्रकार की टिप्पणी भी होती है जो प्रायः उच्चाधिकारियों द्वारा आवती या मिसिल के हाशिए में अनुदेश आदि देने के लिए लिखी जाती है। इसे हाशिया टिप्पणी कहा जा सकता है।

नेमी मामलों में प्रायः टिप्पणी नहीं लिखी जाती। इसका अभिप्रायः यह है कि अधिकारियों के स्पष्ट आदेश या तो पहले मिले होते हैं या जिन पर कार्रवाई पूर्व निश्चित-सी होती है या पहले की गई कार्रवाई के अनुसार उन पर कार्रवाई

करनी होती है। यदि ऐसी कोई टिप्पणी लिखी भी जाए तो अनुभाग अधिकारी उसे अपने स्तर पर निपटा देता है।

कुछ आवतियाँ केवल अवलोकन या सूचना के लिए आती हैं। उन पर जब तक अधिकारी का आदेश या निदेश नहीं मिलता और उन पर कोई भी कार्रवाई नहीं करनी होती तब तक टिप्पणी लिखने की आवश्यकता नहीं पड़ती।

जिन आवतियों पर टिप्पणी लिखनी होती है उसमें कई बार मामले से संबंधित अभिलेखों, मिसिलों, नियमों एवं आदेशों तथा दूसरे कागज-पत्रों का हवाला देना पड़ता हैं। इसके अतिरिक्त इसमें पिछली कार्रवाई का सार (यदि कोई हो), आवती में निहित प्रस्ताव आदि की व्याख्या, कार्रवाई के संबंध में सुझाव तथा उसमें दिए गए आदेश आदि सम्मिलित होते हैं। इसमें यदि स्थायी निदेश मिसिल (जिसमें समय-समय पर जारी किए गए आदेश, अधिसूचनाएँ औसर कार्यालय ज्ञापन भी साथ रखे जाते हैं) रखी जाती हैं।

टिप्पणी लिखने के बाद सहायक उस मिसिल को अनुभाग अधिकारी के पास भेजता है और अनुभाग अधिकारी उस पर दाईं ओर हस्ताक्षर कर उच्चाधिकारी के पास भेज देता है।

टिप्पणी लिखते समय निम्नलिखित बातों पर ध्यान दिया जाता है।

(1) टिप्पणी स्वतःपूर्ण और स्वतःस्पष्ट होनी चाहिए। टिप्पणी संक्षिप्त, विषय-संगत और क्रमबद्ध होनी चाहिए। इसके अतिरिक्त वास्तविक मुद्दों पर अधिक बल देना चाहिए।

जब किसी विचाराधीन आवती में बहुत-से मुद्दे उठाए गए हों और प्रत्येक मुद्दे की विस्तार से जाँच करनी हो तथा उसके संबंध में आदेश लिए जाने आवश्यक हों तो अनुभाग की टिप्पणियों में प्रत्येक मुद्दे पर अलग-अलग टिप्पणी लिखी जाएगी।

यदि किसी को ऐसी मिसिल पर टिप्पणी लिखनी हो जिसमें 'तथ्यों का क्रमिक सार' मौजूद हो तो मामले के तथ्यों की ओर ध्यान दिलाते हुए उसमें 'सार' के केवल उपयुक्त अंश का हवाला ही देना चाहिए और अपनी टिप्पणी में सार को दोहराना नहीं चाहिए।

यदि किसी की आलोचना करनी हो तो इस बात का ध्यान रखा जाए कि उसमें जो विचार रखे जाएँ वे शिष्ट और संतुलित हों और उसमें व्यक्तिगत आक्षेप न हो।

जिन पत्रों या पूर्व टिप्पणी-अंशों या पूर्व आदेशों का हवाला देना हो तो उन्हें टिप्पणी के मूल अंश में न लिखकर हाशिए में लिखना चाहिए।

## टिप्पणी लेखन के कुछ नमूने

### सहायक स्तर पर टिप्पणी

**(1) आपके कार्यालय के एक कर्मचारी सामान्य भविष्य निधि से 15,000 रुपए अग्रिम के रूप में निकलवाना चाहते हैं। इस संबंध में स्वीकृति हेतु सुझाव देने के लिए टिप्पणी का नमूना :**

पृष्ठ 30-31/पत्राचार

**क्रम संख्या 20 (आवती)**

श्री रामलाल, अवर श्रेणी लिपिक ने सामान्य भविष्य निधि से 15,000/- रुपए अग्रिम के रूप में निकालने के लिए आवेदन किया है (आवेदन-पत्र संलग्न है)। श्री रामलाल ने यह राशि अपने विवाह के लिए माँगी है जो 25 अक्टूबर, 1991 को होना निश्चित हुआ है। श्री रामलाल के खाते में इस समय 30,000 रुपए जमा हैं (विवरण संलग्न है)। नियमानुसार यह अग्रिम दिया जा सकता है। श्री रामलाल ने इस राशि का भुगतान 500 रुपए प्रति मास के हिसाब से 30 किस्तों में करने के लिए कहा है। 15,000 रुपए अग्रिम देने की स्वीकृति दी जाए।

आदेश के लिए

मो० ला०

30/8

**(2) एक कार्यालय के एक उपनिदेशक ने स्कूटर अग्रिम के लिए आवेदन किया है। उन्हें अग्रिम देने या न देने के लिए स्वतः पूर्ण टिप्पणी का नमूना :**

पृ० 25/प०

**क्र० सं० 15 (आ०)**

श्री मोहनलाल, उपनिदेशक (उर्वरक) ने 12,000/- रुपए स्कूटर अग्रिम के लिए आवेदन पत्र दिया है (आवेदन पत्र संलग्न है)। आवेदन पत्र विहित रूप में है और संयुक्त निदेशक द्वारा संस्तुत है। श्री मोहनलाल का मासिक मूल वेतन 3250/- रुपए है और स्कूटर का अनुमानित मूल्य 15,000/-रुपए है। नियमानुसार श्री मोहनलाल को अग्रिम के रूप में या तो दस महीने का मूल वेतन दिया जा सकता है या 12,000/- रुपए दिए जा सकते हैं, जो भी कम हो। उक्त अग्रिम राशि का चालू वित्त वर्ष में प्रावधान है। नियमानुसार श्री मोहनलाल को

12,000/-रुपए का अग्रिम दिया जा सकता है। श्री मोहनलाल भारत सरकार के स्थायी अधिकारी हैं, अतः उनसे ज़मानतनामा लेने की जरूरत नहीं है। वे इस राशि का भुगतान 200/-रुपए प्रतिमास के हिसाब से 60 किश्तों में करेंगे। श्री मोहनलाल इस राशि को प्राप्त करने की तारीख से एक मास के भीतर अनुबंध पत्र भर कर देंगे। श्री मोहनलाल को 12,000/- रुपए स्कूटर अग्रिम देने की स्वीकृति दी जाए।

आदेश के लिए

रा० ला०
5/9

**(3) एक कार्यालय में एक अधिकारी को विभागीय मुकदमे के बारे में मद्रास जाने का आदेश हुआ है। उसके अगले दिन मुख्यालय में एक बैठक में उनका भाग लेना आवश्यक हैं लोकहित में हवाई जहाज द्वारा यात्रा करने की विशेष अनुमति दिलाने के लिए टिप्पणी का नमूना :**

पृ० 29/प०

**क्र० सं० 25** (आ०)

श्री सत्येन्द्र गुप्त, उप सचिव को विभागीय मुकदमे के बारे में 15 जनवरी,1991 को मद्रास उच्च न्यायालय में उपस्थित होने के लिए आदेश हुआ है। 17 जनवरी 1991 को मुख्यालय में विभागीय पदोन्नति समिति की बैठक होगी जिसकी अध्यक्षता श्री गुप्त करेंगे। इसलिए उनका उस दिन मुख्यालय में रहना बहुत आवश्यक है।

यदि श्री गुप्त रेलगाड़ी से वापस आएँगें तो वे 17 जनवरी को वि० प० समिति की बैठक में भाग नहीं ले सकेंगे क्योंकि मद्रास से दिल्ली आने में लगभग दो दिन लग जाते हैं। श्री गुप्त का मूल वेतन 3950 रुपए प्रतिमास है। नियमानुसार हवाई यात्रा के लिए कम से कम 4100 रुपए प्रतिमास मूल वेतन होना चाहिए। इस दृष्टि से श्री गुप्त हवाई जहाज़ से यात्रा करने के हकदार नहीं हैं। चूँकि श्री गुप्त का इन दोनों कार्यों में भाग लेना लोकहित में है, इसलिए उन्हें मद्रास से दिल्ली की हवाई यात्रा करने की अनुमति विशेष रूप से दी जा सकती है। विशेष अनुमति प्रदान करने के लिए सचिव महोदय सक्षम अधिकारी हैं।

आदेश के लिए प्रस्तुत

वर्मा
20/9

**(4) एक कार्यालय के एक कर्मचारी का स्थानांतरण कलकत्ता में किया गया है।उसने आवेदन पत्र दिया है कि उनकी घरेलू परिस्थितियाँ ठीक नहीं हैं और उनके बच्चों की पढ़ाई चल रही है। इसके अविरिक्त कलकत्ता में शिक्षा का माध्यम भी अलग हैं इन सब बातों का उल्लेख करते हुस स्थानांतरण का आदेश रद्द कराने के लिए स्वतः पूर्ण टिप्पणी का नमूना :**

पृ० 35/प०

**क्र० सं० 30 (आ०)**

इस कार्यालय के आदेश सं० फ़ा० 1/1679 -प्र० दि० 15 जुलाई, 1991 के संदर्भ में श्री मोहनलाल गौड़, सहायक ने आवेदन किया है (आवेदन पत्र संलग्न है) कि इस समय उनकी पत्नी बीमार है और उनका इलाज अस्पताल में चल रहा है। इस स्थिति में उनका दिल्ली से बाहर जाना अत्यंत असुविधाजनक होगा। इसके अतिरिक्त श्री गौड़ ने यह भी बताया है कि उनके दो बच्चे दिल्ली में सातवीं और दसवीं कक्षा में पढ़ रहे हैं। उनकी शिक्षा का माध्यम हिन्दी है। यदि उनका स्थानांतरण कलकत्ता में किया गया तो वहाँ शिक्षा का माध्यम बंगला होगा। इन परिस्थितियों के कारण उन्होंने अनुरोध किया है कि उनका स्थानांतरण अभी न किया जाए। मानवीय धरातल पर यदि देखा जाए तो इस समय श्री गौड़ का स्थानांतरण करना उचित नहीं होगा। अतः कलकत्ता कार्यालय से कहा जाए कि वे एक वर्ष तक कोई अस्थायी व्यवस्था कर लें। बाद में कार्रवाई की जाएगी और उनके पास कोई व्यक्ति भेज दिया जाएगा। अतः यह सुझाव दिया जाता है कि श्री मोहनलाल गौड़ का स्थानांतरण फ़िलहाल रद्द किया जाए।

आदेश के लिए प्रस्तुत है

बि० ब०<br>
30/8

**(5) एक कार्यालय के एक कर्मचारी ने एल०-एल० बी० में प्रवेश लेने के लिए अनुमति माँगी है। अनुमति देने के बारे में आवश्यक टिप्पणी का नमूना :**

पृ० 40/प०

क्र० सं० 15 (आ०)

श्री सर्वेश्वरानंद गौड़, प्रवर श्रेणी लिपिक ने दिल्ली विश्वविद्यालय की सांध्यकालीन कक्षाओं में एल-एल० बी० में प्रवेश लेने तथा 1991-92 में परीक्षा देने की अनुमति माँगी है (आवेदन पत्र संलग्न है)।

श्री गौड़ ने अपने आवेदन पत्र में यह स्पष्ट कर दिया है कि उक्त अध्ययन

में उनके कार्यालय-कर्त्तव्यों में कोई बाधा नहीं पड़ेगी क्योंकि ये कक्षाएँ 6.15 बजे अपराह्न लगती हैं। इसके अतिरिक्त उनके शाखाधिकारी ने भी इस अनुमति के संबंध में सिफ़ारिश की है।

श्री गौड़ को एल-एल० बी० में प्रवेश लेने की अनुमति निम्नलिखित शर्तों पर दी जा सकती है।

1. इससे उनके कार्यालय कर्त्तव्यों में कोई बाधा नहीं पड़ेगी।

2. परीक्षा की तैयारी के लिए छुट्टी अनुभाग की स्थिति देखकर दी जाएगी।

3. यह अनुमति बिना कारण बताए और बिना पूर्व सूचना दिए किसी भी समय कार्यहित में वापिस ली जा सकती है।

आदेश के लिए प्रस्तुत।

वे० प्र० दे०<br>30/8

**(6) एक कार्यालय के एक कर्मचारी के विरुद्ध कार्यालय अनुशासन का पालन न करने की शिकायतें मिली हैं। इस संबंध में उनसे स्पष्टीकरण माँगने के लिए स्वतःपूर्ण टिप्पणी का नमूनाः**

पृ० 36/प०

**क्र० सं० 25 (आ०)**

सामान्य अनुभाग के अनुभाग अधिकारी ने श्री एन० राममूर्ति, सहायक के विरुद्ध शिकायत की है कि वे 10 जुलाई, 1991 से 20 जुलाई, 1991 तक बिना सूचना दिए और बिना छुट्टी मंजूर कराए कार्यालय से अनुपस्थित रहे इसके अतिरिक्त उन्होंने यह भी लिखा है कि श्री राममूर्ति अनधीनता का आचरण भी करते हैं और अपना सीट का काम समय पर नहीं करते।

उक्त शिकायत से यह मालूम होता है कि श्री राममूर्ति जानबूझकर कार्यालय से अनुपस्थित रहे। वास्तव में बिना सूचना दिए और बिना आवेदन पत्र दिए कार्यालय से अनुपस्थित रहना कार्यालय-अनुशासन के विरुद्ध है। श्री राममूर्ति के विरुद्ध कोई कार्रवाई करने से पहले यह सुझाव दिया जाता है कि उनसे इस बारे में स्पष्टीकरण माँगा जाए ताकि स्थिति की पूरी जानकारी मिल जाए।

कार्यालय ज्ञापन का मसौदा अनुमोदन के लिए प्रस्तुत है।

कृष्णास्वामी<br>20/8

**(7) एक शिकायत मिली है कि एक कर्मचारी ने दौरे पर जाते समय दूसरे दर्जे में यात्रा की थी, किन्तु यात्रा-भत्ता बिल में पहले दर्जे के किराये की माँग की है। इस संबंध में आवश्यक कार्रवाई करने के लिए टिप्पणी तैयार कीजिए :**

पृ० 38/प०

**क्र० सं० 26 (आ०)**

श्री अहरम अली शेख, सहायक को हैदराबाद कार्यालय में लेखा परीक्षा संबंधी कार्य के लिए 3 अगस्त, 1991 से 10 अगस्त, 1991 तक दौरे पर भेजा गया था। श्री शेख ने अपने यात्रा भत्ता बिल में बताया है कि वे 3 अगस्त, 1991 को आन्ध्र प्रदेश एक्सप्रेस गाड़ी से गए थे और उन्होंने पहले दर्जे में यात्रा की थी। उन्होंने लिखा है कि उन्हें आरक्षण रसीद नहीं मिली, इसीलिए उन्होंने उसे नहीं लगाया। उन्होंने टिकट सं० 15540 बताया है। एक गुमनाम शिकायत मिली है कि श्री शेख ने तीसरे दर्जे में यात्रा की है और पहले दर्जे के किराए की माँग कर रहे हैं उत्तर रेलवे के कार्यालय से पूछताछ की गई है तो पता चला है कि इस संख्या की टिकट उस दिन नहीं बेची गई। इस प्रकार श्री शेख ने झूठी सूचना दी है जो कार्यालय–अनुशासन के विरुद्ध है। श्री शेख के विरुद्ध कार्रवाई करने से पहले यह उचित होगा कि उनसे इस बारे में स्पष्टीकरण माँगा जाए कि उन्होंने इस प्रकार का कार्य क्यों किया है।

आदेश के लिए प्रस्तुत है।

शे० अ०
4/9

**(ख) अधिकारी स्तर पर टिप्पणी**

**(8) एक अनुभाग के तीन कर्मचारियों ने एक-एक महीने की अर्जित छुट्टी माँगी है। उनकी छुट्टी के कारण बताते हुए तथा अनुभाग की स्थिति पर विचार करते हुए किसी एक को छुट्टी देने की सिफ़ारिश करते हुए अधिकारी स्तर की टिप्पणी का नमूनाः**

**उर्वरक अनुभाग**

इस अनुभाग के निम्नलिखित व्यक्तियों ने एक-एक महीने की अर्जित छुट्टी के लिए आवेदन किया है (आवेदन पत्र संलग्न हैं)।

| नाम और पदनाम | छुट्टी की अवधि | छुट्टी माँगने का कारण |
|---|---|---|
| श्री सुधीर माथुर, सहायक | 15.7.91 से 14.8.91 तक | अपने विवाह के लिए |
| श्री शेख मुहम्मद, सहायक | 20.7.91 से 25.8.91 तक | परीक्षा की तैयारी के लिए |

श्री कृष्णामूर्ति, प्र०श्रे०लि० 30.7.91 से 25.8.91 तक मकान बनवाने के लिए

यह विचारणीय है कि इस समय संसद सत्र शुरू हो गया हैं। और यह सत्र 31 अगस्त, 1991 को समाप्त होगा। इस सत्र के कारण अनुभाग का काम काफी बढ़ गया हैं इस स्थिति में अनुभाग के किसी भी सदस्य को छुट्टी देना संभव नही होगा। फिर भी, श्री माथुर के मामले को मानवीय धरातल पर देखते हुए उनकी छुट्टी पर विचार किया जा सकता हैं। श्री माथुर का विवाह 30 जुलाई को होना निश्चित हुआ हैं। अतः श्री माथुर से कहा जाए कि वे 24 जुलाई, 1991 से 8 अगस्त, 1991 तक छुट्टी पर जाएँ। संसद सत्र की समाप्ति पर उनको और छुट्टी देने पर विचार किया जाएगा।

श्री शेख मुहम्मद को परीक्षा देने की अनुमति देते समय यह स्पष्ट कर दिया गया था कि उन्हें परीक्षा की तैयारी के लिए छुट्टी अनुभाग की स्थिति देखकर दी जाएगी। अतः अब उन्हें परीक्षा के वास्तविक दिनों की छुट्टी दी जाएगी। श्री कृष्णामूर्ति को छुट्टी श्री माथुर के छुट्टी से लौट आने के बाद दी जाएगी। अवर सचिव आदेश के लिए देखें।

ह० मुहम्मद इकबाल

अवर सचिव (उर्वरक) 30.6.91

**(9) एक मंत्रालय के संयुक्त सचिव अगले महीने एक अनुभाग का वार्षिक निरीक्षण करने वाले हैं। इस संबंध में अनुभाग के सभी सदस्यों को हिदायतें देने के लिए टिप्पणी का नमूनाः**

**सामान्य अनुभाग**

अवर सचिव महोदय ने बताया है कि हमारे संयुक्त सचिव श्री केवलकृष्ण भसीन हमारे अनुभाग का वार्षिक निरीक्षण 4 अगस्त, 1991 को करेंगे। इस संबंध में अनुभाग के सभी सदस्यों से अनुरोध है कि वे निम्नलिखित हिदायतों का पालन करें:

(1) संबद्ध सहायक अपनी सभी आवतियों को 2 अगस्त तक निपटा दें। यदि किसी आवती पर शीघ्र कार्रवाई करना संभव न हो तो मुझसे बात कर लें। सहायक डायरी को अद्यतन करें। बकाया काम के साप्ताहिक विवरण को इस सप्ताह में शनिवार को अवर सचिव के अवलोकन के लिए प्रस्तुत करें।

(2) टाइपिस्ट टंकित किए जाने वाले कार्य को पूरा कर लें। वे अपनी दैनिक डायरी को अद्यतन कर लें और उसपर मुझसे हस्ताक्षर करा लें।

(3) **डायरीकार अनुभाग डायरी को अद्यतन** करें। मिसिल संचलन रजिस्टर

की सभी प्रविष्टियों को पूरा करें और इस सप्ताह बाहर भेजी जाने वाली आवतियों के बारे में मुझसे बात कर लें।

(4) दफ्तरी सभी मिसिलों और अभिलेखों को क्रमवार रखें और रैक तथा अलमारियों को साफ़-सुथरा रखें।

(5) सभी चतुर्थ श्रेणी कर्मचारी उस दिन साफ़-सुथरी वर्दी पहन कर आएँ।

(6) अनुभाग के सभी सदस्य अपनी सीटों को साफ-सुथरा रखें। उस दिन जहाँ तक संभव हो छुट्टी न लें। कार्यालय समय पर आएँ और अपनी सीटों पर ही रहें।

अनुभाग के सभी सदस्यों में घुमाने के लिए

ह० अमरनाथ जैन
28.7.91

**(10) एक अनुभाग को वार्षिक रिपोर्ट तैयार करने का कार्य सौंपा गया है। अनुभाग के दो सदस्य छुट्टी पर हैं। अनुभाग के काम की स्थिति बताने तथा अतिरिक्त सहायक की माँग करने हेतु अवर सचिव के लिए टिप्पणी का नमूनाः**

**नीति अनुभाग**

अवर सचिव महोदय जानते हैं कि 1992-93 की वार्षिक रिपोर्ट तैयार करने का कार्य इस अनुभाग को सौंपा गया है। इस रिपोर्ट को दस दिन के भीतर अर्थात् 5 अगस्त तक पूरा कर देना है। अनुभाग में तीन सहायक और एक प्रवर श्रेणी लिपिक हैं। इनमें से दो सहायक सर्वश्री मोहनलाल और सोहनलाल एक-एक महीने की छुट्टी पर हैं। अनुभाग में पहले ही काम बहुत है और इन दोनों सहायकों का काम भी एक सहायक तथा एक प्र० श्रे० लि० कर रहे हैं इस वार्षिक रिपोर्ट के आ जाने से अनुभाग का काम बहुत बढ़ जाएगा जो वर्तमान स्टाफ द्वारा हो पाना संभव नहीं है।

अतः अवर सचिव महोदय से अनुरोध है कि वे इस संबंध में प्रशासन अनुभाग के अवर सचिव से व्यक्तिगत रूप से चर्चा करें ताकि हमें कम से कम एक अतिरिक्त सहायक मिल सके। एक अतिरिक्त सहायक के मिल जाने से वर्तमान स्थिति में सुधार हो सकता है और काम के सुचारू रूप में चलने की संभावना हो सकती है।

आवश्यक कार्रवाई के लिए प्रस्तुत है।

ह० के० लक्ष्मीनारायण
29.7.93

अवर सचिव (नीति)

# विज्ञापन कला

जनसंचार के क्षेत्र में विज्ञापन की महत्वपूर्ण भूमिका है। वाणिज्यिक और व्यावसायिक क्षेत्रों के संवर्धन के लिए विज्ञापन जनमत तैयार करता है। इसीलिए आज के प्रचार- माध्यम की भाँति यह भी एक सशक्त माध्यम है जो व्यावसायिक और औद्योगिक क्षेत्रों में उनकी निरंतर उत्पादन संबंधी माँग-वृद्धि और नए उत्पादनों की जानकारी को उपभोक्ता तक पहुंचाने तथा विक्रय में वृद्धि करने का काम करता है। इसके अतिरिक्त यह प्रतिष्ठान के प्रति उपभोक्ताओं तथा जनता में रुचि और विश्वास पैदा करने में सहायक होता है।

## विज्ञापन का ऐतिहासिक संदर्भ

विज्ञापन का जन्म कब हुआ और किसने प्रारंभ किया, यह बताना तो कठिन है किंतु इतना अवश्य कहा जा सकता है कि इसका जन्म हज़ारों वर्ष पहले हुआ था। उस काल में इसका रूप अलग था, क्षेत्र अलग था और प्रयोजन भी अलग था। गुप्त काल में इसके कुछ प्रमाण मिलते हैं। सम्राट अशोक ने जनता की सेवा के लिए और बौद्ध धर्म के प्रचार के लिए सार्वजनिक क्षेत्रों में जिन शिलालेखों की स्थापना की थी, उन्हें आज हम विज्ञापन का उद्गम कह सकते हैं। मध्यकाल में भी विज्ञापन के कुछ रूप मिलते हैं। उस समय सामान्य जनता को जानकारी देने के लिए प्रशासन संबंधी सूचनाएँ सड़कों पर प्रतिस्थापित की जाती थी।

विज्ञापन का मौखिक प्रचलन यूनान के प्रारंभिक लोकतंत्र के चुनावों में हुआ था। उस समय के प्रत्याशी अपने विज्ञापनकर्ताओं को भीड़ में घुसा देते थे ताकि वे लोगों को अपने पक्ष में प्रभावित कर सकें। इस प्रकार मौखिक विज्ञापनों, हस्तलिखित विज्ञापनों तथा प्रतीक विज्ञापनों का यह क्रम पंद्रहवीं शताब्दी के मध्य काल तक चलता आया। 1440 ई० में मैन्ज, जर्मनी में गुटेनबर्ग द्वारा मुद्रण यंत्र के आविष्कार से मुद्रित विज्ञापनों की परंपरा आरंभ हुई। लंदन के ब्रिटिश संग्रहालय में मिस्र के एक विज्ञापन को विश्व का सर्वप्रथम प्रकाशित विज्ञापन माना जाता है। इस विज्ञापन में एक भागे हुए दास को लाने की बात कही गई

है। इसके बाद 1480 ई. में पहली बार विलियम कैक्ट्स ने एक धार्मिक पुस्तक का विज्ञापन एक पत्रिका में निकाला। सन् 1650 ई. तक इंग्लैंड के विभिन्न पत्र-पत्रिकाओं में कॉफी, चाय, चाकलेट आदि के विज्ञापन नियमित रूप से प्रकाशित होने लगे। सोलहवीं सदी में हमें और एक प्रमाण मिलता है जो कि "लंदन गज़ट" में आम समाचारों के साथ परिशिष्ट के रूप में प्रकाशित किया गया था और उसमें केवल विज्ञापनों का ही प्रकाशन हुआ है।

मुद्रण क्रांति के फलस्वरूप प्रकाशित सभी पत्र-पत्रिकाओं में विज्ञापन छपने लगे। विश्व की सबसे बड़ी विज्ञापन संस्था न्यूयार्क की जे. वाल्टर थांपसन कंपनी है, जिसने 1971 ई. में 77 करोड़ डालर से अधिक आय अर्जित कर विज्ञापन की दुनिया में नया कीर्तिमान स्थापित किया। विज्ञापनों से सबसे अधिक आय "दिस वीक" पत्रिका को हुई। इस पत्रिका के बीच के चार रंगीन पृष्ठों के विज्ञापन के लिए 98,200 डालर लिए गए। मई 1968 ई. में "यूनीरायल " संस्था ने "रीडर डाइजेस्ट" के अमेरिका संस्करण में 40 पृष्ठों के परिशिष्ट के लिए एक लाख पचास हजार डालर दिए। विश्व का सबसे सुंदर विज्ञापन 4 जुलाई, 1925 को फ्रांस के ऐफ्लिटावर पर इलेक्ट्रिक सिट्रोन कंपनी ने दिया। यह विज्ञापन ढाई लाख छोटे बल्बों तथा 58 मील लंबे तारों से तैयार किया गया था। इसे 25 मील दूरी से देखा जा सकता था। इस प्रकार पश्चिमी देशों में विज्ञापन का सर्वतोन्मुखी विकास हुआ।

भारत में सन् 1905 ई. में वी. दत्ताराम एंड कंपनी नाम से विज्ञापन संस्था की सर्वप्रथम स्थापना हुई। उसकी सफलता के बाद कलकत्ता में सन् 1925 ई. में सेंट्रल पब्लिसिटी सर्विस, मद्रास में एल० आर० एडवरटाइजिंग, 1935 ई० में जनरल एजेंसी एण्ड एक्सचेंजेज़ अहमदाबाद में 1936 में कृष्णा पब्लिसिटी कंपनी तथा कानपुर में 1940 ई. में जुपिटर पब्लिसिटी कंपनी आदि की स्थापना हुई थी। स्वतंत्रता के पूर्व भारत में लगभग 60 विज्ञापन कंपनियां काम कर रही थीं, जबकि आज इनकी संख्या पाँच सौ से भी अधिक है। स्वतंत्रता-प्राप्ति के बाद भारत में विज्ञापन का सर्वतोन्मुखी विकास हुआ। 15 नवंबर, 1967 से विविध भारती की स्थापना से आकाशवाणी द्वारा विज्ञापन प्रसारित किए जाने लगे और 1 जनवरी, 1987 से दूरदर्शन ने भी विज्ञापन सेवा को प्रारंभ किया।

विकसित देशों में विशेष रूप से पाश्चात्य सभ्यता से प्रभावित देशों में विज्ञापन एक निश्चित और विशेष विधा बन चुकी है। आधुनिक समाज में विज्ञापन का महत्व इतना बढ़ गया है कि एक भी आदमी विज्ञापन से बिना प्रभावित नहीं मिलेगा। गत दो दशकों में विज्ञापन ने हमारे जीवन को अत्यंत प्रभावित किया

है। वैज्ञानिक क्षेत्र में हुए नए-नए आविष्कारों के कारण विज्ञापन के क्षेत्र में पर्याप्त प्रगति हुई है। दैनिक पत्र-पत्रिकाओं, आकाशवाणी, दूरदर्शन, दीवारों, होर्डिंगों, न्योन साधनों, आकाशीय अक्षर लेखन, प्रचार, उद्घोषणाओं, डाक से आए पत्रों से विज्ञापन व्यावसायिक तथा लोक सेवा के स्वायत्त अंग के रूप में इसका विकास हो चुका है।

## अर्थ और परिभाषा

हिन्दी में "विज्ञापन" शब्द की उत्पत्ति दो शब्दों के योग से हुई है : जैसे, मूलधातु "ज्ञापन" के साथ "वि" उपसर्ग के जुड़ने से (वि+ ज्ञापन = विज्ञापन)। सामान्य रूप से इस शब्द का अर्थ है "ज्ञापन कराना" या "सूचना देना"। विज्ञापन अंग्रेजी शब्द "एडवरटाइजिंग" का हिन्दी पर्याय है, जिसकी उत्पत्ति लैटिन भाषा के शब्द "एडवर्टर " से हुई। अंग्रेजी में इसका अर्थ है "टू टर्न टू" अर्थात् किसी ओर मुड़ना हैं। जब किसी वस्तु या सेवा के लिए इसका प्रयोग होता है, तो इसका मंतव्य लोगों को उस ओर आकृष्ट करना होता है। एक प्रकार से उसे सार्वजनिक सूचना की घोषणा भी कह सकते हैं। ब्रिटेन के विश्वकोश के अनुसार– "विज्ञापन द्वारा वांछित भुगतान प्रदत्त वह घोषणा है, जो किसी वस्तु या सेवा के बिक्री प्रोत्साहन, किसी विचार के विकास अथवा कोई अन्य प्रभाव उत्पन्न करने के उद्देश्य से की गई हो। वेबस्टर्स न्यूवर्ल्ड डिक्शनरी में इसे इस प्रकार परिभाषित किया गया है कि "विज्ञापन का अर्थ, किसी वस्तु या तथ्य के संबंध में मुद्रित माध्यम–समाचारपत्र, आकाशवाणी अथवा ऐसे ही किसी साधन के माध्यम से जानकारी देना, विक्रय बढ़ाना तथा जनता का ध्यान आकर्षित करना है।" इस प्रकार विज्ञापन का अर्थ किसी विषय या वस्तु की जानकारी या सूचना देना है। यहाँ यह प्रश्न उठता है कि जनसंचार के माध्यमों द्वारा प्रसारित किए जाने वाले विषय भी प्रायः जानकारी या सूचना देते हैं। अतः ऐसी स्थिति में विज्ञापन में ऐसी कौन-सी विशिष्टता है जो उसे अलग रूप प्रदान करती है। वास्तव में इन विषयों से विज्ञापन बिलकुल भिन्न है, क्योंकि विज्ञापन के उद्देश्यों की पूर्ति पर इसकी विशिष्टता निर्भर है। विज्ञापन उन समस्त गतिविधियों का नाम है, जिनका उद्देश्य अपने खर्च पर निर्वैयक्तिक रूप से किसी विचार, वस्तु या सेवा के विषय में जानकारी प्रसारित करता है और इससे उसका विज्ञापनकर्ता ग्राहक को अपनी इच्छा के अनुकूल बनाता है। विज्ञापन व्यक्तिगत नहीं होता। इसका संबंध वस्तु से होता है और वस्तु का संबंध किसी औद्योगिक संस्था से होता है। वास्तव में व्यवसाय के क्षेत्र में उत्पादन को उपभोक्ता तक पहुंचाने की प्रक्रिया को वितरण प्रणाली कहते हैं। इस वितरण प्रणाली ने आधुनिक युग में

जनसंचार के माध्यमों को अपनाया है। औद्योगिक विकास तथा मुद्रण के प्रचार से विज्ञापन की प्रगति भी बहुत तीव्र हो गई है। आज पत्र-पत्रिकाएँ तथा श्रव्य-दृश्य उपकरणों जैसे पोस्टर, होर्डिंग, सिनेमा, दूरदर्शन, आकाशवाणी आदि के माध्यम से विज्ञापन ने विश्व स्तर पर लोकप्रियता अर्जित कर ली है। व्यवसाय जगत में आज विज्ञापन एक अनिवार्य अंग बन चुका है, क्योंकि इस जगत में उत्पादन-वितरण से संबंधित जो प्रतियोगिता, प्रतिस्पर्धा और प्रतिबिंबिता है, उस पर प्रचार द्वारा ही विजय प्राप्त की जा सकती है।

इस प्रकार विज्ञापन आधुनिक युग का विशेषकर औद्योगिक संस्कृति का अभिन्न तत्व हो गया है। विक्रय-व्यवस्था में विज्ञापन वस्तु का परिचय कराने, उसकी विशेषताएँ तथा उसके लाभ बताने का काम करके ग्राहक को आकृष्ट करने की उपयोगी भूमिका निभाता है। इसके साथ ही वस्तु के ब्रांड नाम को भी लोकप्रिय करने तथा उसे बनाने वाली कंपनी का नाम मानस में जमा कर उसकी प्रतिष्ठा बढ़ाने का काम भी करता है। वस्तुतः विज्ञापन व्यावसायिक विधा है किंतु इसने प्रशासन, शिक्षा, कृषि, प्रौद्योगिकी, समाज कल्याण आदि विभिन्न क्षेत्रों में अपना महत्वपूर्ण स्थान बना लिया है।

## विज्ञापन कला या विज्ञान

प्रश्न उठता है कि विज्ञापन कला है या विज्ञान। वास्तव में विज्ञापन कला, विज्ञान और व्यवसाय का संश्लिष्ट रूप है जिसमें कलात्मकता और तार्किकता के साथ वाणिज्यिक दृष्टि का होना भी आवश्यक है। इसी आधार पर विज्ञापन के स्वरूप का निर्धारण भी किया जा सकता है।

सार्वजनिक उद्योगों या प्रतिष्ठानों में निजी विज्ञापन विभाग स्थायी रूप से स्थापित नहीं किया जाता, बल्कि यह उसके संपर्क विभाग का काम होता है। यह विभाग किसी विज्ञापन संस्था से अनुबंध पर विज्ञापन एवं प्रचार का कार्य करता है। इसमें विज्ञापन की कला-सज्जा का महत्वपूर्ण स्थान है। इन विज्ञापनों को आकर्षक और प्रभावी बनाने के लिए उसके कला पक्ष को सँवारा और सँजोया जाता है। इसका आलेख तैयार करने में चार बातों पर ध्यान देना आवश्यक है। 1. विज्ञापन का शीर्षक, 2. विज्ञापन का उपशीर्षक, 3. विज्ञापन का विस्तार वर्णन और 4. विज्ञापन का उपसंहार।

**विज्ञापन का शीर्षक :** विज्ञापन में शीर्षक सबसे प्रमुख होता है। अतः विज्ञापन सामग्री अथवा प्रारूप तैयार करते समय आलेखक (कॉपीराइटर) को उपभोक्ता या ग्राहक की रुचि के अनुसार ऐसा शीर्षक प्रस्तुत करना है, जिससे उपभोक्ता

का ध्यान आकर्षित हो सके। विज्ञापन की तीन-चौथाई सफलता सामग्री को उचित शीर्षक देने में ही मिल जाती है। शीर्षक विज्ञापन का केन्द्र बिंदु है। इसमें लक्षणा और व्यंजना से अर्थ प्रदान किया जाता है। शीर्षक का चयन करते समय यह भी ध्यान रखा जाता है कि विज्ञापन की समग्र विषय वस्तु या मूल कथ्य (बॉडी टेक्स्ट) की व्यंजना शीर्षक में भले ही न हो, पर विज्ञापन का वस्तु संकेत इस प्रकार हो कि दर्शक, पाठक, ग्राहक या उपभोक्ता की दृष्टि आकृष्ट कर सके और उसमें आकांक्षा उत्पन्न कर सके। उदाहरण के लिए :

"सवारी हो तो एटलस, जो करे हवा से बातें"

विज्ञापन का उपशीर्षक : इसमें विज्ञापन के उद्देश्य को विस्तार से बताया जाता है और ग्राहक की आवश्यकता के अनुरूप उत्पादन की क्षमता दिखाई जाती है। उदाहरण के लिए :

5-स्पीड वाली नई स्पोर्टस्टर

इंपोर्टेड गीयर सिस्टम

**विज्ञापन का विस्तार वर्णन** : इसमें वस्तु या सामग्री के उत्पादन के विषय में विस्तृत जानकारी दी जाती है। किंतु इसमें आलेखक अपने विस्तृत संदेश को भी संक्षेप रूप में देने का भरसक प्रयास करता है। अर्थात् उसे 'गागर में सागर' भरना होता है। उदाहरण के लिए :

- सर्वोपेंटा प्रणाली से युक्त आयातित सनरेस गीयर सिस्टम
- गीयर 1 तथा 2 : सवार हो जाइए और कीजिए हवाई सफ़र शुरू, सामने की हवा हो या कोई पहाड़ी सफर
- गीयर 3 : दौड़ाइए तेजी से, समुद्र तट की राहों पर
- अब आइए चौथे गीयर में और बढ़ाइए अपनी स्पीड
- गीयर 5 : और दौड़ाइए अपनी साइकिल एक चैंपियन की तरह
- विशेष रूप से डिज़ाइन किया गया फ्रेम। सुगम गीयर परिचालन के लिए
- एक्रलिक : पोलाक्रोमेटिक रंग-गहरा जामुनी (बरगंडी), नीला, कत्थई, स्लेटी

**विज्ञापन का उपसंहार** : मूल कथ्य समाप्त करने के बाद उपभोक्ता या ग्राहक को खरीद करने के लिए प्रेरित किया जाता है। जैसे :

एटलस

विश्व श्रेणी विश्व शैली की साइकिलें

इसके अतिरिक्त विज्ञापन के प्रस्तुतीकरण में दृश्य-कल्पना और कलात्मक प्रस्तुति पर बल दिया जाता है। दृश्य-कल्पना का संबंध उपभोक्ता की इच्छा, चाह, उसकी आशा और अपेक्षा से होता है। कलात्मक प्रस्तुति में चित्र, मॉडल और टाइपोग्राफी का विशेष योगदान रहता है। इस प्रकार विज्ञापन सामग्री में कला-चित्रांकन तथा रूप-सज्जा का विशेष स्थान है।

## विज्ञापन-लेखन में वैज्ञानिक दृष्टिकोण

आधुनिक समाज में विज्ञापन का विकास एक स्वतंत्र विधा और विज्ञापन विज्ञान के रूप में हो रहा है। यह मानव विकास के अनिवार्य माध्यम के रूप में विकसित हो रहा है और महान उद्योग के रूप में प्रतिष्ठित हो रहा है। इसे लोकप्रिय बंनाने के लिए नए-नए प्रयोग किए जा रहे हैं। समाजविज्ञान, कला-विज्ञान, अर्थविज्ञान, मनोविज्ञान आदि की तरह विज्ञापन भी एक विज्ञान के रूप में पनपने लगा है। समाज में इसका महत्व बढ़ जाने से और मांग बढ़ जाने से विज्ञापन का अध्ययन विषय के रूप में होने लगा है। आज विज्ञापन विज्ञान के अनेक अंग और उसकी शाखाएँ-प्रशाखाएँ विकसित हो चुकी हैं।

विज्ञापन एक ऐसा विज्ञान है, जो खोज कर बताएगा कि मनुष्यों को अपने विकास के लिए किस-किस वस्तु की आवश्यकता है। अतः विज्ञापन का प्रारूप तैयार करते समय यह जानना आवश्यक है कि जिस वस्तु का विज्ञापन दिया जा रहा है, वह क्या और कैसी है, उसके उपयोग क्या हैं और किस वर्ग के लोग उसका उपयोग करते हैं या कर सकते हैं। इसके अतिरिक्त यह भी देखा जाता है कि वह वर्ग किस क्षेत्र-विशेष तक सीमित है अथवा क्या वह देश भर में फैला हुआ है। आवश्यकतानुसार विज्ञापन सामग्री, ब्लॉक, स्लाइड, लघुफिल्म, फोल्डर पुस्तिका, होर्डिंग आदि के रूप में तैयार की जाती है। विज्ञापन की नीति निर्धारण के अनुसार डिजाइन बनाने, सामग्री लिखाने, सज्जा कराने और अंततः विज्ञापन की तैयारी होती है। इसलिए उसकी संरचना को तार्किक और वैज्ञानिक बनाने की आवश्यकता होती है। विज्ञापन लेखन करते हुए स्पष्टता, संक्षिप्तता, सूत्रपरकता तथा क्रमबद्धता का ध्यान रखा जाता है।

## विज्ञापन में व्यावसायिकता

कोई भी देश औद्योगीकरण के बिना अपनी राष्ट्रीय और अंतर्राष्ट्रीय आर्थिक

व्यवस्था को तब तक उन्नत नहीं बना सकता, जब तक उसे व्यावसायिक विज्ञापनों की सेवाएँ प्राप्त न हों। व्यावसायिक विज्ञापनों की आर्थिक व्यवस्था बढ़ाने में ऐसे निर्माता कार्य करते हैं जो सदैव पर्दे के पीछे, 'अनाम' रह कर अपना काम करते हैं। विज्ञापक ही किसी उत्पादन को 'मास प्रोडक्शनों' का रूप देने में सक्षम होते हैं। वे विज्ञापन को 'मास प्रोडक्शन' के एक आवश्यक उपकरण के रूप में प्रयुक्त करते है। यह उपकरण द्विपक्षीय कार्य करता है। इससे 'प्रोडक्शन और सर्विस' का भी 'मास प्रोडक्शन' होता है और उपभोक्ता का भी 'मास प्रोडक्शन' जन संचार साधन होता है। इस उपकरण के द्वारा अनेक पश्चिमी देशों ने अपने औद्योगिक विकास की दिशा में महत्वपूर्ण प्रगति की है। यदि विज्ञापन जैसा प्रभावशाली उपकरण न हो, तो माल या सेवा की उन्नति भी संभव नहीं हो सकती। व्यावसायिक दृष्टि से विज्ञापन व्यवसाय को दो रूपों में देखा जा सकता है :

1. व्यावसायिक विज्ञापन
2. अर्ध-व्यावसायिक विज्ञापन

व्यावसायिक रूप में विज्ञापन संस्थान अपने उपभोक्ताओं के आर्थिक लाभ के लिए विज्ञापन जुटाने की व्यवस्था करता है। इस दिशा में औद्योगिक विज्ञापनों के लिए अपनी सेवाएँ प्रदान करता है। दूसरे, अर्ध-व्यावसायिक रूप में सरकारी, धमर्थि संस्थानों, धार्मिक संगठनों अथवा राजनैतिक दलों को अपनी सेवाएं प्रदत्त करते हुए विज्ञापन बेचे जाते हैं तथा उनके माध्यम से जन-समर्थन जुटाया जाता है। सरकारी संस्थाओं, सार्वजनिक उद्योगों या व्यावसायिक प्रतिष्ठानों में अपने-अपने विज्ञापन विभाग होते हैं। यह कार्य होता तो व्यावसायिक स्तर पर ही है, परंतु उसके लिए वह अपना कमीशन नहीं कमाते, जैसा कि स्वतंत्र व्यावसायिक संगठन दोनों स्तरों पर अपनी प्रदत्त सेवाओं से कमीशन लेते हैं। इस स्थिति में विज्ञापन अभिकर्ता (या एजेंट) संस्थान-मध्यस्थता की भूमिका निर्वाह करते हैं। ऐसे संस्थानों की अपनी आचार संहिता और निश्चित मर्यादाएँ होती हैं। भारत में इसी प्रकार का एक अखिल भारतीय स्तर का संगठन भी है, जिसका नाम 'इंडियन एंड ईस्टर्न न्यूज़ सोसायटी' है। सभी विज्ञापन संस्थान इसके सदस्य हैं।

## विज्ञापन के प्रकार

आधुनिक युग में उत्पादों, संस्थाओं, प्रतिष्ठानों तथा विज्ञापनदाताओं के प्रति गुणात्मक सद्भाव, जनमत तथा विश्वास उत्पन्न करने में विज्ञापन का पर्याप्त

महत्व बढ़ गया है, क्योंकि जनता के पास न तो इतना समय है कि लंबे समय तक किसी वस्तु के संबंध में सुन सके और न इतना समय है कि किसी वस्तु के गुणावगुण का विश्लेषण उसका उपभोग करने के बाद कर सके। इसलिए विज्ञापक विज्ञापन द्वारा जनता को या उत्पाद के प्रति उपभोक्ता को मार्ग दिखाता है और उसमें अपनी वस्तु या उत्पाद के प्रति विश्वास अर्जित करने का प्रयत्न करता है। दूसरी ओर उपभोक्ता भी अगली बार उसी वस्तु या उत्पाद को क्रय करने का विचार निश्चित करने का अवसर पा लेता है। इसी प्रकार सामाजिक क्षेत्र में सम्मान संबंधी सूचनाएँ चिकित्सा संबंधी घोषणाएँ, राष्ट्र व राज्य संबंधी, जनकल्याण प्रगति के आंकड़े व तालिकाएँ तथा परिवार नियोजन, नियुक्ति आदि की जानकारी विज्ञापनों के द्वारा ही की जाती है। इससे जनता को समाज में विशेष लाभ होता है और समाज का विकास भी होता है।

विज्ञापन के गुण विज्ञापन के माध्यम तथा उत्पादक या विज्ञापनदाता के आधार पर विज्ञापन के प्रकारों का विभाजन किया जा सकता है।

**1. गुण के आधार पर**

गुण के आधार पर विज्ञापन के चार प्रकार बताए जाते हैं :

1. सम्मानक विज्ञापन
2. संस्थागत विज्ञापन
3. तुलनात्मक विज्ञापन
4 अन्य विज्ञापन

**सम्मानक विज्ञापन** के अंतर्गत शोभा यात्राओं, फिल्मोत्सवों, षष्ठिपूर्ति उत्सवों प्रमुख विदेशी व्यक्तियों के आगमन पर दिए जाने वाले विज्ञापनों तथा विदेश यात्रा करके आने वाले व्यक्तियों को दिए ज़ाने वाले बधाई विज्ञापन आदि आते हैं।

**संस्थागत विज्ञापनों** के अंतर्गत वाणिज्यिक संस्थाओं के साथ-साथ राष्ट्रीय हित संबंधी तथा चेतावनीपरक विज्ञापन आते हैं जो अर्ध सरकारी, सरकारी तथा स्वेच्छिक संस्थाओं द्वारा दिए जाते हैं।

उत्पादन की विशिष्टता को दूसरों के समकक्ष उत्तम बताते हुए जो विज्ञापन दिये जाते है, वे प्रायः **तुलनात्मक विज्ञापन** के अंतर्गत आते है। इन्हें **व्यावसायिक** या **वाणिज्यिक विज्ञापन** की संज्ञा दी जाती है, क्योंकि इस प्रकार के विज्ञापन शुद्ध रूप से व्यावसायिक या वाणिज्यिक हैं।

**अन्य विज्ञापनों** के अंतर्गत पत्र-पत्रिकाओं में प्रकाशित सभी विज्ञापन आते हैं अर्थात वर्गीकृत, सजावटी, प्रमाणीकृत, पैनल, सोलो आदि। पैनल विज्ञापन समाचार पत्र के नामपट्ट के दोनों तरफ दिए जाते हैं और सोलो विज्ञापन समाचार पत्र के प्रथम पृष्ठ पर दाईं तरफ बिलकुल नीचे दिए जाते हैं।

**2. माध्यम के आधार पर**

संभावित ग्राहक तक विज्ञापन का संदेश पहुँचाने का कार्य जिसके द्वारा संपन्न होता है, वह विज्ञापन के क्षेत्र में माध्यम कहलाता है। यह कार्य मुद्रण, चलचित्र, आकाशवाणी तथा दूरदर्शन द्वारा संपन्न होता है।जन संचार के इन माध्यमों के आधार पर मुख्यतः तीन प्रकार के विज्ञापन होते हैं :

1. श्रव्यगत विज्ञापन
2. दृश्यगत विज्ञापन
3. श्रव्य-दृश्यगत विज्ञापन

श्रवणेन्द्रिय को दृष्टि में रखकर बाजारों में माइक्रोफोन से होने वाली घोषणाओं से लेकर आकाशवाणी द्वारा प्रसारित किए जाने वाले सभी विज्ञापन इसके अंतर्गत आते हैं। इसमें जन संचार का प्रमुख माध्यम आकाशवाणी महत्वपूर्ण भूमिका निभाती है।

दृश्यगत विज्ञापनों के अंतर्गत चक्षु-इन्द्रिय को ध्यान में रखकर पैम्फलेट से लेकर पत्र-पत्रिकाओं में प्रकाशित विज्ञापन, होर्डिंग्स, टेलीफोन व बिजली के खंभों पर लटकाने वाले पैनल्स, स्लाइड्स, नियोन साइन, परिवहन साधनों पर पेंटिंग्स-विज्ञापन आदि आते हैं। इनका संबंध मुख्यतः मुद्रण कला से है।

श्रव्य-दृश्यगत विज्ञापनों के अंतर्गत उपरोक्त दोनों विधाओं के मिश्रित रूप के विज्ञापन हैं। प्रमुख दूरदर्शन पर प्रसारित किये जाने वाले सभी विज्ञापन और थियेटरों में दिखाए जाने वाले लघु वृत्तचित्र और अल्पावकाश की फिल्में उल्लेखनीय हैं।

**3. विज्ञापनदाता के आधार पर**

विज्ञापनदाता चाहे सरकारी संस्था हो, चाहे व्यावसायिक प्रतिष्ठान हो या स्वैच्छिक संस्था हो या फिर व्यक्ति हो, इन सभी को दृष्टि में रखकर विज्ञापन के चार प्रकार बताए जाते हैं, जो इस प्रकार हैं ;

1. सरकारी विज्ञापन
2. गैर-सरकारी विज्ञापन

3. व्यावसायिक विज्ञापन
4. व्यक्तिगत विज्ञापन

**सरकारी विज्ञापन :** प्रशासनिक क्षेत्र में आवश्यकता की पूर्ति के लिए दिए जाने वाले जो विज्ञापन अक्सर पत्र-पत्रिकाओं में प्रकाशित होते रहते हैं, ये सभी सरकारी विज्ञापन कहलाते हैं। इनमें विशेष अवसर पर सरकार तथा सरकारी संस्थाओं द्वारा दिए जाने वाले प्रगति संबंधी विज्ञापन, परिवार नियोजन, वैधानिक चेतावनी, समाज कल्याण संबंधी विज्ञापन, नियुक्तियाँ, निविदाएँ, सूचनाएँ आदि उल्लेखनीय हैं। ये विज्ञापन प्रायः सज्जित विज्ञापन कहलाते हैं, जो पत्र- पत्रिकाओं में प्रकाशित होते हैं। आकाशवाणी, दूरदर्शन पर प्रसारित किए जाने वाले राष्ट्रीय एकता, समाज कल्याण संबंधी विज्ञापन भी इस वर्ग के अंतर्गत आ सकते हैं।

**गैर- सरकारी विज्ञापन :** सामाजिक संस्थाओं, धार्मिक संस्थाओं, शैक्षिक संस्थाओं स्वैच्छिक संस्थाओं राजनैतिक दलों द्वारा दिए जाने वाले सभी सजावटी और वर्गीकृत विज्ञापन गैर-सरकारी विज्ञापन होते हैं। इन का मुख्य उद्देश्य अपनी सेवाओं तथा कार्यकलापों के संबंधों में जनता को जानकारी देना है। विशेष रूप से इस प्रकार के विज्ञापन समय-समय पर पत्र-पत्रिकाओं में प्रकाशित होते हैं। शिक्षा संबंधी सूचनाएँ, औद्योगिक क्षेत्रों में नियुक्तियाँ, वार्षिकोत्सव पर प्रकाशित की जाने वाली प्रगति संबंधी घोषणाएँ, चुनाव के संदर्भ में अभियान के लिए राजनैतिक दलों द्वारा दिए जाने वाले संदेश आदि इस वर्ग के अंतर्गत आते हैं।

**व्यावसायिक विज्ञापन :** छोटी-छोटी दुकानों से लेकर बड़े-बड़े व्यावसायिक प्रतिष्ठानों तथा औद्योगिक संस्थाओं (सरकारी या गैर-सरकारी ) आदि के उत्पादन तथा वस्तुओं की बिक्री के लिए जनता को दी जाने वाली जानकारी के विज्ञापनों को व्यावसायिक विज्ञापन कहते हैं। इन विज्ञापनों का मुख्य उद्देश्य क्रय तथा विक्रय है। ये विज्ञापन अत्यंत आकर्षण, सजावटी और खर्चीले होते हैं। अपने ग्राहक तथा उपभोक्ता को दृष्टि में रखकर जन-संचार के सभी माध्यमों द्वारा ये विज्ञापन दिए जाते हैं। कभी-कभी एक ही उत्पादन के लिए सभी माध्यमों के विज्ञापन का प्रयोग किया जाता है।

**व्यक्तिगत विज्ञापन :** समाज में आवश्यकता और प्रतिष्ठा के लिए वैयक्तिक रूप से पत्र-पत्रिकाओं, आकाशवाणी, दूरदर्शन तथा अन्य साधनों द्वारा दिए जाने वाले विज्ञापनों को व्यक्तिगत विज्ञापन कहते हैं। पत्र-पत्रिकाओं में छपने वाले वर्गीकृत विज्ञापन, आकाशवाणी तथा दूरदर्शन पर प्रसारित की जाने वाली विशेष सूचनाएँ इसके अंतर्गत आती हैं। वर्गीकृत विज्ञापनों के अंतर्गत विवाह संबंधी,

स्मृतिशेष, शिशुजन्म, स्थानांतरण, लापता, मकान चाहिए, किराए के लिए, नगरों के थियेटरों में प्रदर्शित होने वाली फिल्मों की सूचनाएँ आदि उल्लेखनीय हैं। ये कम खर्चीली होती हैं, इसलिए मध्यवर्गीय परिवार भी इसका प्रयोग कर लेते हैं।

## विज्ञापन के प्रयोजन

विज्ञापन का मुख्य प्रयोजन उत्पादन की बिक्री कराना है। इसके माध्यम से अधिकांश लोगों तक वस्तु या सेवा का नाम और उसकी उपयोगिता के बारे में बताया जाता है। वास्तव में विज्ञापन सेल्समैन का स्थान तो नहीं ले सकता किंतु अपने प्रचार कार्य में विज्ञापनदाता की सहायता अवश्य कर सकता है। विज्ञापन से ग्राहक को वस्तु की उपयोगिता तथा लाभ के बारे में पहले ही जानकारी मिल जाती है। और यह भी ज्ञात हो जाता है कि कौन-सी वस्तु बाजार में सुलभ है। इसके अतिरिक्त उसे आसानी से उसके गुणावगुणों का भी परिचय मिल जाता है। इससे उसे वस्तु को खरीदने के लिए निर्णय करने में कठिनाई नहीं होती।

जब ग्राहक को वस्तु की उपयोगिता और सुलभता का ज्ञान हो जाता है, तो स्वभावतः अपनी आर्थिक स्थिति के अनुरूप उसे खरीदने की योजना बनाता है। यहाँ ग्राहक का किसी वस्तु-विशेष की ओर झुकाव हो जाना, आर्थिक रूप से उस वस्तु की माँग पैदा करना है। इस प्रक्रिया में विज्ञापन ग्राहक को उस वस्तु के संबंध में एक प्रकार से शिक्षित भी करता है।

## विज्ञापन : तथ्य और लक्ष्य

विज्ञापन के दो पक्ष होते हैं–एक, व्यावसायिक और दूसरा, सामाजिक। व्यावसायिक पक्ष के अंतर्गत औद्योगिक क्षेत्र में बढ़ती हुई प्रतिस्पर्धा के कारण उत्पादक को अपने उत्पादों के बराबर उत्पादन और उसके वितरण में तारतम्य बनाए रखने के लिए सचेष्ट रहना पड़ता है, क्योंकि उत्पादक विज्ञापन के साधन से जनता को जाग्रत और आकर्षित करना चाहता है। अतः इस कार्य-विधि से अपने उत्पादों को उपभोक्ता तक पहुँचाने की उत्पादक की चिंता दूर हो सकती है। सामाजिक पक्ष के अंतर्गत विज्ञापन का प्रकार्य जन साधारण की सेवा करना है। उनमें सद्भावनाओं का विकास किया जा सकता है। किसी भी व्यवसाय के विज्ञापन या लोक सेवा विज्ञापन तैयार करते अथवा कराते समय अधिकतर सफलता तभी मिलती है जब विज्ञापन के तत्वों को समझ लिया जाता है। यह मनोवैज्ञानिक तथ्य है।

## विज्ञापन के तत्व

1. ध्यानाकर्षण
2. रुचि संपोषण
3. इच्छा सृजन
4. संतुष्टि सृजन
5. प्रेरक प्रतिक्रिया

**ध्यानाकर्षण** : विज्ञापन कला, व्यवसाय और विज्ञान का सुंदर समन्वय है। इसके द्वारा उपभोक्ताओं का ध्यान खींच कर विक्रय में वृद्धि की जाती है। अतः ध्यानाकर्षण को विज्ञापन कला का प्रथम अनिवार्य तत्व माना जाता है। ध्यानाकर्षित करने के लिए विज्ञापन की सर्जनात्मकता और आकर्षक सजावट अधिक सहायक सिद्ध होते हैं। सर्जनात्मकता के अंतर्गत नई संज्ञाओं का निर्माण किया जाता है। शब्दों व पदों की वर्तनी में परिवर्तन आदि लाया जाता है। उदाहरण के लिए, प्रायः 'क्लिनिक' संज्ञा का प्रयोग चिकित्सालय के लिए होता है, जबकि ग्राहकों का ध्यान आकर्षित करने के लिए कई नगरों में कार की मरम्मत करने वाली दुकान का नाम 'कार क्लिनिक' मिलता है हालाँकि इस कारखाने में कारों, जीपों और ऑटो की मरम्मत की जाती है। इसी प्रकार उत्पादक अपने उत्पादों का नामकरण करते समय वर्तनी में परिवर्तन लाता है। जैसे क्वालिटी आइसक्रीस की वर्तनी अंग्रेजी में Kwality रखी गई है जबकि वास्तविक वर्तनी Quality होती है।

आकर्षक सजावट के अंतर्गत विभिन्न रंगीन चित्रों, महिला छाया चित्रों और विभिन्न आकृति के अक्षरों का प्रयोग किया जाता है। इससे अनायास उपभोक्ता और ग्राहक का ध्यान आकर्षित करने में सफलता मिलती है।

**रुचि संपोषण** : सभी व्यावसायिक तथा औद्योगिक और अन्य प्रतिष्ठान प्रायः उत्पादन से पूर्व जनता को आकर्षित कर अपने उपभोक्ता या ग्राहक बनाए रखने के लिए विशेष प्रयास करते रहते हैं। इन प्रयासों में मुख्य रूप से उपभोक्ताओं का सर्वेक्षण करना, उत्पादक संबंधी साहित्य वितरित करना, पुरस्कार देना, छूट देना आदि उल्लेखनीय हैं। अनेक उत्पादक अपनी सर्वेक्षण व्यवस्था के अंतर्गत अपने उत्पाद को द्वार-द्वार तक प्रचार (door to door publicity) देते हैं और उसके साथ ही उत्पाद संबंधी साहित्य वितरित करते हैं, जो विज्ञापन का रूप भी होता है तथा उत्पादक प्रचारक का भी। यही नहीं समाचार पत्रों के माध्यम से विशेषकर सजावटी विज्ञापन द्वारा रुचि पोषण की दिशा में महत्वपूर्ण कार्य किया

जाता है। नियमित और निरंतर प्रकाशित करने तथा रेडियो, टी.वी. पर प्रसारित करने से रुचि का पोषण होता ही है।

इस औद्योगिक युग में एक ही वस्तु का उत्पादन अनेक औद्योगिक प्रतिष्ठानों के द्वारा संपन्न होने से रुचि संपोषण की आवश्यकता बढ़ती जा रही है। इसलिए एक ही उत्पाद के विज्ञापनों में समय-समय पर परिवर्तन लाना भी आवश्यक हो गया है। यह बात उत्पादों के विज्ञापनों के संदर्भ में देखी जा सकती है जहाँ उसके प्राचीन तथा नवीन रूप मिलते हैं।

**प्राचीन रूप (एक वर्ष पूर्व )**

(क) "तंदुरुस्ती की रक्षा करता है
लाइफ बॉय
लाइफबॉय है जहाँ
तंदुरुस्ती है वहाँ

शारीरिक कीटाणुओं को
धो डालता है लाइफबॉय

(ख) ताजा माँगो माजा माँगो

जिंगथिंग– गोल्ड स्पाट

**नवीन रूप (वर्तमान )**

(क) चैंपियनों का चैंपियन लाइफबॉय
ज़िंदगी का नाम तंदुरुस्ती
तंदुरुस्ती का नाम लाइफबॉय

(ख) ज्यादा गोल्ड स्पाट जंबो गोल्ड स्पाट 'वही दाम'- गोल्डस्पाट

**इच्छा सृजन** : इच्छा सृजन से यह अभिप्राय है कि मनोवैज्ञानिक स्तर पर अपने उपभोक्ता की इच्छाओं की सर्जना इस प्रकार की जाए कि सजावटी विज्ञापन देखकर उपभोक्ता उसे अपनाने के लिए इच्छुक हो जाए। इसके लिए विज्ञापन में उत्पाद के गुणों की चर्चा भी होती है। इच्छा सृजन के लिए एक अच्छा उदाहरण होगा 'व्हील डिटर्जेंट' का विज्ञापन। इसमें पति अपनी पत्नी से पूछता है "रूपा मुझे नौकरी कौन देगा ? कपड़े तक साफ नहीं"। इसे सुनकर, देखकर उपभोक्ताओं का मन जाग्रत हो उठता है और उस साबुन को इस्तेमाल करने की इच्छा उत्पन्न हो जाती है। अन्य उदाहरण 'ग्राइप वाटर' का है। नवजात शिशु के रोने की आवाज सुनकर पति पत्नी से पूछता है, "क्या है ?" पत्नी उत्तर देती है "बच्चा रो रहा है"। सुझाव मिलेगा 'ग्राइप वाटर पिलाओ'। संवाद को तीन बार दुहरा कर "पिछली तीन पीढ़ियों से यह इस्तेमाल हो रहा है, इसका अब आप भी उपयोग करें" का संदेश देता है। इसी प्रकार के विज्ञापन दूरदर्शन

और आकाशवाणी के द्वारा प्रसारित किए जाते हैं जिन्हें देखकर या सुनकर उपभोक्ता प्रभावित होते हैं। और उनके मन में इन वस्तुओं का इस्तेमाल करने की इच्छा पैदा होती है।

**संतुष्टि सृजन** : जब उपभोक्ता उत्पाद की भरपूर उपलब्धता और उचित रख रखाव को पाता है तब उसकी संतुष्टि होती है। यही विज्ञापन का पुरस्कार है। इसलिए विज्ञापक को अपने उत्पाद के प्रचार और प्रसार के लिए वितरण की सारी प्रक्रिया के प्रति भी उपभोक्ता की संतुष्टि करनी होती है। विज्ञापन में उत्पाद की इस प्रक्रिया का संकेत करना आवश्यक है, जिससे उत्पाद के प्राकृतिक गुणों को संरक्षण मिलता है। ब्रिटैनिया व्हाइटल खाद्य तेल पदार्थ के विज्ञापन में उपभोक्ता की संतुष्टि के लिए लिखा होता है :

सेहत से जुड़ी कुछ दिल की बातें

ब्रिटैनिया व्हाइटल रिफ़ाइंड आयल

स्वाद और सेहत का एक दम सही मेल.

इसके बाद इस तेल की विशेषताएँ बताई गई हैं जो उपभोक्ता की संतुष्टि के लिए सहायक हैं। जैसे :

> "वैज्ञानिक खोजबीन से यह पता चला है कि असेचुरेटिड फैटी ऐसिड्ज दोनों मोनो और पॉली- कॉलस्ट्राल पर रोकथाम करने में मदद करते हैं। ये पकाने के बहुत से तेलों में होते हैं। पर सभी तेलों में से सिर्फ़ सोया ऑइल में ही सही तालमेल है। ब्रिटैनिया व्हाइटल रिफ़ाइंड सोयल ऑइल में सेचुरेटिड फैट्स कम और असेचुरेटिड फैट्स ज्यादा हैं।"

**प्रेरक प्रतिक्रिया** : विज्ञापनदाता उपभोक्ता को ध्यान में रखकर मनोवैज्ञानिक दृष्टि से सामग्री का चयन करता है। वह अपने संदेश से उपभोक्ता में स्वस्थ प्रतिक्रिया जगाना चाहता है। इस संदेश में वह अपनी वस्तु या उत्पाद के विषय में मानक स्तर की बात तो करता ही है, साथ ही उपभोक्ता में उसे खरीदने की प्रेरणा भी पैदा करना चाहता है। कभी उत्पाद त्रुटिपूर्ण या खराब निकलने पर पूरे पैसे वापस करने की गारंटी या पाँच-छह साल की गारंटी कार्ड तक उपभोक्ता को दिया जाता है। इससे उपभोक्ता में एक विश्वास पैदा होता है। विज्ञापन की यह प्रेरक शक्ति है जो उपभोक्ता में अच्छी प्रतिक्रिया पैदा करती है।

इस प्रकार विज्ञापन में उक्त सभी तत्वों का समावेश होता है क्योंकि आज

के प्रतिस्पर्द्धा और प्रतियोगिता के युग में विज्ञापनदाताओं को कई कठिनाइयों का सामना करना पड़ता है। शब्दों, नारों, मनमोहक रंगीन चित्रों, पहेलियों, उपहार देने की घोषणा या छूट देने की बात आदि कह कर उपभोक्ता का ध्यान आकर्षित किया जाता है। विज्ञापित वस्तुओं की विशेषताओं का उल्लेख किया जाता है।

## विज्ञापन के लक्ष्य

व्यवसाय के क्षेत्र में विज्ञापन का लक्ष्य मात्र स्टाक निकालने तक सीमित नहीं है और न ही उसका लक्ष्य सामाजिक क्षेत्र में संस्था का परिचय देना है। वस्तुतः औद्योगिक विकास के कारण विज्ञापन के कई लक्ष्यों का विकास हुआ है। जिनमें मुख्य रूप में चार लक्ष्य माने गए हैं :

1. माँग उत्पन्न करना
2. माँग बनाए रखना
3. माँग की वृद्धि करना
4. लोक सेवा

**1. माँग उत्पन्न करना** : कोई संस्था हो, प्रतिष्ठान हो या उत्पाद हो, जनता या बाजार में जो नया-नया आता है उसके प्रति जनता की दिलचस्पी नहीं रहती है जितना कि उसका उपयोग करने की इच्छा। जनता को यहाँ तक भी पता नहीं चलता कि कौन-सी वस्तु कहाँ है, कब खुली है और वह किसलिए काम कर रही है। यदि यही बात उत्पाद के संबंध में होती है तो उत्पाद का उत्पादक कौन है, उत्पाद की क्या विशेषता है और उसे कहाँ से प्राप्त कर सकते हैं। विज्ञापनों के तत्वों का अध्ययन करते हुए इसके पहले तत्व ध्यानाकर्षण को दृष्टि में रखना होता है। वास्तव में इस ध्यानाकर्षण के साथ ही बाजार में वस्तु या प्रतिष्ठान की छवि बनना भी आरंभ होती है, जिससे जनता उसके प्रति आकृष्ट होती है। इसी के परिणामस्वरूप बिक्री भी होती है। इसे ही माँग उत्पन्न करना कह सकते हैं। माँग के द्वारा व्यावसायिक संस्था को लाभ मिलता है, प्रतिष्ठानों की प्रतिष्ठा बढ़ती है। वास्तव में कोई भी संस्था या प्रतिष्ठान इन बातों से अलग रह कर निष्क्रिय रहना नहीं चाहते हैं।

**2. माँग बनाए रखना** : माँग बनाए रखने के लिए व्यावसायिक प्रतिष्ठान या अन्य किसी भी संस्था को समय-समय पर निरंतर विज्ञापन देना पड़ता है। इससे बाजार में वस्तु की जो माँग पहले ही उत्पन्न हुई है और समाज में संस्था की जो क्रेज़ पहले ही बनी हुई है उसे कायम रखा जा सके। वास्तव में बाजार में जब वस्तु की माँग बढ़ती है उस समय विज्ञापन की आवश्यकता **नहीं समझी**

जाती। जब वस्तु की माँग बाजार में गिरती है या बिलकुल नहीं रहती है उस समय विज्ञापन की सख्त जरूरत पड़ती है। परन्तु विवेकशील विज्ञापनदाता अपनी वस्तु की माँग को बनाए रखने के लिए विज्ञापन की सहायता सदैव लेता रहता है।

**3. माँग की वृद्धि करना** : बाजार या समाज पर व्यावसायिक संस्था या प्रतिष्ठान को अधिकार प्राप्त करने के लिए माँग की वृद्धि करनी पड़ती है। जिस प्रकार विज्ञापन के द्वारा माँग को उत्पन्न करते हैं और माँग को बनाए रखते हैं, उसी प्रकार विज्ञापन के द्वारा माँग की वृद्धि भी कर सकते हैं। टाटा जैसी उत्पादक कंपनियाँ इस माँग की वृद्धि के लिए करोड़ों रुपए विज्ञापन के लिए खर्च करती है। साथ ही ये कंपनियाँ विज्ञापन के लिए जन संचार के सभी माध्यमों को खुले रूप में अपनाती है। इस प्रकार विज्ञापन उपभोक्ता और उत्पादक के बीच एक प्रकार से सीधा संबंध बनाए रखता है। जहाँ सेल्समैन के द्वारा यह कार्य संभव नहीं होता है, वहाँ विज्ञापन के द्वारा संभव हो जाता है।

**4. लोक सेवा** : जन साधारण की भलाई के लिए सरकारी संस्थाओं तथा गैर-सरकारी संस्थाओं से कुछ ऐसे विज्ञापन दिए जाते हैं, जिनका लक्ष्य अच्छी सरकार, सामुदायिक विकास, वैज्ञानिक सफलताओं, शिक्षा सुधार, सार्वजनिक स्वास्थ्य, अंतर्राष्ट्रीय सद्भाव, वन्य प्राणी रक्षा, यातायात, सुरक्षा, से लेकर धार्मिक एकता को बनाए रखना होता है। इसके अतिरिक्त इनसे बाजारों में उपभोक्ता को उत्पाद वस्तुओं के चयन में सहायता मिलती है। कृषि क्षेत्र में किसानों को असली कीटाणु औषधों और उनके प्रयोग करने की जानकारी तथा परिवार नियोजन और बच्चों को टीका लगाने की जानकारी आकाशवाणी तथा दूरदर्शन पर प्रसारित किए जाने वाले विज्ञापनों से मिल सकती है। समाज कल्याण संबंधी प्रतिष्ठानों के विज्ञापनों का मुख्य लक्ष्य जनता में विवेकशीलता उत्पन्न करना, उनके जीवन स्तर को ऊँचा करना, सांस्कृतिक, बौद्धिक तथा आध्यात्मिक विकास करना आदि रहा है।

निष्कर्ष रूप में यह कहा जा सकता है कि आज विज्ञापन जीवन का अभिन्न अंग बन गया है। उत्पादक को लाभ पहुँचाने, उपभोक्ता को शिक्षित करना, विक्रेता की सहायता करना, उत्पादक तथा उपभोक्ता के बीच मधुर संबंध स्थापित करना तथा लोक सेवा करना आदि विज्ञापन के प्रमुख कार्य हैं। इसके साथ ही आज व्यवसाय क्षितिज को अधिक विस्तृत करने के साथ-साथ जीवन को ऊँचा उठाना है। इस प्रकार हमारा संपूर्ण जीवन विज्ञापनमय हो सकता है।

## विज्ञापन की भाषा

विज्ञापन की भाषा एक विशिष्ट प्रयोजन की भाषा है। इसका प्रयोग विभिन्न प्रयोजनों के लिए होता है। हिन्दी जन संचार के क्षेत्र में यह एक स्वतंत्र प्रयोजनमूलक भाषा के रूप में पनप रही है। आज इसका क्षेत्र भी व्यापक होता जा रहा है। इसकी अपनी शब्दावली और अपनी वाक्य संरचना है। विज्ञापन के क्षेत्र के अंतर्गत न केवल उत्पादक और उपभोक्ता आता है, बल्कि इस क्षेत्र से संबंधित जनसंचार के सभी माध्यम और यातायात के साधन भी आते हैं, जो विज्ञापन के प्रसार में सहायक होते हैं। इस दिशा में राष्ट्रीय स्तर पर देश में यूनी ऐड्स, सविता ऐड्स जैसी स्वैच्छिक विज्ञापन एजेंसियाँ कार्य कर रही है, जबकि अंतर्राष्ट्रीय स्तर पर प्रसिद्ध विज्ञापन समितियाँ अन्य देशों की विज्ञापन समितियों से सहसंबंध स्थापित कर विज्ञापनों का वितरण कर रही हैं।

विज्ञापन व्यावसायिक क्षेत्र का एक अभिन्न अंग बनने से इसमें व्यावसायिक क्षेत्र की शब्दावली का प्रयोग हो रहा है। दैनिक समाचार-पत्रों में "बिकाऊ है," "आवश्यकता है", "अपार भीड़ आकर्षित कर रहा है", "भव्य समारोह" आदि वाक्य विज्ञापनी हिन्दी में प्रयुक्त हो रहे हैं।

विज्ञापन में जितना महत्व विज्ञापन-सामग्री का होता है, उतना ही महत्व भाषा का भी होता है। हिन्दी भाषा के प्रयोग को विज्ञापन में देखा जा रहा है, जिसके लिए पत्र-पत्रिकाओं, आकाशवाणी तथा दूरदर्शन पर प्रयुक्त हिन्दी को आधार बनाया गया है। एक अंग्रेज विद्वान जेफ्रे लीच ने अंग्रेजी भाषा के विज्ञापन का अध्ययन एक विशेष शैली के रूप में स्वीकार करते हुए उसके लिए कुछ वांछित गुणों की चर्चा की है।

1. आकर्षक तत्व
2. श्रव्य तथा सुपाठ्यता
3. स्मरणीयता
4. विक्रय शक्ति

ये सभी गुण अंग्रेजी विज्ञापन के सदर्भ में स्थिर किए गए। किंतु इन्हें निःसंदेह हिन्दी विज्ञापनों पर भी लागू किया जा सकता है।

**आकर्षण** विज्ञापन की प्रमुख अनिवार्यता है। यह आकर्षण ही विज्ञापन को सही व्यक्ति तक पहुँचाता है। **आकर्षण के लिए अनिवार्य है कि विज्ञापन की** विषयवस्तु संक्षिप्त, पूर्ण और सहज **भाषा में हो। इन अनिवार्य गुणों को शीर्ष**

पंक्तियों, आदर दी गई विस्तृत जानकारी, नारे आदि देते समय ध्यान में रखना आवश्यक है।

1. **आकर्षक तत्व** : हिन्दी विज्ञापनों में आकर्षण का तत्व उत्पन्न करने के लिए अनेक प्रकार की वाक्य संरचनाओं का प्रयोग करते हैं, जिनसे विज्ञापन की प्रभावशीलता में वृद्धि होती है। इसके लिए प्रायः विज्ञापनों में "और", "क्योंकि", "सिर्फ", "जरा-सा", "अब आप समझे", "आजमाइए" जैसे शब्दों का और "न ध्यान दें " जैसे निदेशात्मक वाक्यों का प्रयोग किया जाता है। इस प्रकार की विज्ञापनी शब्दावली का प्रयोग करने से उत्पाद वस्तु की विशेषता को व्यक्त किया जाता है।

उदाहरण के लिए :

(क) क्योंकि, अनंत अनुराग ही जीवन है
(ग्रावियन सूटिंग्स)

(ख) अब आप समझे, मैंने यह टिकिया क्यों ली ?
(रिन साबुन)

(ग) सिर्फ सर्फ
(सर्फ पाउडर)

2. **श्रव्यता तथा सुपाठ्यता** : श्रव्यता के हिन्दी विज्ञापनों में कवितामयी भाषा तथा गीतों के रूप में भाषा का प्रयोग किया जाता है और संगीत का भी इसमें समावेश होता है। इससे ये विज्ञापन अत्यंत श्रव्य और रोचक होते हैं। इस प्रकार आकाशवाणी तथा दूरदर्शन जैसे जनसंचार के माध्यमों द्वारा किया जाता है। मुद्रण माध्यम द्वारा दिए जाने वाले विज्ञापनों में सुपाठ्यता लाने के लिए सुंदर, सुडौल और विभिन्न आकृतियों के टाइप का प्रयोग किया जाता है। मुद्रण माध्यम द्वारा दिए जाने वाले विज्ञापन की भाषा सरल और सुबोध होती है। उदाहरण के लिए:

(क) वीको वज्रदंती
वीको वज्रदंती
आयुर्वेदिक जड़ी-बूटियों को
वीको ने अपनाया
जो दाँत की रक्षा करे
वीको पाउडर,
वीको टूथपेस्ट,

वीको वज्रदंती
वीको वज्रदंती

3. **स्मरणीयता** : बच्चों से वृद्धों तक के सभी वर्गों के लोग उत्पाद वस्तु के ब्रांड को या उत्पाद वस्तु को सदा याद रखने की दृष्टि से विज्ञापनों में नारे के रूप में भाषा का प्रयोग किया जाता है। ये नारे छोटे-छोटे सरल वाक्यों में रोचक तथा वस्तु के नाम को याद रखने वाले होते हैं। उदाहरण के लिए :

(क) आइ लव यू रसना
(रसना)

(ख) ताजा माँगो, माजा माँगो
(माजा)

(ग) नए दशक के नए अंदाज़
(उषा पंखा)

4. **विक्रयशक्ति** : विज्ञापन के क्षेत्र में संप्रेषणीयता और आकर्षण का होना आवश्यक है। इसके लिए विज्ञापन लेखक एक सृजनशील कलाकार की भाँति विज्ञापन के विषय को सर्जनात्मक ढंग से प्रस्तुत करता है। यह एक ऐसा कलात्मक कौशल है जिसके भीतर बस्तु या उत्पाद की विक्रय शक्ति पैदा करने की क्षमता होती है। विक्रय शक्ति की यह क्षमता विज्ञापन की संप्रेषणीयता में निहित रहती है।

## विज्ञापन की शैलियाँ

भाषा में विभिन्न प्रकार की विविधताएँ काल-विशेष, स्थान-विशेष, समाज-विशेष, विषय-विशेष, प्रयोजन-विशेष, व्यक्ति-विशेष, विधा-विशेष जैसे अनेक आयामों और संदर्भों में दिखाई देती हैं। विषय-विशेष और व्यक्तिपरक संबंधों के आधार पर भाषा की पाँच शैलियाँ मानी गई है – रूढ़िगत, औपचारिक, अनौपचारिक, सामान्य तथा अंतरंग। सरकारी विज्ञापन प्रायः रूढ़िगत औपचारिक और सामान्य शैली में होते हैं। गैर-सरकारी विज्ञापन भी प्रायः रूढ़िगत, औपचारिक और सामान्य होते हैं लेकिन स्वास्थ्य संबंधी सूचनाएँ अनौपचारिक भी हो जाती हैं। रोज़गार आदि की सूचनाएँ मुख्यतः रूढ़िगत और औपचारिक शैलियों में प्रकाशित होती हैं। व्यावसायिक विज्ञापन प्रायः औपचारिक, सामान्य, अनौपचारिक और अंतरंग शैली में होते हैं।

विज्ञापन की भाषिक संरचना के अंतर्गत ध्वनियों या वर्तनी का विवरण आकर्षक ढंग से होता है। जैसे श र्ट स – ट्रा उ ज र्स (ब्ल्यू चिप ) के विज्ञापन के लेखन में अक्षरों को अलग-अलग दे कर चमत्कार पैदा करना होता है। इसके साथ ही विज्ञापन के विविध विषय की आवश्यकता के अनुसार तत्सम, देशज, विदेशी शब्दावली का प्रयोग होता है। कहीं-कहीं मिश्रित शब्दावली भी पाई जाती है। उदाहरण के लिए :

- मधु, द्राक्षा व अधिक केसर से समृद्ध (च्यवन शक्ति)
- जांबाज़ कामयाब मर्दों के लिए (पामोलिव शेव और ब्रश)
- लिव लाइफ़ किंग साइज़ (फोर स्क्वेयर)

हिन्दी विज्ञापनों में भाषा को आकर्षक और रोचक बनाया जाता है। इसमें निश्चयात्मक, निषेधात्मक, आदेशात्मक और विवेचनात्मक वाक्य दिए जाते हैं, जो अर्थ बोध और संप्रेषण करने में पूर्णतया सहायक होते हैं। उदाहरण के लिए:

- मैंगो फ्रूटी, फ्रेश एन जूसी (फ्रूटी)
- इस आग बुझाने के यंत्र की बनावट में बस एक बात का ध्यान नहीं रखा गया–आग का (यूरोलेटर)
- अब। लीजिए शक्तिशाली टर्बो आवाज़ (वीडियोकॉन)
- कहा बहुत कुछ<br>जा सकता है<br>बिना एक भी<br>शब्द कहे (केयो कार्पिन)

इस प्रकार विज्ञापन जनसंचार का एक अंग होते हुए भी औपचारिक, व्यावसायिक और सामाजिक सेवा में अपना विशेष महत्व बनाए हुए है। विज्ञापन की भाषा लिखित और मौखिक दोनों रूपों में होती है। इसमें निहित संप्रेषणीयता, प्रभावोत्पादकता, रोचकता और प्रेरक शक्ति व्यवसाय को समृद्ध और उन्नत बनाती है।

# प्रतिवेदन लेखन

प्रतिवेदन (रिपोर्ट) एक प्रकार का लिखित विवरण होता है जिसमें किसी कार्य या विषय के विभिन्न तथ्यों का लेखा-जोखा प्रस्तुत किया जाता है। इस विवरण का प्रयोजन उन लोगों को किसी कार्य या विषय के बारे में यथावश्यक सूचना देना है जो उससे संबंधित तो हैं लेकिन उन्हें उसके सभी तथ्यों की जानकारी नहीं है। ये प्रतिवेदन किसी घटना, समारोह, उत्सव, उद्घाटन, सभा, जुलूस, बैठक आदि के बारे में भी लिखे जाते हैं। इसके अतिरिक्त ये किसी सरकारी या ग़ैर-सरकारी संस्था की व्यावसायिक स्थिति के बारे में भी लिखे जाते हैं। इस प्रकार के प्रतिवेदन दैनिक, साप्ताहिक, मासिक और वार्षिक होते हैं। न केवल यही, इस कार्य-विशेष की प्रगति की जाँच की जाती है और विभिन्न आँकड़ों आदि के माध्यम से निष्कर्ष, सुझाव एवं संस्तुतियाँ दी जाती है। इस प्रकार सरकारी और गैर-सरकारी संस्थाओं एवं कार्यालयों में प्रतिवेदन महत्वपूर्ण भूमिका निभाते हैं।

आज के औद्योगिक एवं प्रतिस्पर्धा के युग में किसी व्यवसाय या कार्य को आरंभ करने से पहले या उसमें कोई नया आयाम जोड़ने से पहले यह जानकारी लेना आवश्यक होता है कि इसे प्रारंभ करना वांछनीय होगा या नहीं। अतः इस संबंध में बाज़ार की स्थिति का ध्यान कर और विभिन्न तथ्यों को प्राप्त कर प्रतिवेदन प्रस्तुत किया जाता है। इससे व्यवसाय की भावी नीति को निर्धारित करने में सहायता मिलती है। इस प्रकार वर्तमान युग में प्रतिवेदन-लेखन एक महत्वपूर्ण कार्य है। इसमें प्रतिवेदक विभिन्न ज्ञात-अज्ञात तथ्यों की जाँच, सर्वेक्षण, अन्वेषण, साक्षात्कार, विश्लेषण आदि के द्वारा पता लगाकर इन्हें सबके सामने प्रस्तुत करता है।

वास्तव में प्रतिवेदन के विषय असंख्य हैं। ये प्रतिवेदन किसी व्यक्ति, समिति **या आयोग** द्वारा लिखे जाते हैं। सुविधा की दृष्टि से ये प्रतिवेदन मुख्य रूप से **दो प्रकार** के हैं – (1) औपचारिक प्रतिवेदन और (2) अनौपचारिक प्रतिवेदन।

**औपचारिक प्रतिवेदन** उसे कहते हैं जो सरकार या किसी संस्था या किसी विशिष्ट अधिकारी के आदेशानुसार किसी कार्य-विशेष के बारे में तैयार किया जाता है। इस प्रकार के प्रतिवेदन का काफ़ी महत्व रहता है। इसमें निष्कर्षों के साथ-साथ सुझाव और संस्तुतियाँ भी दी जाती हैं। औपचारिक प्रतिवेदन कई प्रकार के होते हैं–समिति या आयोग का प्रतिवेदन, संचालकों या निदेशकों का प्रतिवेदन, सचिव का प्रतिवेदन, विशेषज्ञों का प्रतिवेदन, सभा का प्रतिवेदन, वित्तीय प्रतिवेदन आदि। **अनौपचारिक प्रतिवेदन** उसे कहते हैं जो एक व्यक्ति द्वारा दूसरे व्यक्तियों के पास भेजे जाने वाले पत्रों की भाँति तैयार किया जाता है। इसके लेखन में कोई निश्चित नियम नहीं होते।

प्रतिवेदन लिखने से पहले प्रतिवेदक को पूरी योजना बनानी होती है। उसे विषय का अध्ययन करके उसके उद्देश्य को समझना होता है। इसकी प्रारंभिक रूपरेखा भी बनानी होती है। प्रतिवेदन किसी विषय का विश्लेषण और तथ्यों का संकलन होता है, अतः सबसे पहले विषय से संबंधित सभी महत्वपूर्ण तथ्यों की जानकारी लेनी पड़ती है। इसके लिए पुराने प्रतिवेदनों, फाइलों, नियम- पुस्तकों, प्रपत्रों आदि के द्वारा आवश्यक सूचनाएँ इकट्ठी करनी होती हैं और सर्वेक्षण तथा साक्षात्कार द्वारा प्राप्त आँकड़ों को एकत्रित करना होता है। इसके बाद एकत्रित सूचनाओं तथा आँकड़ों का वर्गीकरण, सारणीकरण और विश्लेषण करना होता है। इसके अतिरिक्त निष्कर्ष एवं सुझावों की रूपरेखा तैयार करनी होती है और फिर कच्चा प्रतिवेदन तैयार होता है। यदि प्रतिवेदन-लेखन का कार्य किसी समिति या आयोग को सौंपा गया हो तो समिति के अध्यक्ष और सदस्य परस्पर विचार-विमर्श कर उसमें आवश्यकतानुसार संशोधन एवं परिवर्तन करते हैं। तत्पश्चात इसे टाइप कराकर या छपवाकर तथा हस्ताक्षर करके प्रस्तुत करना होता है। इस प्रकार प्रतिवेदन लिखते समय उसकी पूरी कार्यविधि से गुज़रना पड़ता है।

प्रतिवेदन स्वतः स्पष्ट एवं स्वतः पूर्ण होने चाहिए। इसमें संक्षिप्तता का ध्यान रखना चाहिए और केवल महत्वपूर्ण तथ्यों को देना चाहिए। इसके अतिरिक्त प्रस्तुत किए जाने वाले तथ्य सत्यतापूर्ण, विश्वसनीय और पूरे होने चाहिए। इन तथ्यों को क्रमबद्ध रूप से तर्क सहित देना चाहिए। इन तथ्यों को स्पष्ट करने के लिए आवश्यक आँकड़े और तालिकाएँ भी देनी चाहिए। इसके अतिरिक्त अपने विचार एवं आवश्यक सुझाव देने चाहिए। प्रतिवेदन की भाषा-शैली सरल, स्पष्ट एवं निर्वैयक्तिक होनी चाहिए और इसमें तकनीकी शब्दावली तथा मुहावरों के प्रयोग से यथासंभव बचना चाहिए।

प्रतिवेदन के स्वरूप के बारे में कोई निश्चित नियम तो नहीं है किंतु इसे अंतिम रूप देते समय निम्नलिखित बातों की ओर ध्यान देना आवश्यक है :

(1) प्रतिवेदन के आरंभ में शीर्षक देना चाहिए। यह शीर्षक प्रतिवेदन के विषय को स्पष्ट करने वाला होना चाहिए।

(2) यदि प्रतिवेदन काफ़ी विस्तृत हो तो उसे अध्यायों में विभाजित करना चाहिए। यदि संभव हो सके तो उसकी विषय-सूची भी दी जानी चाहिए।

(3) यदि प्रतिवेदन किसी अन्वेषण से संबंधित हो तो उससे संबंधित उपयोगी एवं महत्वपूर्ण ग्रंथों, पांडुलिपियों, फाइलों आदि की सूचना भी संदर्भ के रूप में देनी चाहिए।

(4) यदि प्रतिवेदक समझता है कि प्रतिवेदन काफ़ी बड़ा हो गया है तो उसमें आवश्यक सुझाव देते हुए उसका सारांश देना चाहिए।

(5) प्रतिवेदन के अंत में प्रतिवेदक को अपने हस्ताक्षर करने चाहिए। यदि यह प्रतिवेदन किसी समिति या आयोग द्वारा प्रस्तुत किया जा रहा हो तो उसमें समिति के अध्यक्ष एवं सदस्यों के हस्ताक्षर होना आवश्यक है।

## प्रतिवेदन के कुछ नमूने

1. दिल्ली दुग्ध योजना में दूध की सप्लाई बहुत कम हो गई है। इस संबंध में जाँच करने के बाद वहाँ के अधिकारी का प्रतिवेदन :

दिल्ली दुग्ध योजना-संबंधी प्रतिवेदन

इस वर्ष अपेक्षाकृत काफ़ी समय तक अत्यधिक गर्मी रही है। मानसून विलंब से प्रारंभ हुआ और कुछ पड़ोसी क्षेत्रों में अभी तक वर्षा पर्याप्त मात्रा में नहीं हुई है। इसी कारण इन क्षेत्रों में दूध का उत्पादन पूरी तरह नहीं हो पाया है और उसकी उपलब्धि अभी तक सामान्य स्थिति तक नहीं पहुँच पाई है। ग्रीष्म ऋतु के आरंभ से अंत तक दुग्ध संयंत्र (प्लांट) को पूरी क्षमता से निरंतर चालू रखा गया है और सामान्य आपूर्ति (सप्लाई) करने का प्रयास किया जाता रहा है किंतु इस समय ऐसी स्थिति पैदा हो गई है कि कुछ दिनों के लिए स्टैंडर्डाइज़्ड दूध की पूरी सप्लाई कर पाना संभव नहीं होगा। अतः यह उचित होगा कि दूध की सप्लाई को कम करके 50 प्रतिशत कर दिया जाए और उसके स्थान पर टोंड दूध दिया जाए। प्रत्येक ग्राहक को दूध का पूरा कोटा दिया जाए जिसमें 50 प्रतिशत टोंड दूध की सप्लाई की जाए। यह व्यवस्था अस्थायी होगी और यह एक मास के

लिए होगी। इस संबंध में समाचारपत्रों में एक सूचना निकाली जाए जिसमें ग्राहकों को इसमें सहयोग देने के लिए अनुरोध किया जाए।

दिल्ली सत्यकाम
दिनांक 15 जुलाई, 1990 संपर्क अधिकारी

2. राजभाषा विभाग (हिन्दी शिक्षण योजना) भारत सरकार के सहायक निदेशकों के प्रशिक्षण के द्वितीय नवीकरण पाठ्यक्रम के उद्घाटन समारोह का प्रतिवेदन :

**उद्घाटन समारोह का प्रतिवेदन**

केंद्रीय हिन्दी संस्थान द्वारा आयोजित राजभाषा विभाग (गृह मंत्रालय, भारत सरकार) की हिन्दी शिक्षण योजना के सहायक निदेशकों के दूसरे नवीकरण पाठ्यक्रम का उद्घाटन करते हुए उक्त विभाग के सचिव श्री कृपा नारायण ने अपने अध्यक्षीय भाषण में कहा कि हिन्दी शिक्षण योजना हमारे देश की राष्ट्रीयता एवं भावात्मक एकता का सशक्त माध्यम है। हिन्दी हमारी क्षेत्रीय भाषाओं को जोड़ने वाली कड़ी है। हमें अन्य भाषाओं की प्रचलित कुछ शब्दावली हिन्दी में अपनानी चाहिए और हिन्दी के अतिरिक्त कोई न कोई प्रादेशिक भाषा भी सीखनी चाहिए। इससे अन्य भाषाओं के प्रति सहृदयता बढ़ेगी और पाठ्यक्रम बनाते समय अन्य राज्यों के दृष्टिकोण को भी प्रश्रय मिलेगा। हमें अपने-आपको दूसरों की स्थिति में रखकर हिन्दी के प्रयोग को व्यापक बनाना चाहिए। हिन्दीतर भाषियों के सुझावों पर खुलकर विवेचन करने से हमारी समस्याएँ सुलझ सकती हैं और उनकी कठिनाइयों को हम जान सकते हैं।

प्रारंभ में संस्थान के निदेशक डॉ० गोपाल शर्मा ने स्वागत करते हुए पाठ्यक्रम के सैद्धांतिक औचित्य पर प्रकाश डाला। उन्होंने बताया कि पुनरीक्षण समिति द्वारा पाठ्यक्रम बनाने का निर्णय किया गया और कई दृष्टियों से उस पर विचार किया गया कि पाठ्यक्रम को प्रभावी एवं संगत कैसे बनाया जाए। नए चिंतन के परिप्रेक्ष्य में विधि, सामग्री और अवधि के समन्वय के बारे में विचार किया गया। अतः हमारे पाठ्यक्रम का मूल उद्देश्य है प्रयोजनमूलक हिन्दी का शिक्षण और सीमित समय में विशिष्ट व्यक्तियों को प्रशिक्षित करना।

संस्थान के शैक्षणिक संयोजक प्रोफ़ेसर रमानाथ सहाय ने संस्थान की गतिविधियों का उल्लेख करते हुए बताया कि जिस प्रकार हिन्दी का प्रचार-प्रसार बढ़ता जा रहा है, उसी प्रकार संस्थान का कार्य-क्षेत्र भी पाठ्यक्रमों का निर्माण, अध्यापकों का शिक्षण-प्रशिक्षण, बैंकिंग हिन्दी, कार्यालयीन हिन्दी आदि के अध्यापन

के अतिरिक्त प्रवासी भारतीयों और विदेशियों को भी हिन्दी पढ़ाने की व्यवस्था अंतर्राष्ट्रीय स्तर पर की जा रही है। पूर्वांचल में हिन्दी का अध्ययन-अध्यापन किया जा रहा है और इस कार्य के लिए आगरा, दिल्ली, हैदराबाद तथा गोवाहाटी में संस्थान के केंद्र हैं।

संस्थान के अनुसंधान तथा सामग्री निर्माण विभाग के प्रभारी प्रोफ़ेसर अमर बहादुर सिंह ने कहा कि राजभाषा विभाग के लिए जो नया पाठ्यक्रम तैयार किया जा रहा है उसे पच्चीस सत्रों में विभाजित किया गया है। हिन्दी के उच्चारण, लेखन, भाषायी कौशलों, संरचनाओं को विकसित करने के लिए मूल पाठमाला में उल्लेख कर दिया गया है और सरकारी कर्मचारियों के परिवेश की दृष्टि से शब्दों का चयन किया गया है।

पाठ्यक्रम के प्रभारी डॉ० ठाकुरदास ने नवीकरण पाठ्यक्रम का परिचय देते हुए कहा कि हिन्दी शिक्षण योजना को वैज्ञानिकता प्रदान करने की दृष्टि से पाठ्यक्रम को संचालित किया जा रहा है और उपलब्धियों का आकलन किया जा रहा है।

तेजनारायण लाल<br>15-9-1989

3. अरविंद सिल्क मिल्स लि० का व्यापार में ह्रास के विषय में निदेशक-मंडल के एक सदस्य का प्रतिवेदन और ह्रास रोकने के सुझाव :

अरविंद सिल्क मिल्स लि०<br>ग़ाज़ियाबाद (उ० प्र०)<br>दिनांक 18 मार्च, 1990

निदेशक मंडल<br>अरविंद सिल्क मिल्स लि०<br>ग़ाज़ियाबाद

प्रिय महोदय,

निदेशक-मंडल द्वारा पारित प्रस्ताव के अनुसार मैंने पिछले दिनों मिल के व्यापार के ह्रास के संबंध में जाँच-पड़ताल की और अब आप सबकी सेवा में अपना प्रतिवेदन प्रस्तुत कर रहा हूँ।

(1) हमारे मिल में जिस कपड़े का उत्पादन हो रहा है उसका प्रचलन आजकल प्रायः समाप्त हो गया है। इससे हमारे मिल के कपड़े की माँग कम हो गई है।

नए-नए डिजाइनों के कपड़े के अभाव में अन्य मिलों के कपड़ों को मान्यता मिल रही है। अन्य मिलों का कपड़ा हमारे कपड़े से मज़बूती में आगे नहीं है किंतु आज के युग में मज़बूती के साथ खूबसूरती की भी माँग है।

(2) हमारे कर्मचारी पिछले दिनों से न तो मन से काम कर रहे हैं और न ही वे डिज़ाइनदार कपड़ों का उत्पादन करने में कुशल हैं। इनकी देख-रेख के लिए कोई एक विशेषज्ञ इंजीनियर भी नहीं है जो इनसे काम करा सके। इसके अतिरिक्त इन कर्मचारियों में असंतोष की भावना भी व्याप्त है।

(3) पिछले वर्ष हमारे मिल में जो कच्चा माल आया था, उसके मूल्य में काफ़ी वृद्धि हुई है। टेरिलीन और नायलान सूत के आयात पर नियंत्रण होने के कारण हमारे कोटे में काफ़ी कमी हुई है जिससे व्यापार में काफ़ी गिरावट आई है।

इन सब बातों को देखते हुए निम्नलिखित सुझाव दिए जा रहे हैं :

(1) सुन्दर और डिज़ाइनदार कपड़ों के उत्पादन के लिए एक नया प्लांट ख़रीदना चाहिए। इस प्लांट पर लगभग बीस लाख रुपए ख़र्च होंगे और इसके लग जाने से उत्पादन में वृद्धि तो होगी ही, साथ ही नए-नए डिज़ाइनदार और खूबसूरत कपड़ों का उत्पादन भी होगा। पुरानी मशीनों के स्थान पर नई मशीनों को भी लगाने की आवश्यकता है। अतः इस संबंध में कार्रवाई प्रारंभ की जाए।

(2) कर्मचारियों की पदोन्नति, वार्षिक वेतन-वृद्धि और बोनस के बारे में भी विचार किया जाए। साथ ही उनकी देख-रेख के लिए किसी विशेषज्ञ इंजीनियर को नियुक्त किया जाए। इसके अतिरिक्त कुछ कुशल बुनकर भी भर्ती करने की आवश्यकता है।

(3) आज का युग विज्ञापन का युग है। अतः हमें कपड़े की मज़बूती और खूबसूरती के बारे में बताते हुए विज्ञापनों पर ज़ोर देना होगा तभी इसकी माँग में वृद्धि होगी। इसके अतिरिक्त विदेशों में भी हमारे मिल के उत्पादन के संबंध में जानकारी भेजनी चाहिए ताकि वहाँ से भी आर्डर आ सकें।

(4) वाणिज्य मंत्रालय से संपर्क कर हमारे कोटे में वृद्धि कराई जाए। इससे कच्चा माल अधिक मिलेगा और कार्य सुविधापूर्वक हो सकेगा।

भवदीय

देवीलाल

सदस्य, निदेशक मंडल

4. गुरु नानक इंजीनियरिंग वर्क्स लि० मुरादाबाद के निदेशक मंडल की ओर से अंशधारियों के लिए प्रतिवेदन :

सेवा में,

अंशधारीगण,

गुरु नानक इंजीनियरिंग वर्क्स लि० मुरादाबाद

सज्जनो,

31 मार्च, 1990 को समाप्त होने वाले वर्ष की मंडल की गतिविधियों से संबंधित पंद्रहवें प्रतिवेदन को स्वीकृति के लिए प्रस्तुत करते हुए निदेशक मंडल को हर्ष हो रहा है।

इस वर्ष आपके मंडल को 50 लाख रुपए का लाभ हुआ। इसमें से दो लाख रुपए दान के रूप में विभिन्न संस्थाओं को दिए गए। पिछले वर्ष की अधिक राशि 3 लाख रुपए थी। इसको इस वर्ष के शेष लाभ 48 लाख रुपए से जोड़ने पर कुल लाभ 51 लाख रुपए होते हैं। निदेशक मंडल ने इस राशि को निम्न प्रकार से वितरित करने की सिफ़ारिश की है :

| | | | |
|---|---|---|---|
| कुल लाभ | रु० | 48, 00, 000 | |
| आयकर तथा अन्य कर | रु० | 25,00,000 | |
| भविष्य निधि लेखा | रु० | 6,00,000 | |
| लाभांश समायोजन लेखा | रु० | 10,00,000 | |
| शेष लाभ | रु० | 7,00,000 | |
| जोड़ | रु० | 48,00,000 | 48,00,000 |

शेष लाभ के संबंध में निदेशक मंडल की सिफ़ारिश इस प्रकार है :

| | | |
|---|---|---|
| 40, 000 पूर्वाधिकार अंशों पर लाभांश | | |
| रु० 5/- प्रति अंश (आयकर मुक्त ) | रु० | 2,00,000 |
| 25, 000 सामान्य अंशों पर लाभांश | | |
| रु० 10/- प्रति अंश (आयकर मुक्त ) | रु० | 2,50,000 |
| दान लेखा | | 25,000 |
| शेष बचत | रु० | 2,25,000 |
| जोड़ | रु० | 7,00,000 |

10 अक्तूबर, 1989 को निदेशक मंडल ने जो प्रस्ताव पारित किया था उसके आधार पर विभिन्न कोषों में निम्न प्रकार से राशि दान की गई :

| | |
|---|---|
| प्रधानमंत्री सहायता निधि | रु० 75,000 |
| सूखा निवारण कोष | रु० 60,000 |
| बाढ़ पीढ़ित सहायता कोष | रु० 40,000 |
| अन्य | रु० 25.000 |
| जोड़ | रु० 2,00,000 |

मंडल के 1988-89 के आय-व्यय के खाते में इन सभी बातों का उल्लेख किया गया है।

इस वर्ष श्री रामप्रकाश मेहरोत्रा को निदेशक मंडल में सदस्य के रूप में निमंत्रित किया गया है। इस बारे में मंडल आपसे श्री मेहरोत्रा की नियुक्ति की पुष्टि के लिए अनुरोध करता है। इसके अतिरिक्त मंडल के नियमों के अनुसार निदेशक मंडल के दो सदस्य सर्वश्री वेद प्रकाश देवरानी और इकबाल राय बेदी इस वर्ष अपनी पारी से निवृत्त हो रहे हैं। उन्होंने पुनः अपने पद पर बने रहने का प्रस्ताव किया है।

मंडल के लेखा-परीक्षक श्री सुरेंद्र मोहन सचदेव, चार्टर्ड एकाउटेंट, भी इस वर्ष निवृत्त हो रहे हैं। इस संबंध में आपसे अनुरोध है कि लेखा-परीक्षक की नियुँक्ति की जाए और चालू वर्ष के लिए उनका पारिश्रमिक भी निश्चित किया जाए।

आशा है कि आप सभी अंशधारी मंडल द्वारा किए गए कार्यों से संतुष्ट होंगे।

भवदीय

मुरादाबाद — हरिशरण, सूरजकुमार, गोपालशरण,

दिनांक 4 जून, 1990 — सतीश कुमार, गजेन्द्रशरण, वेदप्रकाश,

इकबालराय, रामप्रकाश

निदेशक मंडल के सदस्य

5. एक कंपनी के भवन में आग लग गई। उससे हुई हानि के बारे में प्रतिवेदन और मरम्मत के दौरान काम को जारी रखने के सुझाव :

खोसला फ़र्नीचर्स लि०
दिल्ली

12 अगस्त, 1990 की रात को कंपनी के भवन में बिजली के शार्ट सर्किट के कारण आग लग गई। भवन को नुकसान होने के साथ-साथ अन्य कई हानियाँ भी हुई हैं। इसका विवरण इस प्रकार है :

| | |
|---|---|
| भवन क्षति | रु० 2,00,000 |
| फ़र्नीचर | रु० 5,00,000 |
| कार्यालय सामग्री | रु० 50,000 |
| लकड़ी | रु० 2,25,000 |
| कुल हानि | रु० 9, 75,000 |

लगभग 8 लाख रुपए का फ़र्नीचर और लगभग 7 लाख की लकड़ी कंपनी के भवन से दूर एक गोदाम में पड़ी थी, जिससे वह बच गई।

भवन की मरम्मत का कार्य प्रारंभ किया जाना है। इस दौरान काम को सुचारु रूप से चलाने के लिए गोदाम के एक भाग को ख़ाली कराकर सभी कर्मचारियों को वहाँ बैठने के लिए कहा जाए और वहीं पर फ़र्नीचर का निर्माण-कार्य प्रारंभ कर दिया जाए। बिक्री के लिए एक अस्थायी कार्यालय व शोरूम भवन के बरामदे में बनाया जाए। कार्यालय का स्टाफ़ वहीं बैठेगा। श्री रमेशकुमार के मकान में एक कमरा ख़ाली रहता है, अतः लेखा का कार्य वहीं किया जा सकता है। इस प्रकार की व्यवस्था से मरम्मत के दौरान कंपनी का कार्य सुचारु रूप से चल सकता है।

चंद्रप्रकाश, कार्यालय-प्रबंधक

30 अगस्त, 1990

जीवनलाल, लेखाकार

कार्यान्वयन समिति के सदस्य

# प्रूफ़पठन

प्रकाशन के विकास में मुद्रण का स्थान महत्वपूर्ण है। अच्छी तरह से मुद्रित प्रकाशन का प्रसार काफ़ी होता है और उसकी लोकप्रियता का एक कारण उसका मुद्रण भी है। प्रूफ पठन या प्रूफ शोधन का संबंध मुद्रण से ही है। मुद्रण के लिए प्रेस में जो मूल सामग्री या पांडुलिपि दी जाती है उसे कंपोजिटर कंपोज़ करता है। वह एक-एक अक्षर तथा मात्रा के टाइप को क्रमवार जोड़कर पंक्तिबद्ध करता है। इस कंपोजिंग के बाद यह देखा जाता है कि कहीं कोई अशुद्धि तो नहीं रह गई और कौन-सी शुद्धि आवश्यक है। यदि ठीक से प्रूफ़ नहीं पढ़ा गया या अशुद्धियों का संशोधन नहीं किया गया तो प्रकाशन की प्रतिष्ठा गिरती है।

कंपोज की गई सामग्री या टाइपमैटर पर स्याही लगाकर प्रूफ़ मशीन की सहायता से काग़ज पर प्रूफ उठाया जाता है और मूल पांडुलिपि से मिलाकर यह देखा जाता है कि कंपोज की गई सामग्री कहाँ तक शुद्ध है। यदि कोई अशुद्धि रह गई हो तो प्रूफ शोधक उसे शुद्ध करता है। वह निर्धारित चिह्नों के द्वारा अशुद्धियों का संकेत काग़ज के दोनों हाशियों पर करता है। जो अशुद्धियाँ बाईं ओर के भाग की होती हैं उन्हें बाईं ओर के हाशिए पर तथा जो अशुद्धियाँ दाईं ओर की होती हैं उन्हें दाहिने हाशिए पर दिया जाता है।

प्रूफ़ पढ़ने का काम प्रूफ़ शोधक (प्रफ़रीडर) करता है। कभी-कभी प्रूफ़ शोधक के साथ एक कापी-होल्डर भी होता है जो मूल पांडुलिपि ऊँचा बोलकर पढ़ता जाता है जिससे अशुद्धियाँ निकालने में आसानी रहती है। प्रूफ़ शोधक तो चुपचाप शोधन करता रहता है जिससे कुछ गलतियाँ रह जाने की संभावना रहती है।

प्रूफ़ को ध्यान से, जिम्मेदारी से और तेज़ी से पढ़ना चाहिए। प्रूफ़ साफ़-साफ़ होना चाहिए। इससे कंपोजिटर को अशुद्धियाँ दूर करने में असुविधा नहीं होगी और समय भी बच जाएगा। प्रूफ़ शोधन करते समय शुद्धियों का संकेत मैटर की पंक्ति के ठीक सामने करना चाहिए, ऊपर-नीचे नहीं करना चाहिए। यदि ऐसा किया गया तो अशुद्धियाँ दूर करने वाले को या तो दिक्कत होगी या शुद्धियाँ

गलत लग जाएँगी। यदि किसी पंक्ति में अधिक अशुद्धियाँ हों और उस पंक्ति के सामने के हाशिए में न आ रही हों तो उन्हें मैटर में संकेत देते हुए एक लंबी लाइन खींच कर ऊपर या नीचे लिख देना चाहिए ताकि कंपोजिटर उसकी ओर ध्यान दे सके।

जहाँ टाइप में उसे कोई शंका हो, सफ़ेद या काला या इटैलिक टाइप सही न लगा हो तो उसे अच्छी तरह देखकर सही करना चाहिए। शीर्षकों के टाइपों में भी गड़बड़ी होती है, उसे ध्यान से देखना चाहिए। इसके अतिरिक्त यह भी देखना चाहिए कि मैटर में लेड समान रूप से डाली गई है या नहीं। पैराग्राफ़ में लेडों की ओर अधिक ध्यान देना चाहिए।

इसके बाद 'संशोधन करें' या 'सही करें' लिखकर हस्ताक्षर करना चाहिए। यदि गेली प्रूफ़ हो तो उसे देखकर 'संशोधन और मेकअप करें' लिखना चाहिए। गैली प्रूफ़ उस मैटर के प्रूफ़ को कहते हैं जो पृष्ठ के आकार में सुव्यवस्थित करने से पहले उठाया गया है। यदि मशीन प्रूफ़ देखना हो तो उसका संकेत करना चाहिए अन्यथा यह लिखा जाए कि 'संशोधित कर छापें'। मशीन प्रूफ़ वस्तुतः अंतिम प्रूफ़ होता है। वह मशीन पर छपने वाला होता है। यद्यपि प्रूफ़ पठन कार्य प्रूफ़ शोधक का है, लेकिन यह अच्छा होगा कि अंतिम प्रूफ़ लेखक या संपादक स्वयं देख लें। उसको छापने का निर्देश वही लिखें। इससे अशुद्धि न रहने की अधिक संभावना रहती है।

**प्रूफ़ शोधक के गुण :** (1) प्रूफ़ शोधक जिस भाषा की सामग्री का प्रूफ़ देख रहा हो उसे भाषा की अच्छी जानकारी होनी चाहिए और गलत-सही का विवेक भी होना चाहिए। उसे उस भाषा की वर्णमाला, उसके प्रयोग, वर्तनी, विरामचिह्न और उस भाषा की रूप-रचना, वाक्य-रचना आदि का ज्ञान होना चाहिए।

(2) प्रूफ़ शोधक को प्रूफ़ तेज़ी से और सफ़ाई से पढ़ने चाहिए, लेकिन वे सही होने चाहिए। उसे अशुद्धियों का संकेत इस प्रकार देना चाहिए कि कंपोज़िटर उसे ठीक तरह समझ सके।

(3) प्रूफ़ शोधक को पांडुलिपि में कोई परिवर्तन नहीं करना चाहिए। यदि उसे कहीं ऐसा लगे कि अमुक स्थान पर अमुक शब्द या वाक्य या संदर्भ सही नहीं है तो उसे पांडुलिपि के लेखक या संपादक का ध्यान उस ओर दिलाना चाहिए। इसके लिए संबंधित स्थल पर चिह्न लगा कर हाशिए में दो-तीन प्रश्न चिह्न लगाने होते हैं।

(4) प्रूफ़ शोधक को प्रेस की तकनीकी जानकारी के साथ-साथ कंपोज़िंग

प्रणाली का भी सामान्य ज्ञान होना चाहिए। उसे टाइप के विभिन्न आकार-प्रकार का अपेक्षाकृत अच्छा ज्ञान होना चाहिए ताकि वह शीर्षक, उपशीर्षक, मूल सामग्री, पाद-टिप्पणी आदि में लगने वाले टाइपों के अंतर को सही रूप में पहचान सके और उसी प्रकार प्रूफ़ पठन कर सके।

(5) प्रूफ़ शोधन के लिए अपेक्षित चिह्नों और उनके समुचित प्रयोग का उसे ज्ञान तो होना ही चाहिए, साथ में अच्छा अभ्यास भी होना चाहिए। इसके अतिरिक्त प्रूफ में टाइप प्रकार, टाइप आकार, पंक्तियों, शब्दों, वाक्यों, पैराग्राफ़ों आदि के बीच के स्थान में विराम चिह्न आदि के प्रयोग में एकरूपता लाने के लिए उसे ध्यान देना चाहिए।

## भारतीय मानक संस्था द्वारा स्वीकृत कुछ प्रूफ़-शोधन-चिह्न

| | |
|---|---|
| नया पैरा दें | दाईं ओर सरकाएँ |
| बीच का स्थान बढ़ा दें | बाईं ओर सरकाएँ |
| कोष्ठक डालें | सीध में करें |
| दाएँ करें या बाएँ करें | ऊपर करें |
| मिलाएँ | सादे टाइप में दें |
| मिलाएँ और बीच के स्थान को बढाएँ | काला टाइप लगाएँ |
| सीधा करें | लेखक जाँचे |
| हटाएँ (डिलीट) | ऊपरला अंक |
| निकालें और मिलाएँ | टूटा टाइप है या उठा नहीं है |
| अंतर बराबर करें | ग़लत आकार का टाइप |
| ऊपर करें | पूर्ण विराम |
| हाइफ़न /समास चिह्न | अल्प विराम |
| यथावत् | अर्ध विराम |
| भूल से छूटा हुआ अंश डालें | प्रश्न चिह्न |
| पैरा जारी रखें | विसर्ग चिह्न |
| नीचे करें | लेड दबाएँ |
| पंक्तियाँ नीचे लगाएँ | टाइप सीधा करें, उलटा लगा है |

# पारिभाषिक शब्दावली

किसी भी विषय की प्रगति और विकास के लिए विषय के अनुकूल पारिभाषिक शब्दावली की आवश्यकता पड़ती है। इस प्रकार की शब्दावली का प्रयोग अपने-अपने विषय के विशेषज्ञों में परस्पर विचार-विनिमय और चिंतन के लिए होता है। पारिभाषिक शब्दावली की ज़रूरत इसलिए पड़ती है कि एक ही विषय का अध्ययन करने वाले विभिन्न लोगों के लिए एक ही शब्द के विभिन्न अर्थ न हो जाएँ।

सामान्य शब्द और पारिभाषिक शब्द का विश्लेषण किया जाए तो सामान्य शब्द में यथार्थ वस्तु और उसकी संकल्पना अनिश्चित रहती है। उनमें लचीलापन होता है और संदिग्धता भी हो सकती है। इसमें सामाजिक, सांस्कृतिक, मनोवैज्ञानिक, दार्शनिक, भौगोलिक आदि परिवेशों के कारण कई अर्थ निकाले जाते हैं किंतु पारिभाषिक शब्द में संकल्पना और यथार्थ वस्तु निश्चित होती हैं। उनमें स्पष्टता होती है और वे स्वयंसिद्ध होती हैं। वास्तव में उनके प्रयोग में सैद्धांतिक परिवेश का बोध होता है। भौतिकी, रसायन, इंजीनियरी, मेडिकल, दर्शन, गणित, विधि, प्रशासन आदि के शब्द सुनिश्चित अर्थ लिए हुए होते हैं। सामान्य भाषा के शब्दों को जहाँ पारिभाषिक शब्दों के रूप में ग्रहण कर लिया जाता है, तो उनमें अर्थ का लचीलापन समाप्त हो जाता है और वह बौद्धिक तथा ज्ञानमय आदान-प्रदान में प्रयुक्त होता है। इस प्रकार पारिभाषिक शब्दों का जन्म एक सीमित बौद्धिक वर्ग में होता है और वे अपने कार्य-क्षेत्र तक सीमित रहते हैं। इसलिए विषय-विशेष में इनकी सहायता से निश्चित, स्पष्ट और अपेक्षित अभिव्यक्ति संभव होती है। उदाहरण के लिए, सामान्य अर्थ में अंग्रेज़ी शब्द issue के लिए समस्या, संतान, जारी करना आदि हैं, किंतु पत्रकारिता में 'अंक', प्रशासन में 'निर्गम,' अर्थशास्त्र में 'शेयर'; 'जारी करना' आदि हैं। यदि अर्थ निश्चित नहीं होगा तो उसका प्रयोक्ता उसे एक अर्थ में प्रयुक्त करेगा और श्रोता या पाठक उसे दूसरे अर्थ में समझेगा।

**वास्तव में पारिभाषिक शब्दीवली का निर्माण सामान्य शब्दों को लेकर ही**

होता है और उनके अर्थ विशेष विषय या कार्य-क्षेत्र में निश्चित कर दिए जाते हैं। इनमें कुछ ऐसे शब्द भी होते हैं जो किसी विषय-विशेष में ही प्रयुक्त होते हैं। ऐसे शब्दों को 'पूर्ण पारिभाषिक' शब्द कहा जाता है जैसे, प्रशासन में अधिसूचना, अर्थशास्त्र में निवेश, गणित में संक्रिया। कुछ शब्दों का प्रयोग विषय-विशेष में भी होता है और सामान्य शब्दावली के रूप में भी होता है। इस प्रकार के शब्दों को अर्थ पारिभाषिक कहा जाता है। रस, मंजूरी, अक्षर, खपत आदि शब्दों का प्रयोग सामान्य भाषा में भी होता है और काव्यशास्त्र, प्रशासन, व्याकरण, अर्थशास्त्र आदि में एक निश्चित अर्थ के रूप में होता है।

पारिभाषिक शब्द अपने अर्थ के लिए अपने संदर्भ से बंधे होते हैं और संदर्भ भी इसमें बंधे रहते हैं। उदाहरण के लिए, 'आदेश' शब्द का सामान्य अर्थ **'आज्ञा'है, किंतु प्रशासन के संदर्भ में वह 'राजाज्ञा' अर्थात् 'राजा की आज्ञा'** के रूप में प्रयुक्त हुआ। लेकिन सामंतकालीन व्यवस्था में शासनतंत्र की सर्वोच्च शक्ति राजा के पास थी, अतः 'राजाज्ञा' (या फ़रमान) शब्द में सार्थकता थी। आज लोकतंत्र होने के कारण नियम या स्रोत व्यक्ति नहीं अपितु सभा (लोकसभा या विधान सभा) हो गई है। इसलिए 'राजाज्ञा' के स्थान पर 'आदेश' शब्द को सटीक माना गया है तथा कभी-कभी इसकी उपयुक्तता पर और बल देने के लिए 'सरकारी आदेश' भी लिखा जाता है। आदेश के कई संदर्भ हो सकते हैं, अतः अर्थ की सुनिश्चितता और प्रयोग भेद की स्पष्टता को ध्यान में रखकर पारिभाषिक शब्द बनाए गए हैं, जैसे, समादेश (Command), निदेश (Direction), अनुदेश (Instruction), अधिदेश (Mandate)।

आधुनिक विज्ञान मनुष्य की चिंतनप्रक्रिया का एक विशिष्ट रूप है। उनमें विभिन्न शब्दों में अर्थ का सीमांकन कर निर्दिष्ट स्तर पर ले जाने का प्रयास होता है। अतः तकनीकी शब्दों में अस्पष्टता न रहे, उन्हें नापतोल कर रखा जाता है। जैसे, वेग (Velocity), चाल (Speed), और गति (Motion)। वेग में संचलन समय दर, विशिष्ट दिशा और नियमितता होती है तो चाल में विशिष्ट दिशा और नियमितता नहीं होती। गति में केवल संचलन है, शेष तीनों नहीं हैं। विधि की शब्दावली में भी यही स्थिति देखी जा सकती है। उदाहरण के लिए, अधिकार, विशेषाधिकार, परमाधिकार। अधिकार के लिए न्यायालय के दरवाज़े खटखटाए जा सकते हैं जबकि विशेषाधिकार के लिए नहीं। परमाधिकार देश के सर्वोच्च पदाधिकारी के पास होता है। इस प्रकार यह तकनीकी और पारिभाषिक शब्दावली विशेषज्ञ वर्ग में प्रयोजनमूलक कार्यों के लिए निर्दिष्ट अर्थ का द्योतन कराती है।

हिन्दी के राजभाषा घोषित हो जाने के बाद पारिभाषिक शब्दावली के निर्माण

की आवश्यकता महसूस की गई। इस संदर्भ में वैज्ञानिक तथा तकनीकी शब्दावली आयोग की स्थापना हुई। हिन्दी की पारिभाषिक शब्दावली के निर्माण में संस्कृत, अंग्रेजी, देशज, अरबी-फ़ारसी भाषाओं के अतिरिक्त अन्य भारतीय भाषाओं से शब्द ग्रहण किए गए। उदाहरण के लिए, पदोन्नति, स्थानांतरण, विधि, संविधान, निरीक्षण, ड्यूटी, ग्रेड, मसौदा, निपटान, नज़रबंद, बर्खास्तगी, ज़मानत, हलफ़नामा, पावती, सौध।

विभिन्न विषयों से संबंधित पारिभाषिक शब्दावली की सूची नीचे दी जा रही है।

# पारिभाषिक शब्दावली

## प्रशासन

Account लेखा/खाता/ हिसाब-किताब
– book लेखा बही
– head लेखा शीर्ष
–, joint संयुक्त लेखा
Accountant लेखाकार
– General महालेखाकार
Accounts officer लेखा-अधिकारी
Acknowledgement पावती/प्राप्ति/ सूचना/अभिस्वीकृति
Act अधिनियम/कार्य
Acting कार्यकारी
Action कार्रवाई
Ad hoc तदर्थ
Adjournment स्थगन
Administration प्रशासन
Administrative प्रशासनिक /प्रशासी/ प्रशासकीय
Administrator प्रशासक
Admissibility ग्राह्यता /स्वीकार्यता
Admonition भर्त्सना
Advalorem यथामूल्य
Advance अग्रिम/पेशगी
Adviser सलाहकार
Affidavit शपथपत्र/हलफ़नामा
Affirmation पुष्टि/प्रतिज्ञान
Agenda कार्यसूची/कार्यक्रम
Agreement करार/अनुबंध
Allegation आरोप/अभिकथन
Allotment आबंटन
Allowance भत्ता
-, city compensatory नगर प्रति- पूरक भत्ता
- ,dearness महँगाई भत्ता
-,overtime समयोपरि भत्ता
-, travelling यात्रा भत्ता
Amendment संशोधन
Annexure अनुलग्नक
Anomaly असंगति
Antecedents पूर्ववृत्त
Anticipated expenditure प्रत्याशित व्यय
Appendix परिशिष्ट
Appointing authority नियुक्ति-अधिकारी
Appointment नियुक्ति
Appropriation विनियोजन

**Approval** अनुमोदन
**Article** अनुच्छेद / नियम/ वस्तु
**Assessment** कर-निर्धारण
**Assessor** मूल्याकंक/कर-निर्धारक
**Assistant** सहायक
**At par** सममूल्य
**Attached** संलग्न, संबद्ध
**Attestation** साक्ष्यांकन/तसदीक
**Audit** लेखापरीक्षा
**Auditor** लेखापरीक्षक
**Autonomous** स्वायत्त
**Bill** विधेयक/हुंडी/बिल
**Brochure** विवरणिका
**Bulletin** समाचारिका/बुलेटिन
**Bye-law** उपविधि
**Cabinet** मंत्रिमंडल
**Candidate** अभ्यर्थी/प्रत्याशी/उम्मीदवार
**Caretaker** अवधायक/रखवाल
**Cashier** रोकड़िया
**Cell** कक्ष/प्रकोष्ठ
**Centralization** केन्द्रीयकरण
**Chancellor** कुलाधिपति
**Centralization** केन्द्रीयकरण
**Charge sheet** आरोप पत्र
**Chronological summary** तारीखवार सार
**Circular** परिपत्र
**Clerical error** लेखन-अशुद्धि
**Clerk** लिपिक
**–Lower Division** अवर श्रेणी लिपिक
**–Upper Division** प्रवर श्रेणी लिपिक
**Code** संहिता/कोड
**Collector** समाहर्ता
**Commission** आयोग
**Commissioner** आयुक्त
**Communique** विज्ञप्ति
**Competent authority** सक्षम-अधिकारी
**Concurrence** सहमति
**Consultant** परामर्शदाता
**Contigencies** आकस्मिक व्यय
**Corrigendum** शुद्धिपत्र
**Counter Signature** प्रतिहस्ताक्षर
**De facto** वस्तुतः
**Demotion** पदावनति
**Denovo** नए सिरे से
**Deputation** प्रतिनियुक्ति
**Designation** पदनाम
**Despatch** प्रेषण
**Directive** निदेश
**Director** निदेशक
**Directorate** निदेशालय
**Directory** निर्देशिका
**Discrepancy** विसंगति
**Discretion** विवेक/विवेकाधिकार
**Discretionary power** विवेकाधिकार
**Dissent** विसम्मति/असहमति

Division प्रभाग /मंडल

Document प्रलेख/दस्तावेज़

Draft प्रारूप

Drafting प्रारूपण/मसौदा लेखन

Draftsman प्रारूपकार, नक़्शानवीस

Efficiency Bar दक्षतारोध

Emergency आपातस्थिति/आपातिक

Emoluments परिलब्धियाँ

Employee कर्मचारी

Employer नियोक्ता

Enclosure संलग्नक

Endorsement पृष्ठांकन

Enquiry जाँच, पूछताछ

Errata शुद्धिपत्र

Estimate प्राक्कलन/अनुमान

Exchequer राजकोष

Executive कार्यपालिका/कार्यपालक

Exigencies of work कार्यहित

Ex-officio पदेन

Ex parte एक पक्षीय/एकतरफ़ा

Faculty संकाय

File मिसिल/फाइल

–movement मिसिल संचलन

Financial year वित्तवर्ष

Fund निधि

–, Provident भविष्य निधि

Gazette राजपत्र

Gazetted Holiday राजपत्रित छुट्टी

–officer राजपत्रित अधिकारी

Grant अनुदान

Headquarter मुख्यालय

Honorarium मानदेय

Honorary अवैतनिक

Identity Card पहचान पत्र

Interim letter अंतरिम उत्तर

Investigater अन्वेषक

Invoice बीजक

Ipso facto यथातथ्य/इसी बात से

– Jure विधितः

Issue निर्गम/जारी करना

Job work छुटपुट कार्य

Joining date कार्यग्रहण तारीख

Judicial न्यायिक/अदालती

Judiciary न्यायपालिका

Junior कनिष्ठ/अवर

Jurisdiction क्षेत्राधिकार

Leave अवकाश/छुट्टी

–, Duty कार्यार्थ छुट्टी

–, Earned अर्जित छुट्टी

–, Extraordinary असाधारण छुट्टी

–, Maternity प्रसूति छुट्टी

–, Quarantine संगरोध छुट्टी

–, Restricted वैकल्पिक/प्रतिबंधित सीमित

Legislature विधायिका/विधानमंडल

Liaison officer संपर्क अधिकारी

Lien पूर्वाग्रहणाधिकार/लीयन

Mailing list डाक सूची

Maintenance अनुरक्षण/रखरखाव
Management प्रबंध/व्यवस्था
Manager प्रबंधक
Mandate अधिदेश
Mayor महापौर
Minister मंत्री
–, Chief मुख्यमंत्री
–, Deputy उपमंत्री
–, Prime प्रधानमंत्री
–of State राज्य मंत्री
– Without portfolio निर्विभाग मंत्री
Ministry मंत्रालय
Minutes कार्यवृत्त
Misappropriation दुर्विनियोग
Modus operandi कार्य प्रणाली
Motion प्रस्ताव
Needful आवश्यक कार्रवाई
No demand certificate बेबाकी पत्र
No objection certificate अनापत्ति पत्र
Non-gazetted अराजपत्रित
Non-official गैर-सरकारी/अशासनिक
Notice सूचना
Notification अधिसूचना
Noting टिप्पणी-लेखन
Office Memorandum कार्यालय ज्ञापन
Officer on special duty विशेष–कार्याधिकारी
Official शासकीय/सरकारी/आधिकारिक
Officiating स्थानापन्न
On Probation परिवीक्षाधीन
Panel नामिका
Parliament संसद
Part file खंड मिसिल
Passport पारपत्र/पासपोर्ट
Pay scale वेतनमान
Pending लंबित/रुका हुआ
Plan योजना
Post पद
Posting तैनाती
Postpone स्थगित करना/मुल्तवी करना
Precedence अग्रता/पूर्वता
Prima facie case प्रथम दृष्टि में प्रतीत मामला
Procedure कार्यविधि
Proceedings कार्यवाही
Project परियोजना
Qualification अर्हता/योग्यता
Quorum गणपूर्ति/कोरम
Receipt आवती
Recommendation संस्तुति/सिफारिश
Record अभिलेख/रिकार्ड
Recruitment भर्ती
Recurring आवर्ती/आवर्तक
Registrar कुल सचिव (विश्वविद्यालय में) पंजीयक, पंजीकार
Registration पंजीकरण

Reminder स्मरण पत्र/अनुस्मारक
Remuneration पारिश्रमिक/मेहनताना
Representation अभ्यावेदन/प्रतिनिधित्व
Representative प्रतिनिधि
Reservation आरक्षण
Resolution संकल्प
Retirement सेवानिवृत्ति
Retrenchment छँटनी
Routine नेमी
Sanction स्वीकृति/मंजूरी
Scheme योजना
Secretary सचिव
—, Additional अपर सचिव
—, Deputy उपसचिव
—, Joint संयुक्त सचिव
—, Under अवर सचिव
Secretariat सचिवालय
Section अनुभाग
Seniority वरिष्ठता/ज्येष्ठता
Sine die अनिश्चित काल के लिए
Standing स्थायी
Statutory सांविधिक
Subordinate अधीनस्थ/मातहत
Substitute एवजी/स्थानापन्न
Superintendent अधीक्षक
Supervisor पर्यवेक्षक
Supplementary अनुपूरक
Surety Bond जमानतनामा
Technical तकनीकी
Transfer स्थानांतरण/तबादला/बदली
Treasurer कोषाध्यक्ष/ख़जांची
Treasury कोष/ख़ज़ाना
Undertaking उपक्रम, वचनबद्धता
Verification सत्यापन
Vice chancellor कुलपति
Warrant अधिपत्र/वारंट
Whip सचेतक

**वाणिज्यिक**

Acceptance स्वीकृति
Accessory उपसाधक/सहसाधन
Account, broken बंद खाता
—, Current चालू खाता
—, Fixed deposit सावधिक जमा खाता
—, Saving bank बचत बैंक खाता
Account day निपटारा दिन
Adjustment समायोजन
Advertisement विज्ञापन
Aggregate value कुल मूल्य
Annual return वार्षिक विवरणी
Annuity वार्षिकी
Ante dated cheque पूर्वतिथीय चेक
Appreciation मूल्य वृद्धि
Assets परिसंपत्ति/आसात्तियाँ
Assurance आश्वासन
Auction नीलाम
Balance sheet तुलनपत्र

Bank cash scroll बैंक की रोकड़ सूची
Banking अधिकोषण/बैंकिंग
Bond बंधपत्र/बाँड
Bonded deal अनुबद्ध सौदा
Bonus लाभांश, बोनस
Borrowed note जमानती रुक्का
Breakage टूट-फूट
Broker दलाल
Brokerage दलाली
Buffer stock सुरक्षित भंडार
Bumper crop जोरदार फसल चुंकाया बिल
Callable Bond प्रतिदेय बाँड
Call doposit माँग जमा
Called up Capital माँगी पूँजी
Carrying over आगे ले जाना
Cash Book रोकड़ बही
Cash discount नकद पट्टा
Chamber of Commerce वाणिज्य मंडल
Claiment दावेदार/दावी
Clearance निकासी/छुड़ाना
Clearing निकासी/समाशोधन
Client ग्राहक
Closed morttgage एकल ऋण बंधक
Collection उगाही/वसूली
Commercial Bank वाणिज्यि बैंक
Consignee परेषिती/माल पाने वाला
Consignment परेषण
Consumer उपभोक्ता
Consumption उपभोग/खपत
Contract संविदा/ठेका
Corporation Tax निगम कर
Counterfeit coin जाली सिक्का
Credit उधार/साख/जमा
— advice जमा सूचना
Creditor ऋण दाता/लेनदार
Crossed cheque रेखित चेक
Currency मुद्रा/करेंसी
Curreney & Mint मुद्रा और टकसाल
Curreney paper कागजी मुद्रा
Custodian अभिरक्षक
Custom duty तट कर
Damage हर्जाना/क्षतिपूर्ति
Demurrage विलंब शुल्क, डेमरेज
Dead Security रद्द ऋणपत्र
Debenture ऋणपत्र
Debtor ऋणी/लेनदार
Deduction कटौती
Deed of sale बिक्री पत्र
Delivery (of goods) सुपुर्दगी
Despatcher प्रेषक
Drawer प्राप्तकर्ता
Deposit जमा/निक्षेप
Depositor जमाकर्त्ता
Depreciation अवमूल्यन
Disbursement संवितरण/बाँटना
Discharged bill चुकाई हुंडी/चुकाया बिल

Discount बट्टा/छूट

Dishonoured अस्वीकृत/अनादृत

Dividend लाभांश

Down payment तत्काल अदायगी

Drawee अदाकर्ता

Earnest money बयाना, धरोहर राशि

Encashment भुनाना/तुड़ाना

Enterprise उद्यम

Equity सामान्य शेयर/इक्विटी

Exchange विनिमय

Exemption छूट

Fascimile Signature प्रतिकृति हस्ताक्षर

Factor आढ़तिया

Fire Insurance अग्नि बीमा

Fixed Deposit सावधि निक्षेप

Floatation ऋण चालू करना

Floating Charge अस्थायी प्रभार

Guarantee प्रत्याभूति/गारंटी

Hard Cash नगदी

Hard Currency दुर्लभ मुद्रा

Hardware लोहे का सामान/लोह भांड

Higgling भाव-ताव/मोल-तोल करना

Holder धारक

Hypothetication of goods माल बंधक रखना/माल रेहन रखना

Import आयात

Indemnity Bond क्षतिपूर्ति बंधपत्र

Indigenous Bank देशी बैंक

Industrial Bank औद्योगिक बैंक

Inflation स्फीति

Insolvency दिवालापन

Insolvent दिवालिया

Insurance बीमा

Investment निवेश

Joint stock bank मिश्रित पूँजी बैंक

Key Industry आधार उद्योग

Land mortgage Bank भूमि बंधक बैंक

Lay days छूट के दिन

Lean year मंदा वर्ष

Lease rental पट्टा किराया

Ledger लेखा खाता

Letter of Credit साखपत्र

Liability दायित्व/देयता

Liasion Officer संपर्क अधिकारी

License अनुज्ञप्ति/लाइसेंस

Liquidation परिसमापन

Market Price बाजार भाव

Marketing विपणन/खरीदारी

Merchandising क्रय-विक्रय

Middleman बिचौलिया

Monopoly एकाधिकार

Moratorium भुगतान स्थगन/भुगतान विलंबन

Nomination नामांकन

Out put पैदावार

Outstation Cheque बाहरी चेक

Outward Clearing निर्गामी समाशोधन

Overdraft ओवरड्राफ्ट

Over payment अधिक अदायगी

Pawn गिरवी

Premium प्रीमियम

Promissee प्रतिज्ञाती

Promisory note रुक्का/प्रतिज्ञा पत्र

Quotation निर्ख

Quorum गणपूर्त्ति, कोरम

Rebate छूट

Refund धन वापिसी

Remuneration पारिश्रमिक/मेहनताना

Returns वापिस माल/वापिस हुंडी

Sample नमूना/प्रतिदर्श

Saturation संतृप्ति

Small Saving लघु बचत

Strong Room सुरक्षित कक्ष

Subsidy आर्थिक सहायता

Super tax अधिकर

Surcharge अधिभार

Tabulation सारणीकरण

Tally roll मिलान पत्रक

Transalition लेनदेन

Taxation कराधान

Tender निविदा/टेंडर

Till money तिजोरी रोकड़

Time bill मियादी बिल

Warehouse मालगोदाम/भांडागार

Wholesaler थोक व्यापारी

Winding up समापन/समेटना

Withdrawn bill निकाली गई राशि

Write off बट्टे खाते डालना

Yield उत्पत्ति, प्राप्ति

## मानविकी

Abnormal अपसामान्य

Absolutism परमवाद/निरपेक्षवाद/ ब्रह्मवाद

Acculturation संस्कृति ग्रहण

Adulteration अपमिश्रण

Adeism अदेववाद

Aesthetics सौन्दर्यशास्त्र

Agency अभिकरण

Ambassador राजदूत

Analogy सादृश्य/अनुरूपता

Anarchism अराजकतावाद

Anthropology मानवविज्ञान/नृविज्ञान

मिलीजुली सरकार/बहुदलीय सरकार

Aptitude अभिरुचि/अभिक्षमता

Attitude अभिवृत्ति

Autocratic एकतंत्रीय/निरंकुश

Behaviourism व्यवहारवाद

Bureaucracy नौकरशाही/दफ्तरशाही

Ceiling उच्चतम सीमा

Census जनगणना

Charter अधिकार पत्र

Class struggle वर्ग संघर्ष

Coalition government संयुक्त सरकार

Comedy कामदी

Commandment धर्मादेश

Concept संकल्पना/संप्रत्ययन
Constitution संविधान
Criterion प्रतिमान/निकष
Criticism समालोचना/समीक्षा
Custom duty सीमा शुल्क
Decontrol विनियंत्रण
Democracy लोकतंत्र/प्रजातंत्र
Diagnosis निदान
Devaluation मूल्यह्रास
Dialogue संवाद/संलाप
Diplomacy कूटनीति
Egoism अहंवाद
Emancipation मोक्ष/मुक्ति
Emotion संवेग
Encroachment अतिक्रमण
Environment पर्यावरण/परिवेश
Epic महाकाव्य
Escapist पलायनवादी
Estate duty संपदा शुल्क
Ethics नीतिशास्त्र
Extrovert बहिर्मुखी
Fanaticism धर्मांधता/मतांधता
Folklore लोककथा
Genealogy वंशावली
Generalization सामान्यीकरण
Gradation स्तरीकरण/श्रेणीकरण
Hereditary पैतृक/वंशपरंपरागत
Idealism आदर्शवाद/प्रत्ययवाद
Intuition अंतः प्रज्ञा/प्रातिभ ज्ञान

Investigation अनुसंधान/अन्वेषण
Journalism पत्रकारिता
Learning अधिगम/अनुशिक्षण/सीखना
Linguistics भाषाविज्ञान
Lockout तालाबंदी
Logic तर्कशास्त्र
Materialism भौतिकवाद
Metaphysics तत्त्व मीमांसा
Obeservation प्रेक्षण
Omnipotence सर्वशक्तिमत्ता
Omnipresence सर्वव्यापिता
Omniscience सर्वज्ञता
Optimism आशावाद
Pessimism निराशावाद
Poetics काव्यशास्त्र
Population जनसंख्या/आबादी
Projective प्रक्षेपी
Psychology मनोविज्ञान
Puritan शुद्धतावादी
Rhetoric अलंकारशास्त्र/रीतिशास्त्र
Relativism सापेक्षवाद
Socialism समाजवाद
Scepticism संशयवाद
Subconscious अवचेतन
Talent अभियोग्यता
Tragedy त्रासदी
Transformation रूपांतरण
Variable परिवर्ती
Voluntary स्वैच्छिक

## विज्ञान

Abdomen उदर
Absorbent अवशोधक
Accelerator त्वरक
Acoustics ध्वनिविज्ञान
Air bladder वाताशय
– blast झोंका/वाताघात
– Calculator वायुविवर्तक
Amplifier प्रवर्धक
Amputation अंगोच्छेदन
Anaemia रक्तक्षीणता
Anaesthesia संज्ञाहरण
Antibiotic प्रतिजैविक
Anatomy शरीर रचना, शरीर रचना-विज्ञान
Astrophysics खगोल भौतिकी
Atom परमाणु
Audio-visual दृश्य-श्रव्य
Biophysical जैवभौतिक
Botany वनस्पति विज्ञान
Breeding प्रजनन
Burner ज्वालक/दाहक/बर्नर
Catalyst उत्प्रेरक
Chemistry रसायनिकी/रसायन विज्ञान
Circumference परिधि
Computer संगणक मशीन/संगणक
Condensation द्रवण/संघनन
Cosmology विश्वविज्ञान
Deccan hemp पटसन/सनकोकड़ा
Density घनत्व
Diagnosis निदान
Drug Addiction मादक व्यसन
Ecology परिस्थिति विज्ञान
Energy ऊर्जा
Engineering अभियांत्रिकी
Environment पर्यावरण
Expiration निःश्वसन
Fossil जीवाश्म
Flue pipe चिमनी
Generator जनित्र/प्रजनक
Genetic आनुवांशिक/जननिक
Geology भूविज्ञान/भौमिकी
Heterogeneous समरूपी/सजातीय
Hypertension अतितनाव
Hypogastrium अधोजठर
Instrument उपकरण
Intern अंतः शिक्षु/स्थानबद्ध
Isotope समस्थानिक
Light year प्रकाश वर्ष
Magnetosphere चुंबक मंडल
Malnutrition कुपोषण
Mechanics यांत्रिकी
Microwave सूक्ष्मतरंग
Navigation नौचालन
Neurosis मनस्ताप
Nucleus नाभिक/केन्द्रक
Nutrition पोषण

Obstetrics प्रसूतिविद्या

Ontogeny व्यक्तिवृत्त

Operation संक्रिया/परिचालन

Optics प्रकाशिकी

Oscillation दोलन

Parasite परजीवी

Pathology रोगविज्ञान

Physics भौतिकी/भौतिक विज्ञान

Product उत्पादन/गुणनफल

Radiation विकिरण

Radiologist विकिरण विज्ञानी/ रेडियोलाजिस्ट

Response अनुक्रिया

Satellite उपग्रह

Statistics सांख्यिकी

Stimulus उद्दीपन

Supersonic पराध्वनिक

Symptom लक्षण

Synthesis संश्लेषण

Technology प्रोद्योगिकी

Tissue ऊतक/टिशू

Vibration कंपन

Zoology प्राणिविज्ञान

# पत्र लेखन

पत्र लेखन विचारों के आदान-प्रदान का एक शक्तिशाली माध्यम है। पत्र लेखक अपना संदेश, इच्छा तथा आवश्यकता उपयुक्त व्यक्ति तक पहुँचाता है। पत्र में लेखक के व्यक्तित्व की छाप भी आ जाती है। विशेष रूप से व्यक्तिगत पत्रों को पढ़कर आप किसी व्यक्ति के अच्छे-बुरे स्वभाव या मनोवृत्ति का परिचय आसानी से पा सकते हैं। पत्र सेतु के समान है, जो दूर बैठे व्यक्तियों को एक दूसरे से मिलाने में सहायता करता है। इस प्रकार पत्र लेखन का प्रयोजन पत्र के द्वारा हम अपने भाव तथा विचार एक दूसरे तक पहुँचाते हैं। अच्छा पत्र वही है, जिसे पढ़कर लिखी हुई बात सरलतापूर्वक समझ में आ जाए।

पत्र लेखन को कला भी कहा जाता है, इसका हमारे जीवन में प्रतिदिन उपयोग होता है। जहां बचपन में हम केवल अपने संबंधियों या मित्रों को पत्र लिखते हैं, वहीं बड़े होने पर इसका क्षेत्र और विस्तृत हो जाता है। अब हम कार्यालय, संस्था और व्यवसाय संबंधी पत्र भी लिखने लगते हैं। बचपन में जो पत्र लिख जाते हैं उन में भावुकता का अंश अधिक होता है। जैसे-जैसे विचारों में प्रौढ़ता आती है, पत्रों की भाषा और शैली में भी प्रौढ़ता आने लगती है। वास्तव में आज के युग में पत्र लिखना आवश्यक हो गया है। कभी हम अपने संबंधियों को कुशलता का समाचार देने के लिए लिखते हैं, तो कभी प्रधानाध्यापक को आवेदन पत्र। कभी-कभी अधिकारी को शिकायती पत्र लिखना पड़ता है, तो कभी किसी व्यवसाय संबंधी काम के लिए पत्र लिखते हैं। इसके अतिरिक्त जन्मोत्सव, विवाह आदि अवसरों पर निमंत्रण-पत्र तथा नववर्ष, त्योहार आदि पर शुभ कामनाओं के पत्र भेजे जाते हैं। इस प्रकार जीवन में ऐसे अनेक अवसर आते हैं, जब हमें पत्र लिखने की आवश्कता पड़ती है।

विभिन्न अवसरों पर विभिन्न लोगों को पत्र लिखने का शैली या रीति अलग होती है। उस दृष्टि से पत्रों को मुख्यतः दो भागों में बांटा जाता है।

1. अनौपचारिक पत्र

2. औपचारिक पत्र

अनौपचारिक पत्र द्वारा अपने संबंधियों या मित्रों को लिखे गए पत्र से कुशलता का समाचार पूछते हैं और अपनी कुशलता के तथा अन्य समाचार लिखते हैं। इन पत्रों की भाषा बहुत सरल होती है और इनमें अपनापन झलकता है।

कोई दुराव-छिपाव यहाँ नहीं होता। हम ऐसे सीधे-सादे वाक्य लिखते हैं, जैसे बातचीत कर रहे हों। इन पत्रों में आत्मीयता का भाव झलकता है।

औपचारिक पत्र सरकारी या कार्यालयी या व्यावसायिक स्तर पर लिखे जाते हैं। ऐसे पत्र प्रायः उन लोगों को लिखे जाते हैं, जिनसे हमारा व्यक्तिगत संबंध नहीं होता। इन पत्रों में हम केवल जरूरी बात ही लिखते हैं। संबंधों की दूरी के कारण इन पत्रों की भाषा नियमबद्ध और परंपरागत होती है।

औपचारिक और अनौपचारिक पत्रों के विभाजन की कोई निश्चित सीमा रेखा नहीं है। आत्मीय और घनिष्ठ संबंध है या वह दफ्तर में आपका सहयोगी है। जब आप व्यक्तिगत संबंधों को लेकर उसे पत्र लिखेंगे तब वह पत्र अनौपचारिक होगा। किन्तु दफ्तर के काम संबंधी पत्र अनौपचारिक शैली में प्रायः बहुत कम लिखे जाते हैं।

कुछ ऐसे पत्र भी होते हैं जो अनौपचारिक और औपचारिक दोनों शैलियों में लिखे जाते हैं। उदाहरण के लिए, विवाह का निमंत्रण पत्र अथवा जन्म दिन पर बधाई पत्र छपवा कर भेजा जाता है तो वह भी औपचारिक शैली में भेजा जाता है। अगर ऐसे अवसरों पर स्वयं पत्र लिखा जाता है तो वह व्यक्तिगत घनिष्ठता एवं आत्मीयता होने के कारण अनौपचारिक शैली में लिखा जाएगा।

## अच्छे पत्र के गुण

पत्र प्राप्त करने वाला व्यक्ति यदि पत्र पढ़कर पत्र लिखने वाले का संदेश या मंतव्य समझ लेता है तो वह अच्छा पत्र माना जाएगा। अच्छे पत्र की भाषा सरल और बोधगम्य होनी चाहिए ताकि पत्र-लेखक के विचार को पत्र पाने वाले तक सहज रूप से पहुँच सकें। इसके साथ ही पत्र पढ़ने वाले पर वांछित प्रभाव भी डाल सकें तो अधिक अच्छा है। पत्र निबंध की भांति लंबे-चौड़े नहीं लिखे जाते। इस में कम शब्दों में अधिक बात कही जाती है। अच्छे पत्र में निम्नलिखित गुण होते हैं :-

1. संक्षिप्तता
2. सरलता
3. सहजता
4. प्रभावशीलता

## 1. संक्षिप्तता

अपनी बात कहने के लिए आवश्यक शब्दों का ही प्रयोग करना चाहिए।

यही पत्र की संक्षिप्तता है। अनावश्यक तथा अर्थहीन शब्दों से बचना चाहिए क्योंकि हो सकता है कि इन से पत्र पढ़ने वाला आपकी बात को भली प्रकार न समझ सके। संक्षिप्तता पत्र से अर्थ उसका आकार छोटा या बड़ा होना नहीं है बल्कि यह उसमें आया विवरण है। आपने दो पृष्ठ का पत्र लिखा, लेकिन काम की बात केवल दो वाक्यों में ही है तो ऐसे पत्र की क्या आवश्यकता है ? यह पत्र तभी संक्षिप्त माना जाता है, जब उसमें लिखा एक शब्द भी आवश्यक नहीं होगा। अतः पत्र में जो बात लिखनी आवश्यक है, वह नपे-तुले शब्दों में होनी चाहिए। पूछी गई बात का सीधा और स्पष्ट उत्तर देना ही उचित है। अनावश्यक स्पष्टीकरण से बचना चाहिए।

## 2. सरलता

पत्र में सरलता से तात्पर्य भाषा की सरलता से है। पत्र की भाषा ऐसी हो कि पत्र पढ़ने वाला लिखी हुई बात को ठीक-ठीक समझ जाए। बड़े-बड़े शब्दों का मोह छोड़कर छोटे, बोधगम्य और दैनिक जीवन में काम आने वाले शब्दों का प्रयोग करना ही उचित है। वाक्य भी छोटे और सरल होने चाहिए। वाक्यों का क्रम ऐसा हो कि बात या विचार समझने में पत्र पाने वाले या प्राप्तकर्त्ता को किसी प्रकार की कठिनाई न हो।

## 3. सहजता

सहजता का अर्थ है –स्वाभाविकता। जैसे आपसी बातचीत में हम सहज और स्वाभाविक भाषा-शैली का प्रयोग करते हैं, उसी प्रकार पत्र में करना चाहिए। पत्र में यदि वार्तालाप जैसी शैली आ जाए तो उसकी भाषा समझने में सुविधा होती है। पत्र में अपनेपन की झलक देने के लिए आवश्यकतानुसार "आप", "तुम", "मैं", "हम", "वे", "हमारा" आदि शब्दों का प्रयोग अच्छा रहता है। अनौपचारिक पत्रों में दादाजी, मामाजी, पिताजी, जीजी जैसे शब्दों का प्रयोग संबंधित व्यक्ति के प्रति निकटता तथा आत्मीयता की भावना पैदा करते हैं। अनौपचारिक पत्रों में यह गुण अनिवार्य है।

## 4. प्रभावशीलता

अच्छे पत्र में प्रभावशीलता उत्पन्न करना भी आवश्यक है। पत्र की भाषा ऐसी हो कि वह पत्र प्राप्तकर्ता को प्रभावित कर सके। शब्दावली इतनी शक्तिशाली हो कि उसके मन में चित्र सा उपस्थित कर दे। पत्र को प्रभावोत्पादक बनाने के लिए मुहावरेदार भाषा का भी प्रयोग किया जा सकता है। उदाहरण के लिए :

(क) मुझे विश्वास है इस कार्य में आप अवश्य ही सफल होंगे।

(ख) मुझे विश्वास है कि सफलता आपके कदम चूमेगी।

यहाँ वाक्य (ख) वाक्य (क) की अपेक्षा अधिक प्रभावकारी है। इस प्रकार शब्दों का चुनाव पाठक की भावनाओं को स्पर्श करने वाला हो, तो पत्र पढ़ने में उसकी जिज्ञासा बनी रहेगी और वह प्रभावित होगा।

## अनौपचारिक पत्र

अनौपचारिक पत्रों में कोई दिखावा या बनावटीपन नहीं होता। ये पत्र स्वाभाविक और सहज व्यवहार में लिखे जाते हैं। ये पत्र संबंधियों, मित्रों आदि को लिखे जाते हैं। इन पत्रों में प्रारंभ में सबसे ऊपर दाईं ओर अपना पूरा पता लिखा जाता है। यदि पत्र पाने वाले को आपका पता अच्छी तरह से मालूम है तो केवल नगर का नाम भी लिखा जा सकता है। उसके नीचे तारीख दी जाती है। इसके नीचे बाईं ओर संबोधन और अभिवादन लिखे जाते हैं। इसके बाद पत्र का कथ्य या संदेश लिखने के बाद नीचे दाईं ओर अधोलेख लिखा जाता है। संबोधन, अभिवादन और अधोलेख संबंधों के आधार पर लिखे जाते हैं। इन्हें नीचे दी गई तालिका में देखिए :

**अनौपचारिक पत्रों के संबोधन, अभिवादन और अधोलेख**

| संबंध | संबोधन | अभिवादन | अधोलेख |
|---|---|---|---|
| अपने से बड़ों को | पूज्य पिताजी<br>पूजनीय माताजी<br>परमादरणीय गुरूजी<br>भाईसाहब, बहनजी | चरण स्पर्श,<br>प्रणाम<br>सादर नमस्ते<br>नमस्कार | आपका आज्ञाकारी पुत्र,<br>आज्ञाकारिणी पुत्री,<br>स्नेहाकांक्षी, विनीत |
| बराबर वालों या मित्र को | प्रिय, प्रियवर<br>बंधुवर | नमस्ते,<br>सप्रेम नमस्ते,<br>नमस्कार | तुम्हारा मित्र,<br>तुम्हारा अभिन्न मित्र,<br>आपका अपना,<br>तुम्हारा अपना |
| अपने से छोटों को | प्रिय (नाम) | सुखी रहो,<br>चिरंजीवी रहो<br>शुभाशीष<br>आशीर्वाद<br>प्रसन्न रहो | शुभचिंतक<br>शुभाकांक्षी<br>शुभेच्छु |

## संबंधियों तथा मित्रों को लिखे गए पत्र

अपने माता-पिता, भाई-बहन या अन्य सगे-संबंधियों तथा मित्रों को लिखे गए सामान्य पत्रों में हम उन लोगों को अपनी कुशलता का समाचार भेजते हैं और उनका समाचार पूछते हैं। इन पत्रों की भाषा सरल तथा स्वाभाविक होती है। विषयवस्तु के अंतर्गत प्रायः घरेलू बातें होती हैं। लेखक किसी विशेष सूचना, घटना या स्थिति की जानकारी देता है या पूछता है। इस प्रकार के पत्रों के कुछ उदाहरण नीचे दिए जा रहे हैं :

**1. पिताजी से राशि मंगवाने के लिए पत्र का नमूना :**

कमरा नं० 105,
रेड्डी होटल,
निजाम इंजीनियरिंग कम्पनी,
हैदराबाद-500002
दि: 20 जुलाई, 1991

पूज्य पिताजी,

सादर प्रणाम।

आशा है आप लोग स्वस्थ एवं प्रसन्नचित्त होंगे। आप लोगों से विदा लेकर कुशलपूर्वक यहाँ पहुँच गया। रास्ते में ठंड लग जाने से थोड़ा जुकाम हो गया था, लेकिन अब मैं पूर्णरूप से स्वस्थ हूँ। मेरी पढ़ाई ठीक चल रही है। नई कक्षा में प्रवेश शुल्क तथा होस्टल के कमरे का किराया लगभग रु० 500/- है। मेरे पास 250/- हैं। अतः शेष 250/- आप जल्दी ही भेज दें।

मां को सादर प्रणाम। दीदी को नमस्ते और छोटे को प्यार।

आपका आज्ञाकारी पुत्र
शरद

**2. आपका मित्र अपने स्कूल का कप्तान बन गया है। इस अवसर पर मित्र को बधाई पत्र का नमूना :**

2324 गुरु तेगबहादुर नगर,
दिल्ली-110009
दिनांक: 15 दिसंबर, 1991

प्रिय प्रवीण,

तुम्हारा पत्र मिला। यह जानकर बड़ी प्रसन्नता हुई कि तुम अपने स्कूल में

हाकी के कप्तान चुने गए हो। हमारे लिए यह बड़े गौरव की बात है। यह सब तुम्हारे परिश्रम लगन और अभ्यास से ही हुआ है। इस सफलता के लिए मेरी बधाई। तुम्हारे मंगलमय भविष्य के लिए मेरी शुभकामनाएँ। अपनी पढ़ाई का भी ध्यान रखना।

शेष कुशल।

तुम्हारा मित्र
समीर

**3. अपने छोटे भाई को उसके पंद्रहवें जन्मदिन पर बधाई पत्र लिखने का एक नमूना :**

छात्रावास कक्ष सं: 25,
द्रोणाचार्य राजकीय कालेज,
गुड़गांव (हरियाणा)
दिनांकः 14 नवंबर, 1991

प्रिय गौरव,

चिरंजीव रहो !

आज तुमने अपने जीवन का पंद्रहवां वर्ष पूरा कर सोलहवें में कदम रखा है। इस अवसर पर मेरी शुभकामनाएँ।

ईश्वर से प्रार्थना है कि तुम शतायु हो।

तुम्हारा भाई
प्रेम सागर

**4. मित्र के पिता का स्वर्गवास होने पर संवेदना पत्र लिखने का नमूना :**

8-12-6,
दुर्गाबाई देशमुख मार्ग,
बाग अम्बरपेट,
हैदराबाद- 500007
दिनांकः 18 नवंबर, 1991

प्रिय रमेश,

तुम्हारे पिताजी के अचानक देहांत का समाचार सुनकर मुझे अत्यंत दुःख हुआ। वास्तव में यह तुम्हारे परिवार पर वज्रपात हुआ है। किन्तु ईश्वर की इच्छा के आगे किसी का बस नहीं चलता।

हम सभी लोग तुम्हारे दुःख से दुःखी हैं। ईश्वर से प्रार्थना है कि स्वर्गीय आत्मा को शांति प्रदान करे, और तुम सबको इस अपार दुःख को सहन करने की शक्ति भी दे।

माताजी का विशेष ध्यान रखना। अगले महीने मैं किसी दिन तुम्हारे यहाँ आऊँगा।

तुम्हारा अपना<br>
सुरेश

**5. अपनी सहेली को नववर्ष की शुभकामनाएँ देने के लिए पत्र का नमूना :**

डी- 15, साकेत,<br>
नई दिल्ली- 110017,<br>
दिनांकः 30 दिसंबर, 1991

प्रिय नम्रता,

नव वर्ष के शुभागमन पर मेरी शुभकामनाएँ। ईश्वर से प्रार्थना है कि नव वर्ष तुम्हारे लिए मंगलमय और सफलतापूर्ण हो। तुम नवीन उत्साह और विश्वास के साथ सफलता की सीढ़ियों पर चलती चली जाओ।

माताजी और पिताजी को मेरा प्रणाम कहना। गौरव भैया और गुड़िया को स्नेह।

तुम्हारी सहेली<br>
रीमा

**6. पुस्तकें मंगवाने के लिए पुस्तक विक्रेता के नाम लिखे पत्र का नमूना :**

576, सुदर्शन पार्क,<br>
नई दिल्ली- 110015<br>
दिनांकः 23 नवंबर, 1991

सेवा में,

व्यवस्थापक,<br>
वाणी प्रकाशन,<br>
दरियागंज,<br>
नई दिल्ली-110002

महोदय,

निवेदन है कि निम्नलिखित पुस्तकों की एक-एक प्रति मेरे नाम वी.पी.पी

द्वारा ऊपर लिखे पते पर भेजने का कष्ट करें। आवश्यक धनराशि देकर मैं वी.पी.पी. छुड़वा लूँगा।

1. हिन्दी साहित्य का इतिहास : आचार्य रामचंद्र शुक्ल - एक प्रति

2. कामायनी : जयशंकर प्रसाद - एक प्रति

3. हिन्दी व्याकरण : कामताप्रसाद गुरु - एक प्रति

सधन्यवाद।

भवदीय,
हरिशचद्र

**7. अधिकारियों के नाम पत्र शिकायत के रूप में लिखे जाते हैं। अपने मोहल्ले की सफाई के लिए निगम आयुक्त के नाम लिखे पत्र का नमूना :**

171, डॉ. मुकर्जी नगर,
दिल्ली-110009
दि : 24-11-1991

सेवा में,

निगम आयुक्त,
दिल्ली नगर निगम

**विषय : कालोनी में फैली गंदगी की ओर ध्यानाकर्षण**

महोदय,

निवेदन है कि आजकल हमारी कॉलोनी में सफाई की व्यवस्था बड़ी गड़बड़ चल रही है। गलियों की सफाई करने के लिए और कूड़ा उठाने के लिए सफाई कर्मचारी कई-कई दिनों तक आते ही नहीं। हर गली व सड़क पर कूड़ों का ढेर लगा रहता है। इससे आसपास का पूरा वातावरण दुर्गंधमय रहता है। मच्छर और मक्खियों की बढ़ोतरी होती जा रही है। इससे कॉलोनी के लोगों के स्वास्थ्य के लिए खतरा पैदा हो गया है।

अतः आपसे निवेदन है कि इस क्षेत्र के निरीक्षक को उचित आदेश देकर

यहाँ की समस्या को शीघ्र दूर कराने की कृपा करें।

सधन्यवाद।

भवदीय,

सोहनलाल अग्रवाल
अध्यक्ष
मुकर्जी नगर कल्याण समिति,
दिल्ली.

**8. इसी प्रकार अन्य दुकानदारों को भी पत्र लिखे जा सकते हैं। मान लीजिए आपने किसी खेल की दुकान से कुछ सामान का आर्डर भेजा, जो ठीक ढंग से नहीं आया तो आप उस दुकानदार को एक शिकायती पत्र इस प्रकार लिख सकते हैं :**

किरोड़ीमल कालेज,
दिल्ली-110007
दि: 12-12-91

सेवा में,

व्यवस्थापक महोदय,
महेश स्पोर्ट्स एजेंसी,
करौल बाग,
नई दिल्ली-110005

प्रिय महोदय,

निवेदन है कि आप के यहाँ से दिनांक 14/11/91 को खेल के कुछ सामान का आर्डर दिया गया था। इस आर्डर में निम्नलिखित सामान मंगाया गया था :

1. क्रिकेट बैट (कश्मीर का)- 6
2. बैडमिंटन रैकेट (स्पेशल क्वालिटी)-10
3. फुटबाल (नं० 777)- 5
4. क्रिकेट बाल (स्पेशल क्वालिटी)- 8
5. हाकी स्टिक (सुपर जेट क्वालिटी)-25

आपके द्वारा भेजे गए बिल सं: 1525 दिनांक 2/12/91 के साथ यह सामान हमें 5/12/91 को प्राप्त हुआ। खेद है कि बैट अच्छी क्वालिटी के नहीं भेजे गए। फुटबाल की जगह बॉलीबाल भेजे गए हैं। बैडमिंटन रैकेट 10 की जगह 7 ही

भेजे गए हैं। इनके स्थान पर कश्मीर क्वालिटी के बैट ही भेजें और बैडमिंटन के तीन और रैकेट भेजने की कृपा करें।

अनुरोध है सामान भेजने से पहले निरीक्षण कर लें कि सही सामान ही भेजा जा रहा है। बिल में आवश्यकतानुसार संशोधन भी किया जाए। आशा है आप सारा सामान शीघ्रातिशीघ्र भेजने की कृपा करेंगे।

भवदीय,

(इन्द्रसेन शर्मा)
क्रीड़ा प्रभारी

## निमंत्रण पत्र तथा बधाई पत्र

सेवा में,

.................................................................................

.................................................................................

ईश्वर की अनुकृपा से मेरे सपुत्र अजय का शुभ विवाह आयुष्मती गायत्री आत्मजा श्री रमेशचंद्र मिश्र, (52 बी, गुलमोहर पार्क, नई दिल्ली) के साथ दिनांक 15/12/91 को होना निश्चित हुआ है।

इस शुभ अवसर पर सपरिवार पधार कर वर-वधू को आशीर्वाद देकर अनुगृहीत करें।

**उत्तरापेक्षी**

सौरभ, सुरेश

**विनीत**

देवेन्द्र शुक्ल
151, संस्कृत नगर
पीतम पुरा,
दिल्ली- 110035.

### वैवाहिक कार्यक्रम

**15-12-91 (रविवार)**

| | |
|---|---|
| सेहराबंदी | 5 बजे सांय |
| बारात प्रस्थान | 6 बजे सायं |

**16-12-91**

| | |
|---|---|
| बिदाई | 6 बजे प्रातः |
| प्रीति भोज | 7 बजे सायं |

**नोट** :- बारात मेरे निवास स्थान से ठीक 6 बजे सायं प्रस्थान करेगी।

उपर्युक्त प्रकार के निमंत्रण पत्र अब प्रायः पुराने ढंग के माने जाते हैं। संक्षिप्त रूप में छपे हुए निमंत्रण पत्र भेजे जाने की प्रथा है। जैसे -

मान्यवर,

**आयु० वंदना**

(सुपुत्री श्रीमती एवं श्री रमेशकुमार अग्रवाल)

एवं

**चि० सुभाष**

(सुपुत्र श्रीमती एवं श्री गोपालदास बंसल)

के

शुभ विवाहोत्सव

पर सपरिवार पधार कर वर-कन्या को

आशीर्वाद प्रदान कर अनुगृहीत करें।

**कार्यक्रम**

रविवार दिनांक 15 दिसंबर 1991

**स्वागत बारात** **8-00 बजे रात्रि**

(24/7, पुष्पविहार, नई दिल्ली)

सोमवार दिनांक 16 दिसंबर, 1991

**विदा** **5-00 बजे प्रातः**

**उत्तरापेक्षीः**

सभी संबंधी और मित्र

**विनीत**

श्यामलाल,

मोहनलाल,

अरुणकुमार,

अशोक कुमार

( डी- 46, विवेक विहार, दिल्ली-110032, फोन : 2202313 )

आजकल बधाई पत्र और शुभकामना पत्र आदि औपचारिक पत्र भेजे जाते हैं। अंग्रेजी में इन्हें "ग्रीटिंग कार्ड" कहते हैं। ये प्रायः जन्मदिन नववर्ष, विवाह, प्रमुख त्योहार तथा अन्य मांगलिक अवसरों पर भेजे जाते हैं। विभिन्न अवसरों पर भेजे जाने वाले छपे हुए बधाई पत्र बाज़ार से कभी भी ख़रीदे जा सकते हैं। कार्ड पर अवसर के अनुरूप बधाई संदेश छपा होता है। उसके ऊपर भेजे जाने वाले व्यक्ति को संबोधन होता है और संदेश के नीचे प्रेषक अपना हस्ताक्षर या नाम लिख देता है। इस कार्ड को लिफाफे में रखकर ऊपर पत्र पाने वाले का नाम व पता लिखा जाता है। बधाई पत्रों के कुछ नमूने नीचे दिए जा रहे हैं :

**नव वर्ष का शुभकामना पत्र**

प्रिय मित्रवर,

नववर्ष तुम्हारे तथा तुम्हारे परिवार के लिए मंगलमय हो।
प्रगतिपथ पर तुम सदा अग्रसर रहो, यहीं मेरी शुभकामना है।

संजय

**जन्मदिन का बधाई पत्र**

प्रिय रमेश

जन्मदिन के शुभ अवसर पर हार्दिक बधाई। ईश्वर तुम्हें स्वास्थ्य संपन्नता तथा दीर्घायु प्रदान करें।

अजय कुमार

**नौकरी के लिए आवेदन पत्र**

सेवा में,

कुलसचिव,
उच्च शिक्षा और शोध संस्थान,
दक्षिण भारत हिन्दी प्रचार सभा,
मद्रास-600017

**विषयः अवर श्रेणी लिपिक के पद के लिए आवेदन पत्र।**

महोदय,

5 जुलाई, 1989 के नवभारत टाइम्स में प्रकाशित आपके विज्ञापन के उत्तर में मैं कार्यालय सहायक के पद के लिए अपना आवेदन प्रस्तुत करता हूँ। आपके विचारार्थ अपनी योग्यताओं आदि का विस्तृत विवरण नीचे दे रहा हूँ।

1. नाम : पी. सुब्बा राव
2. पिता का नाम : श्री पी. तिरुमल्लैया
3. जन्म तिथि : 15 जुलाई 1970
4. पता : 325 ए हकीकत नगर, दिल्ली- 110 009.

5. शैक्षिक योग्यताएँ :

| परीक्षा | वर्ष | श्रेणी | बोर्ड /विश्वविद्यालय |
|---|---|---|---|
| हाई स्कूल | 1984 | प्रथम | आंध्र प्रदेश इंटरमीडिएट बोर्ड |
| हायर सेकेंडरी | 1986 | द्वितीय | आंध्र प्रदेश इंटरमीडियट बोर्ड |
| बी. काम | 1989 | द्वितीय | उस्मानिया विश्वविद्यालय |

6. अनुभव : निजाम कालेज, हैदराबाद में एक वर्ष से लिपिक के पद पर कार्यरत।

आशा है आप मुझे अपने संस्थान में सेवा करने का अवसर प्रदान कर अनुगृहीत करेंगे।

सभी प्रमाण पत्रों की साक्ष्यांकित प्रतिलिपियाँ आवेदन पत्र के साथ संलग्न हैं।

सधन्यवाद।

भवदीय,

दिनांकः 30 अगस्त, 1991

ह० पी.सुब्बा राव

## बैंक में चालू खाता खोलने के लिए आवेदन पत्र

युधिष्ठर लाल एंड ब्रदर्स
(साइकिल मर्चेंट)

25 ए रेलवे रोड,
गुड़गांव,
दिनांकः 20 जुलाई, 1991

सेवा में,

प्रबंधक,
पंजाब नेशनल बैंक,
गुड़गांव, (हरियाणा)

प्रिय महोदय,

आपके बैंक में हम अपनी फ़र्म का चालू खाता खोलना चाहते हैं। इस कार्य के लिए हम प्रथम जमा के रूप में रु० 1000/- (एक हजार रुपए) और चालू खाता खोलने का छपा हुआ आवेदन पत्र भर कर अपने सहयोगी श्री अशोक कुमार द्वारा भेज रहे हैं। नमूने के हस्ताक्षर की दो प्रतियाँ संलग्न हैं।

आशा है कि आप अपने बैंक में हमारी फ़र्म का चालू खाता खोलकर हमें अनुगृहीत करेंगे और पास बुक, चेक बुक और पे-इन-स्लिप शीघ्रातिशीघ्र भेजेंगे।

भवदीय,

प्रेम सागर
कृते युधिष्ठर लाल एंड ब्रदर्स

संलग्न : 3

## छुट्टी के लिए आवेदन पत्र

सेवा में,

अनुभाग अधिकारी,
लेखा अनुभाग,
संघ लोक सेवा आयोग,
नई दिल्ली-110011

महोदय,

निवेदन है कि घर पर आवश्यक कार्य आ जाने के कारण आज दिनांक 30 सितंबर 1991 को मैं कार्यालय में उपस्थित नहीं हो सकूँगा। अतः आपसे अनुरोध है कि मुझे एक दिन की आकस्मिक छुट्टी प्रदान करें।

सधन्यवाद।

भवदीय,

दिनांकः 30 -9-1991

(सर्वेश्वरानंद गौड़ )
प्रवर श्रेणी लिपिक

## उच्च शिक्षा प्राप्त करने के लिए अनुमति मांगना

सेवा में,

अवर सचिव (प्रशासन ),
रेल मंत्रालय, रेल भवन,
नई दिल्ली

महोदय,

निवेदन है कि मैं दयाल सिंह कालेज, दिल्ली विश्वविद्यालय की सांध्यकालीन कक्षाओं में बी.काम. में प्रवेश लेना चाहता हूं और 1992 एवं 1993 की परीक्षाओं में बैठना चाहता हूँ। ये कक्षाएं सायं 5-45 बजे लगती हैं। अतः इससे मेरे कार्यालय के कर्तव्यों में बाधा नहीं पड़ेगी। आपसे अनुरोध है कि मुझे इस कक्षा में प्रवेश लेने की अनुमति प्रदान करें।

सधन्यवाद।

भवदीय,

(तिलकराज खत्री)

दिनांकः 22 जुलाई, 1991

अवर श्रेणी लिपिक
लेखा अनुभाग

# निबंध लेखन

निबंध शब्द नि+बंध से बना है, जिसका अर्थ है- अच्छी तरह बंधा हुआ। इस दृष्टि से निबंध की परिभाषा इस प्रकार दी जा सकती है कि किसी विषय पर आकर्षक, सरस, सरल तथा सुव्यवस्थित गद्य-शैली में अपने भावों या विचारों को क्रमबद्ध रूप में व्यक्त करना निबंध है। इसमें नपे-तुले शब्दों में अधिक से अधिक बात कही जाती है। इसी से ही लेखक के ज्ञान का पूरा परिचय मिलता है। इसमें 'गागर में सागर' भरने का प्रयास रहता है। वास्तव में निबंध लेखन एक कला है। यदि पद्य कवियों की कसौटी है तो निबंध गद्य की कसौटी है। निबंध की शक्ति है अच्छी भाषा। निबंध में भाषा विषय के अनुकूल होती है। इसके उत्तम प्रयोग से ही भावों, विचारों और अनुभवों को प्रभावशाली ढंग से व्यक्त किया जा सकता है।

अच्छे निबंध के लिए चार मुख्य विशेषताएँ मानी गई हैं :

1. विषय सामग्री
2. कसावट
3. विषयानुकूल भाषा
4. प्रभावशीलता

1. **विषय सामग्री** : जिस विषय पर निबंध लिखना हो, उस विषय पर गंभीरतापूर्वक विचार करना अपेक्षित हैं। इन विषयों की जानकारी पुस्तकों, पत्र-पत्रिकाओं आदि से मिलती है।

2. **कसावट** : निबंध का अर्थ ही है भली भांति बंधा हुआ या कसा हुआ। निबंध के विचारों में कसावट का गुण आवश्यक है। निबंध लिखते समय यह ध्यान रखना आवश्यक है कि उसमें विचार या भाव शृंखलाबद्ध रूप में व्यक्त किए गए हों। ये विचार या भाव एक निश्चित क्रम में हों और आपस में जुड़े हुए हों। अपने विचार तर्कपूर्ण ढंग से लिखे जाने चाहिए जिससे पढ़ने के बाद पाठक को किसी निष्कर्ष पर पहुँचने में सुविधा हो।

3. **विषयानुकूल भाषा :** निबंध की भाषा विषय तथा विचारों के अनुरूप होनी चाहिए। उदाहरण के लिए सरल तथा सरस विषय पर लिखे गए निबंध की भाषा भी सरल, मुहावरेदार शब्दों का तथा आम बोलचाल के निकट होगी। किंतु गंभीर और साहित्यिक निबंध में तत्सम शब्दावली तथा साहित्यिक भाषा का प्रयोग आवश्यक हो जाता है। भाषा और शैली की दृष्टि से भाव-प्रधान निंबंध भावात्मक होगा, तो विचार प्रधान-निबंध में चिंतन-मनन और तर्क-वितर्क की अधिकता होगी।

उदाहरण के लिए, बसंत ऋतु की शोभा का वर्णन करते समय कोमल तथा मनमोहक शब्दों का अधिक प्रयोग अपेक्षित है और भिखारी की आत्मकथा लिखते समय दया तथा करुणा जगाने वाली भाषा होगी। इसी प्रकार जीवन का लक्ष्य विषय पर निबंध लिखते समय चिंतन-प्रधान तथा तर्कपूर्ण भाषा का प्रयोग आवश्यक होगा। किसी दृश्य या यात्रा का वर्णन करते समय घटनाओं का चित्र प्रस्तुत करने वाली सीधी-सादी भाषा का ही सहारा लेना होगा।

4. **प्रभावशीलता :** निबंध में शब्दों का ठीक चुनाव तथा उनका वाक्य में उचित प्रयोग आवश्यक है। शब्द का वाक्य में तथा वाक्य का अनुच्छेद में उचित तथा क्रमबद्ध प्रयोग होने से भाषा में प्रभाव उत्पन्न होता है। अच्छे निबंध में शब्द, वाक्य तथा अनुच्छेद एक विशेष क्रम में गुथे हुए होते हैं। उनका क्रम और परस्पर संबंध इस प्रकार का होता है कि इसमें तनिक भी उलट-फेर करने से अस्वाभाविकता आ जाती है। निबंध लिखते समय यदि आवश्यकतानुसार उद्धरणों मुहावरों, लोकोक्तियों का भी प्रयोग होता है तो वह और अधिक रोचक तथा प्रभावशाली बन जाएगा।

## निबंध के मुख्य अंग

निबंध का आकार सीमित होता है। सीमित आकार में आप अपनी बात कहाँ से शुरू करें, क्या-क्या लिखें और अंत कैसे करें, इसके लिए आवश्यक है कि निबंध लिखने से पहले उसकी रूपरेखा बना ली जाए। रूपरेखा में तीन बातों पर ध्यान देना आवश्यक है :

- प्रस्तावना या भूमिका
- मुख्य अंश या विषयवस्तु
- उपसंहार या अंत

## प्रस्तावना

निबंध के प्रारंभ में उसकी प्रस्तावना लिखी जाती है इसे भूमिका भी कहते हैं। प्रस्तावना रोचक तथा विषय वस्तु को स्पष्ट करने वाली होनी चाहिए। इसके द्वारा पाठक के मन में निबंध को विस्तारपूर्वक पढ़ने की उत्सुकता जाग उठती है। प्रस्तावना संक्षिप्त, किंतु प्रभावशाली होनी चाहिए। निबंध का पहला अनुच्छेद ही उसकी प्रस्तावना या भूमिका होता है। जहां तक संभव हो सके थोड़े वाक्यों में ही निबंध के मुख्य विषय के बारे में संकेत करना चाहिए। इसे कई प्रकार से आरंभ किया जा सकता है--

1. निबंध के विषय की परिभाषा देकर
2. कोई समस्या सामने रखकर
3. किसी कविता, लोकोक्ति या उद्धरण को देकर
4. विषय का महत्व बताकर

## मुख्य अंश

प्रस्तावना के बाद निबंध का मुख्य अंश होता है। यह निबंध का महत्वपूर्ण भाग है। यहां विषयवस्तु का विस्तार से विवेचन किया जाता है। निबंध से संबंधित सामग्री को चार-पांच छोटे-बड़े अनुच्छेदों में इस प्रकार व्यक्त किया जाता है कि उसके सभी पहलुओं पर प्रकाश पड़ सके।

मुख्य घटना, भाव या विचार प्रस्तुत करते समय यह ध्यान रखना चाहिए कि वे क्रमानुसार व्यक्त किए गए हों। विचार तर्कसंगत हों और भाषा प्रभावशाली। विषय की पुष्टि के लिए जो भी उद्धरण, दृष्टांत या प्रमाण चुने जाएँ, वे सरल, आकर्षक तथा प्रभावकारी हों। जहाँ तक संभव हो, वे पाठक के दैनिक जीवन के अनुभवों से संबंधित हों। प्रत्येक मुख्य विचार या बात के लिए एक अनुच्छेद बनाया जाए। सभी अनुच्छेद आपस में इस प्रकार संबद्ध हों कि विचारों की एक अटूट श्रृंखला बनी रहे। इसके अतिरिक्त यदि भाषा विषय के अनुरूप हो तथा शुद्ध, सरल, स्पष्ट कसी हुई तथा प्रभावशाली हो, तो पाठक निबंध को पढ़कर अवश्य ही प्रभावित होगा।

## उपसंहार

निबंध का अंतिम भाग उपसंहार कहलाता है। यहाँ विषयवस्तु के विवेचन के आधार पर निष्कर्ष प्रस्तुत किए जाते हैं। कभी-कभी लेखक अपना विचार या प्रतिक्रिया भी व्यक्त करता है। निबंध का अंत ऐसा होना चाहिए कि उसका

स्थायी प्रभाव पाठक पर पड़ सके। प्रस्तावना की भाँति उपसंहार भी एक ही अनुच्छेद का होता है। संक्षिप्त होने पर भी निबंध के इस अंग में पाठक को प्रभावित करने की सबसे अधिक क्षमता होती है।

## निबंध के प्रकार

सामान्य विषय भेद के अनुसार निबंध के कई प्रकार हो सकते हैं। जैसे- ऐतिहासिक, सामाजिक, मनोवैज्ञानिक, राजनैतिक। लेकिन वस्तु विषय की दृष्टि में रख कर देखा जाए तो एक निबंध में घटनाओं के वर्णन की प्रधानता हो सकती है, तो दूसरे में भावना या विचार की। किसी निबंध को लिखते समय कल्पना की उड़ान होती है, तो किसी में साहित्यिकता के दर्शन होते हैं।

कभी-कभी एक ही विषय पर हम अनेक प्रकार से निबंध लिख सकते हैं। उदाहरण के लिए, 'ताजमहल' पर निबंध लिखते समय यदि हम ताजमहल से संबंधित सूचनाओं के आधार पर घटना या दृश्य का वर्णन करते हैं, तो यह वर्णनात्मक निबंध बन जाएगा। लेकिन यदि हम संस्कृति और सभ्यता के प्रतीक के रूप में ताजमहल के महत्व का विवेचन करते हैं, तो यह विचारात्मक निबंध कहलाएगा। यदि हमारे लेख में ताजमहल के कलात्मक सौंदर्य का भावना-प्रधान विवेचन होता है, तो यह भावात्मक निबंध बन जाता है। किंतु यदि विभिन्न कवियों और साहित्यकारों के ताजमहल संबंधी दृष्टिकोण का आलोचनात्मक विवेचन करते हुए निबंध लिखा जाता है, तो यह साहित्यिक निबंध माना जाएगा।

इस प्रकार विषयवस्तु के विवेचन की दृष्टि से चार प्रकार के निबंध माने जा सकते हैं। ये हैं :

1. वर्णनात्मक निबंध
2. विचारात्मक निबंध
3. भावात्मक निबंध
4. साहित्यिक निबंध

### 1. वर्णनात्मक निबंध

किसी त्योहार जैसे, 'दीपावली', 'होली', 'ईद', 'क्रिसमस',यात्रा, दृश्य, स्थान या घटना जैसे, 'पर्वत प्रदेश की यात्रा' 'गणतंत्र दिवस की परेड', 'ताजमहल', 'ओलंपिक खेल' आदि पर लिखे गए निबंध प्रायः वर्णनात्मक निबंध कहलाते हैं। इनमें वर्णन या विवरण की प्रधानता होती है। इनके लेखन में पहले विषय से संबंधित सूचना या विवरण दिया जाता है। उन्हें क्रमबद्ध रूप से निश्चित कर

निबंध की रूपरेखा बनाई जाती है और उसके बाद प्रस्तावना, मुख्य अंश तथा उपसंहार लिखे जाते हैं। इन निबंधों की भाषा सरल, स्पष्ट तथा सूचनापरक होती है।

**2. विचारात्मक निबंध**

इसके अंतर्गत, 'परोपकार', 'उत्साह', 'भक्ति', 'घृणा', जैसे मनोवैज्ञानिक, 'दहेज प्रथा', 'विधवा-विवाह' जैसे सामाजिक, 'राष्ट्रीय एकता' 'विश्व बंधुत्व' जैसे राजनैतिक तथा 'ईश्वर,' 'आत्मा ' जैसे दार्शनिक विषय होते हैं। इनमें विचार या चिंतन की प्रधानता होती है। इसलिए इन्हें विचारात्मक निबंध कहते हैं।

इन निबंधों में स्थिति या समस्या का सूक्ष्म विश्लेषण किया जाता है। विषय के विभिन्न पक्षों पर चिंतन-मनन करते हुए उन के गुण-दोषों का विवेचन किया जाता है। निष्कर्ष निकाले जाते हैं। विचार-प्रधान होने के कारण इन निबंधों की भाषा गूढ़ तथा गंभीर होती है। उसमें बौद्धिकता की प्रधानता रहती है।

**3. भावात्मक तथा कल्पनात्मक निबंध**

भावना-प्रधान विषयों पर लिखे गये निबंध भावात्मक निबंध कहलाते हैं, जैसे 'बंसतोत्सव', 'बुढ़ापा', 'मेरे सपनों का भारत'। कल्पनात्मक निबंध के उदाहरण हैं- 'यदि मैं प्रधानमंत्री होता', 'मेरी अभिलाषा', 'नदी की आत्म कथा' आदि। इस प्रकार के निबंधों में चिंतन की अपेक्षा भावना की प्रधानता होती है। जिस प्रकार कवि किसी विषय पर कविता लिखते समय भावुक हो जाता है और उसके कोमल पक्ष का कल्पनापूर्ण शैली में विवेचन करता है, उसी प्रकार भावात्मक और कल्पनात्मक निबंध लिखते समय लेखक की भी स्थिति रहती है। पहले वह विषय के मार्मिक और हृदय-स्पर्शी स्थलों को चुनता है, फिर उनका काल्पनिक विवेचन करता है। भावात्मक निबंध पढ़ते समय पाठक को कविता पढ़ने जैसा आनंद आता है। इन निबंधों की भाषा कोमल शब्दों से युक्त, सरस तथा काव्यात्मक होती है। कल्पनात्मक निबंध में कल्पना को मूर्त रूप देने के लिए विषय के अनुसार आलंकारिक भाषा का प्रयोग किया जाता है।

**4. साहित्यिक निबंध**

किसी साहित्यकार, साहित्यिक विधा या साहित्यिक प्रवृत्ति पर लिखे गए निबंध को साहित्यिक निबंध कहते हैं। उदाहरण के लिए, 'मुंशी प्रेमचंद', 'तुलसीदास', 'आधुनिक हिन्दी कविता', 'छायावाद', 'हिन्दी साहित्य का स्वर्ण युग' आदि विषय में लिखने से पूर्व उसकी जीवनी तथा रचनाओं के साथ ही उस पर लिखी हुई समालोचनाओं को भी पढ़ना चाहिए। यह सामग्री निश्चित रूप से

अधिक मात्रा में तथा बिखरी हुई होगी। साहित्यिक विधा या साहित्यिक प्रवृत्ति के निबंधों के लिए विस्तृत अध्ययन की अत्यंत आवश्यकता है। इसमें विषय का संक्षिप्त रूप प्रस्तुत करते समय इस बात का ध्यान रखना पड़ेगा कि घटना और विचारों का क्रम भी बना रहे और भाषा का प्रवाह भी। आवश्यकतानुसार लेखक की रचनाओं से उद्धरण लेकर अपने विचार या दृष्टिकोण की पुष्टि भी की जानी चाहिए। साहित्यिक निबंध के लेखन में विषय के अनुरूप भाषा तथा शैली का प्रयोग होता है।

# वर्णनात्मक निबंध

## गणतंत्र दिवस

### प्रस्तावना

किसी भी देश के जीवन में उसके धार्मिक, सामाजिक तथा राष्ट्रीय त्योहारों का विशेष महत्व होता है। ये देश की संस्कृति, परंपरा, सौहार्द्र तथा अखंडता के प्रतीक होते हैं। राष्ट्रीय त्योहारों से देशवासियों में देशभक्ति, राष्ट्रीय भावना, स्वाभिमान और स्वतंत्रता का संचार होता है। भारत का गणतंत्र दिवस ऐसा ही राष्ट्रीय त्योहार है। यह पर्व भारत में हर वर्ष 26 जनवरी को बड़े धूमधाम से मनाया जाता है।

### मुख्य अंश

गणतंत्र का अर्थ है—सामुदायिक व्यवस्था। सन् 1950 ई. में 26 जनवरी को ही भारत का संविधान लागू किया गया। इसी दिन भारत को 'प्रभुता संपन्न लोकतांत्रिक गणराज्य' घोषित किया गया। इसी दिन डॉ. राजेन्द्र प्रसाद भारत के प्रथम राष्ट्रपति बने। 26 जनवरी को गणतंत्र घोषित करने के कुछ ऐतिहासिक कारण हैं। 26 जनवरी 1929 ई. को लाहौर में रावी नदी के तट पर 'भारतीय राष्ट्रीय कांग्रेस' का वार्षिक अधिवेशन हुआ, जिसके सभापति पं. जवाहरलाल नेहरू थे। उन्होंने इसी दिन पूर्ण स्वराज्य प्राप्त करने की घोषणा की। अगले वर्ष सन् 1930 में भी 26 जनवरी को ही तिरंगा झंडा फहराकर पूर्ण स्वतंत्रता प्राप्त करने की प्रतिज्ञा दोहराई गई। स्वतंत्रता प्राप्ति तक यह दिन इसी रूप में

बराबर मनाया जाता रहा। यही कारण है कि स्वतंत्र भारत के संविधान को लागू करने के लिए इसी दिन को चुना गया। यह गणतंत्र दिवस हमारे लिए बहुत ही महत्वपूर्ण है।

प्रत्येक वर्ष 26 जनवरी को भारत की राजधानी दिल्ली में इंडिया गेट पर शहीदों को श्रद्धाजंलि अर्पित करने के पश्चात राष्ट्रीय ध्वज फहराया जाता है। राजपथ पर एक विशाल परेड का आयोजन होता है, जिसे देखने के लिए लाखों लोग आते हैं। ये लोग राजपथ तथा इंडिया गेट से लाल किले तक जाने वाली सड़क के दोनों ओर परेड देखने के लिए एकत्रित होते हैं। प्रातः नौ बजे राष्ट्रपति के आगमन के पश्चात् परेड प्रारंभ होती है। सेना के तीनों अंगों– जल, थल तथा वायुसेना की टुकड़ियां मार्च करती हुई राष्ट्रपति को सलामी देती हैं। इनके पीछे पुलिस, एन.सी.सी. कैडेट तथा स्कूली बच्चों की टुकड़ियाँ होती हैं। अंत में अनेक प्रांतों की सांस्कृतिक झाकियाँ निकाली जाती हैं। इसके साथ ही लोक नर्तकों का दल अपनी कला का प्रदर्शन करते हुए राजपथ पर आते हैं। वायुसेना के करतब के साथ गणतंत्र दिवस की परेड समाप्त होती है। इस दिन चारों ओर हर्ष और उल्लास का वातावरण रहता है।

संध्या के समय राष्ट्रपति भवन, संसद भवन तथा अन्य सरकारी और गैर-सरकारी भवनों पर प्रकाश किया जाता है। रात्रि में कवि सम्मेलन, मुशायरा तथा अन्य सांस्कृतिक कार्यक्रमों का आयोजन किया जाता है। इस प्रकार के [illegible]क्रम अन्य [illegible]ज्यों की राजधानियों में भी संपन्न होते हैं। इसके अलिरिक्त ज़िलों, कस्बों, नगरों, सरकारी और गैर-सरकारी [illegible]नों, शिक्षा-संस्थाओं और विद्यालयों [illegible] [illegible]णतंत्र दिवस बड़े जोश से मनाया [illegible] है। उस दिन बच्चों को इकट्ठा कर जुलूस निकाला जाता है। खेल-कूद का प्रतियोगिताएँ होती हैं।

## उपसंहार

गणतंत्र दिवस पर प्रत्येक भारतवासी में आनंद तथा उल्लास होता है। यह दिन हर भारतवासी के लिए प्रेरणादायक है। इस दिन उन अमर शहीदों को श्रद्धा से स्मरण किया जाता है जिन्होंने देश की आज़ादी के लिए अपना तन-[illegible]न धन सर्वस्व न्योछावर कर दिया। उनके बलिदान से हमें यह प्रेरणा मिलती है कि अपने देश की खुशहाली के लिए हम ईमानदारी, कर्तव्यपरायणता और निष्ठा से काम करें और देश की प्रगति के लिए सदैव तत्पर रहें। इस दिन हम देश की एकता और अखंडता के लिए अपना बलिदान और सर्वस्व त्याग करने की शपथ भी लेते हैं।

## दीपावली

भारत में दीपावली का त्योहार बड़े हर्षोल्लास से मनाया जाता है। यह त्योहार शरद ऋतु में अमावस्या के दिन मनाया जाता है। कई दिन पहले से ही इस त्योहार की तैयारी आरंभ हो जाती है। सभी लोग अपने मकानों की सफ़ाई करते हैं। मकानों की मरम्मत होती है और उनकी पुताई की जाती है। दरवाज़ों और खिड़कियों को सजाया जाता है। मकान के अंदर और बाहर जो गंदगी इकट्ठी हो जाती है, उसे निकाला जाता है। नगरों की सड़कों और गलियों की भी विशेष सफ़ाई कराई जाती है। दुकानदार अपनी दुकानों को साफ-सुथराकर उन्हें आकर्षक ढंग से सजाते हैं। वास्तव में वर्षा ऋतु के बाद वातावरण दूषित हो जाता है और कीड़े-पतंगे अधिक हो जाते हैं। उसे दूर करने के लिए सफ़ाई का काम होता है। इसलिए दीपावली को स्वच्छता का त्योहार भी कहा जा सकता है।

दीपावली हमारे देश का बहुत प्राचीन त्योहार है। यह पर्व दशहरा के बीस दिन बाद आता है। कहा जाता है कि दीपावली के दिन रामचंद्र जी बनवास की अवधि समाप्त कर अयोध्या लौट आए थे। इसलिए अयोध्यावासियों का हृदय हर्ष और उल्लास से भरा हुआ था। विजयी राम के स्वागत में अयोध्या नगर निवासियों ने नगर को दीपमालाओं से सजाया था। तभी से दीपावली का त्योहार प्रतिवर्ष मनाया जाने लगा।

कृषि प्रधान देश में खरीफ़ की फ़सल इस समय तक कट कर घर आ जाती है। लोगों का घर अन्न से भर जाता है और वे हर्षपूर्वक दीपावली मनाकर समृद्धि की देवी लक्ष्मी का पूजन करते हैं। वास्तव में यह त्योहार सुख-समृद्धि का प्रतीक है।

दीपावली के दो दिन पहले धनतेरस का पर्व होता है। यह भी दीपावली का ही अंग है। धनतेरस के दिन बाज़ार सजाए जाते हैं। दुकानों की शोभा देखते ही बनती है। इस दिन सभी हिंदू परिवारों में कोई छोटा या बड़ा बरतन अवश्य खरीदा जाता है। धनतेरस के अगले दिन छोटी दीपावली होती है। छोटी दीपावली पर भी लोग कुछ दीपक जलाकर अपना उल्लास प्रकट करते हैं। दीपावली का त्योहार वास्तव में प्रकाश और आनंद का पर्व है। इस अवसर पर घरों में अच्छी-अच्छी मिठाइयाँ और पकवान बनते हैं। बाज़ार से खील, बतासे, मिठाइयाँ,

खिलौने, लक्ष्मी-गणेश की मूर्तियाँ आदि खरीदकर लाई जाती हैं। बच्चे पटाखे और विभिन्न प्रकार की आतिशबाज़ी खरीदते हैं।

दीपावली के दिन सायंकाल पहले तो लक्ष्मी और गणेश की पूजा की जाती है। दुकानदार अपनी-अपनी दुकानों पर भी लक्ष्मी-गणेश का पूजन करते हैं। बाद में दीपक जलाकर मकानों और दुकानों की सजावट की जाती है। चारों ओर बच्चे पटाखे छोड़ते हुए दिखाई देते हैं। शहरों में बिजली की रोशनी से भी सजावट होती है। उस समय का दृश्य बड़ा ही मनमोहक होता है। अमावस्या के गहरे अंधकार के बीच छोटे-छोटे मनोमुग्धकारी दीपों की मालाएँ बहुत की सुन्दर दिखाई देती हैं। इसी संदर्भ में हिन्दी की महान् कवयित्री महादेवी वर्मा ने कहा है :

"नभ मना रहा है तिमिरपर्व, धरती रचती आलोक छंद"।

जब बच्चे जी भरकर आतिशंबाज़ी छोड़ लेते हैं और उनका संग्रह समाप्त हो जाता है, तब वे घर जाकर प्रसाद, खील-बतासे और मिठाइयाँ खाते हैं। लोग अपने मित्रों और संबंधियों के यहाँ खील-बतासे, मिठाइयाँ और पकवान आदि उपहार के रूप में भेजते हैं। सारी रात चहल-पहल रहती है और पटाखों की आवाज गूँजती रहती है।

दीपावली के दूसरे दिन अन्नकूट और तीसरे दिन भैया दूज होता है। इन्हीं के साथ गोवर्धन पूजा भी होती है। इस दिन लोग अपनी पशुसंपदा की पूजा करते हैं और अनेक स्थानों पर गाय-बैलों को रंगों से अलंकृत भी किया जाता है। भैया दूज़ के दिन बहनें अपने भाइयों का तिलक करती हैं। उन्हें मिठाइयाँ खिलाती हैं और उनके मंगलमय भविष्य की कामना करती हैं।

इस पवित्र पर्व में कुछ बुराइयाँ भी आ गई हैं। कुछ लोग इस दिन जुआ खेलते हैं और काफी पैसा हार जाते हैं। इसके अतिरिक्त खतरनाक आतिशबाजी होने से कई जगहों पर आग लग जाती हैं और कई लोग जल जाते हैं। इसीलिए दीपावली के त्योहार का उल्लास समाप्त हो जाता है। अतः हमारा यह कर्त्तव्य होना चाहिए कि इस पावन त्योहार को शुद्ध भाव से मनाएँ जिससे परस्पर प्रेम की भावना पैदा हो सके। यह त्योहार उत्साह से मनाया जाए, यही सब की कामना हो।

## क्रिसमस

ईसा मसीह का जन्मदिन 'क्रिसमस' नाम से जाना जाता है। यह त्योहार 25 दिसंबर को मनाया जाता है क्योंकि उस दिन दीन-दुखियों के दर्द को समझने वाले इस महान संत का जन्म हुआ था। हिन्दी में क्रिसमस को 'बड़ा दिन' कहते हैं। ईसा सचमुच एक महापुरुष थे, इसलिए उनका जन्मदिन निश्चित रूप से बड़ा दिन है। ईसा मसीह की जन्मकथा ईसाइयों के धर्म-ग्रंथ 'बाइबिल' में विस्तार से मिलती है।

फिलिस्तीन के नाज़रेथ नगर में युसूफ नाम के एक व्यक्ति थे। इसकी मरियम नामक कन्या के साथ सगाई हुई थी। एक दिन मरियम को स्वर्गदूत ने दर्शन देकर कहा, "आप पर प्रभु की कृपा है। आप गर्भवती होंगी, पुत्ररत्न को जन्म देंगी तथा नवजात शिशु का नाम 'ईसा' रखेंगी। वे महान होंगे और सर्वोच्च प्रभु के पुत्र कहलाएँगे। मरियम को देवदूत के कथन पर विश्वास नहीं हुआ। स्वर्गदूत ने मरियम की शंका का समाधान करके उन्हें प्रभु की अद्भुत शक्ति के बारे में समझाकर शांत किया। मरियम ने सहज भाव से कहा था, "मैं प्रभु की दासी हूँ। आपका कथन मुझसे पूरा हो जाए।"

कुछ समय बाद वहाँ के शासक ने अपने राज्य में जनगणना के आदेश दिए। युसूफ और मरियम 'बेथलहेम ' नगर में नाम लिखवाकर लौट रहे थे कि मार्ग में मरियम को प्रसव पीड़ा होने लगी। संयोग से एक सराय के मालिक ने उन्हें सराय में जगह दे दी। वहीं मरियम ने संसार के अद्भुत बालक को अस्तबल की चरनी में जन्म दिया।

वह प्रदेश चरवाहों का क्षेत्र था। वहाँ चरवाहे रात में अपने जानवरों की रक्षा कर रहे थे। स्वर्गदूत ने प्रकट होकर चरवाहों से कहा, "आज बेथेलहेम में तुम्हारे मुक्तिदाता प्रभु ईसा मसीह का जन्म हुआ है। तुम बालक को कपड़ों में लिपटा और चरनी में लेटा हुआ पाओगे। उसी को मसीहा समझो।" ग्वाले स्वर्गदूत को देखकर डर गए, परंतु उसकी घोषणा से बहुत प्रसन्न हुए। संदेश सुनते ही वे तुरंत बेथेलहेम के लिए चल दिए। वहाँ उन्होंने युसूफ, मरियम और बालक को देखा। ईसा के जन्म के समय आकाश में एक तारा उदित हुआ। तीन ज्योतिषियों ने उस तारे को देखा और देखते-देखते वे येरुसलम पहुँच गए। वे लोगों से पूछ रहे थे कि यहूदियों के नवजात राजा कहाँ हैं ? हम उन्हें प्रणाम करना चाहते हैं। वे खोजते-खोजते बेथेलहेम के अस्तबल में पहुँचे। वहाँ उन्होंने

बालक का नाम जीसस (ईसा) रखा। वह दिव्य बालक था। बारह वर्ष की अवस्था में ही उसने शास्त्रार्थ में बड़े-बड़े पंडितों को परास्त कर दिया। ईसा मसीह के जीवन के अनेक वर्ष पर्यटन, एकांतवास और चिंतन-मनन में बीते। अनेक वर्षों की अथक साधना के बाद ईसा अपनी पवित्र आत्मा के साथ गलीलिया लौटे। उनका यश चारों ओर फैल गया। उन्होंने लोगों का शिक्षाप्रद एवं ज्ञानवर्धक उद्‌बोधन किया। दीन-दुखियों, रोगियों और पीड़ितों का दुख दूर किया। अज्ञानियों को ज्ञान दिया और अंधों को दृष्टि प्रदान की। लोगों को पूरा विश्वास हो गया कि ईसा प्रभु के ही दूत हैं। ईसा ने समाज में व्याप्त अनेक अनाचारों एवं पापाचारों को दूर करने का प्रयास किया। ईसा के बढ़ते प्रभाव से तत्कालीन राजा हेरीद चिंतित हो उठा। उसने ईसा को बंदी बनाकर यहूदी महासभा में अपराधी के रूप में प्रस्तुत किया। सभाध्यक्ष ईसा को निर्दोष मानते थे। वे मुक्त करना चाहते थे, किंतु सभा के पुरोहितों और सदस्यों ने चिल्ला-चिल्लाकर कहा, "इसे क्रूस दीजिए"। सभाध्यक्ष को विवश होकर ईसा को सैनिकों के हवाले करना पड़ा।

ईसा मसीह को क्रूस का दंड दिया गया–सिर पर कांटो का किरीट और हाथ-पांव में कीलें। उनके शरीर से खून बहने लगा। ईसा को इस दशा में देखकर जनता रो उठी थी। ईसा ने लोगों को सांत्वना दी। शुक्रवार को ईसा मसीह ने प्राण त्याग दिए। इसे 'गुड फ्राइडे' कहते हैं। इसके तीसरे ही दिन रविवार को ईसा मसीह पुनः जीवित हो उठे। उन्होंने लोगों को पाप-क्षमा के लिए पश्चात्ताप का उपदेश दिया। इस 'पुनरुत्थान' की स्मृति में ही ईस्टर मनाया जाता है।

विश्व भर में ईसाइयों का सबसे बड़ा त्योहार 'क्रिसमस' है। प्रभु ईसा के भूमंडल में अवतरित होने से उनके अनुयायियों को शांति मिली। 'क्रिसमस' एक महान पर्व है। इस अवसर पर विभिन्न देशों के बीच बड़े भयंकर युद्ध तक रुक जाते हैं। क्रिसमस के दिन 'राजाओं के राजा' ईसा मसीह का स्वागत हर्षोल्लास के साथ किया जाता है। इस दिन क्रिसमस के स्तुतिगीत (करोल) गाए जाते हैं। बालक ईसा के जन्म पर स्वर्गदूतों ने जो गीत गाया था वही सबसे पहला 'क्रिसमस करोल' माना जाता है।

क्रिसमस के अवसर पर ईसाई धर्मावलंबी अपने-अपने घरों पर क्रिसमस पेड़ और क्रिसमस तारे की सजावट करते हैं। 'क्रिसमस पेड़' का प्रारंभ जर्मनी में हुआ था। ईसा मसीह के जन्म के समय वाले तारे की स्मृति में तारा सजाया जाता है। चरनी का रूप बनाकर उस पर ईसा और मरियम की मूर्तियाँ भी सजाई जाती हैं। इस दिन सारे विश्व के गिरजाघर अपनी अनोखी सजावट और रोशनी के

कारण बड़े आकर्षक लगते हैं। इस दिन विशेष प्रार्थना होती है और गीत-संगीत का कार्यक्रम होता है। किंतु रोम के वेटिकन नगर में क्रिसमस का जो उत्सव मनाया जाता है वह दर्शनीय होता है। वेटिकन कैथलिक धर्म के परम पिता पोप का निवास स्थान है।

क्रिसमस के अवसर पर नव वर्ष के समान ही विश्व भर में ईसाई लोग क्रिसमस कार्ड द्वारा शुभ कामनाएँ भेजते हैं। ईसाई बंधुओं के घरों में क्रिसमस केक बनाए जाते हैं, जिन्हें ये लोग अपने ईसाई और गैर-ईसाई मित्रों में भेंट स्वरूप बांटते हैं।

वास्तव में क्रिसमस त्योहार पर उस महान संत ईसा मसीह को स्मरण किया जाता है जो दया, प्रेम, क्षमा और धैर्य के अवतार थे। इस दिन ईसा मसीह के दिव्य संदेश को याद कर विश्व शांति की प्रेरणा मिलती है।

## फुटबॉल मैच

हॉकी, क्रिकेट, फुटबॉल, बास्केटबॉल आजकल के मुख्य खेल हैं। इसमें फुटबॉल का खेल सबसे सस्ता और लोकप्रिय है। इसके लिए केवल एक गेंद और समतल मैदान चाहिए। गांव के छोटे विद्यालयों से लेकर राष्ट्रीय और अंतर्राष्ट्रीय स्तर तक इस खेल की प्रतियोगिताएँ चलती रहती हैं।

फुटबॉल खेल के लिए 103.5 मीटर लंबा और 67.5 मीटर चौड़ा समतल और आयताकार मैदान की आवश्यकता होती है। मैदान के दोनों सिरों पर बीचोंबीच दो खंभे गाड़कर दोनों और गोल बना दिए जाते हैं। बॉल को पैर से ठोकर लगाकर गोल के बीच में निकालना होता है। इसी को गोल करना कहते हैं। हर टीम का एक खिलाड़ी गोल-रक्षक होता है। इसमें हाथ से बाल छूना, किसी खिलाड़ी को धक्का देना, पकड़ना, ठोकर मारना या खेल में किसी प्रकार की बाधा पहुँचाना नियम के विरुद्ध है।

एक दिन दिल्ली के अंबेडकर स्टेडियम में फुटबॉल का मैच था। हम इस मैच को देखने गए। यह डूरंड कप के फाइनल में मोहन बागान और ईस्ट बंगाल की टीमों का मैच था। हजारों की संख्या में दर्शक थे। दोनों टीमों के कप्तान मैदान के बीच में गेंद लिए हुए खड़े थे। उनके चेहरों पर विजय प्राप्त करने के लिए दृढ़ प्रतिज्ञा का भाव झलक रहा था। इधर रेफरी ने सीटी बजाई और उधर

एक खिलाड़ी ने बॉल में किक लगाई। देखते ही देखते खेल में गति आ गई। खिलाड़ियों के पैर से लगकर बॉल कभी इस ओर उछलती, कभी उस ओर। कभी खिलाड़ियों के पैरों के बीच चक्कर काटती तो कभी आकाश की ओर जाती। जब एक ओर की अग्रिम पंक्ति लहर की तरह तीव्र गति से आगे बढ़ती तो दूसरी टीम की रक्षा पंक्ति चट्टान की तरह आगे आकर उसे रोक देती। जनवरी का महीना था, फिर भी सभी खिलाड़ी पसीने से तर-बतर थे। दोनों टीमों के खेल को दर्शक मुग्ध भाव से देख रहे थे।

खेल अपनी चरम सीमा पर पहुँच चुका था तभी मोहन बागान के एक खिलाड़ी के हाथ से बॉल लगी। रेफ़री ने सीटी बजा दी। क्षण भर के लिए खेल रुक गया। रेफ़री ने गेंद को एक स्थान पर रखा और ईस्ट बंगाल को किक मारने का आदेश दिया। ईस्ट बंगाल के एक खिलाड़ी ने इतने ज़ोर से ठोकर लगाई कि बॉल दूसरी ओर गोलरक्षक सीमा के पास जा गिरी। सभी खिलाड़ी जी-जान से गोल करने पर तुल गए। लेकिन गोलरक्षक भी कम सतर्क नहीं था। उसने अपने कौशल से खिलाड़ियों के सभी प्रयत्न नाकाम कर दिए। इसी बीच रेफ़री ने सीटी बजाकर मध्यावकाश की घोषणा कर दी। खेल रुक गया। सभी खिलाड़ी मैदान छोड़कर बाहर आ गए।

पाँच मिनट के बाद खेल फिर आरंभ हुआ। बॉल बीच में रखी गई। इस बार ईस्ट बंगाल के अंतिम पंक्ति के खिलाड़ी जान की बाज़ी लगाकर खेलने लगे। पाँच मिनट के अंदर ही वे मोहन बागान की रक्षा पंक्ति को चीर कर आगे बढ़ गए। इस बार ईस्ट बंगाल के खिलाड़ी गोल करने में सफल हो गए। हज़ारों की संख्या में बैठे दर्शकों ने ताली बजाई और खड़े होकर हाथ फैलाते हुए खिलाड़ियों का अभिनंदन किया। ईस्ट बंगाल के सभी खिलाड़ी खुशी से नाच उठे। कई वर्षों के बाद उन्हें मोहन बागान पर पहले गोल करने का अवसर मिला था।

खेल पुनः आरंभ हुआ। ईस्ट बंगाल के खिलाड़ी उत्साहित थे तो मोहन बागान के खिलाड़ी आक्रोश से भरे हुए थे। वे अब ईस्ट बंगाल पर गोल करने के लिए कटिबद्ध हो गए थे। मोहन बागान की अग्रिम पंक्ति के खिलाड़ी बड़ी तीव्रता के साथ बॉल को आगे बढ़ाने की कोशिंश में लगे हुए थे। ईस्ट बंगाल के खिलाड़ी अब सुरक्षात्मक ढंग से खेल खेल रहे थे, और माहन बागान आक्रामक ढंग से। इसी समय मोहन बागान के एक खिलाड़ी ने सिर से बॉल मारकर गोल में डालने की कोशिश की। किंतु ईस्ट बंगाल के गोलरक्षक ने बड़ी फुर्ती से उछलकर बॉल को लपक लिया और उसे दूर फेंक दिया। दोनों टीमें बॉल को

एक दूसरे के गोल की तरफ ले जाने में जुट गईं। तभी एक खिलाड़ी धक्का लगने से गिर गया। शोर मच गया कि खिलाड़ी को धक्का मारा गया है। रेफरी ने सीटी बजा कर खेल रोक दिया। एक मिनट दोनों टीमों से रेफरी ने बात की और पुनः खेल शुरु हो गया। दो-तीन मिनट बीते ही होंगे कि मोहन बागान के खिलाड़ी ने ईस्ट बंगाल के खिलाड़ियों से बचाते हुए गोल के निकट आकर इतने जोर से किक मारी कि बॉल एक दम गोल के अंदर जाल में जा लगी। दर्शकों ने तालियों की गड़गड़ाहट से इस का स्वागत किया। मोहन बागान के खिलाड़ी खुशी से उछलने लगे।

खेल पुनः प्रारंभ हुआ। दोनों टीम जी जान से खेल रही थी लेकिन कोई टीम गोल नहीं कर पा रही थी। समय समाप्त हो रहा था तभी रेफ़री ने लंबी सीटी बजा कर खेल समाप्त होने की घोषणा की। खेल के बराबर होने पर दोनों टीमें प्रसन्न थीं। हम लोग उनके खेल कौशल से आनंदित होकर घर लौट आए।

## ओलंपिक खेल

विश्व खेल जगत में ओलंपिक खेलों का सब से अधिक महत्व है। ओलंपिक खेलों की परंपरा बहुत ही प्राचीन है। इस का उद्‌भव ईसा से 776 वर्ष पहले यूनान के ओलंपिया नामक स्थान में हुआ था। प्रारंभ में ये खेल धार्मिक समारोह के रूप में मनाए जाते थे। यूनान में यह विश्वास था कि ओलंपिक पर्वत पर देवताओं का निवास है। अतः इन खेलों में भाग लेने वाले प्रत्येक व्यक्ति को पहले दिन ओलंपिया स्थित ज़ियस देवता के मंदिर में पूजा करनी होती थी। इसके बाद विजयी खिलाड़ी को मंदिर के कुंज के जैत्तून की पत्तियों से बना मुकुट पहनाया जाता था।

ये ओलंपिक हर चार वर्ष के बाद आयोजित होते थे। ग्रीक में चार वर्ष के काल को ओलंपिय कहते हैं। प्रारंभ में केवल 200 गज की दौड़ होती थी। बाद में कुश्ती, रथों की दौड़, भाला फेंकना आदि खेल भी होने लगे। ये खेल ओलंपिया में ही खेले जाते थे। अन्य नगरों में खेलने की व्यवस्था नहीं थी। ये खेल ई. पू. 776 से सन् 398 तक जून-जुलाई मास में ही होते थे। रोम ने जब यूनान पर विजय प्राप्त की तो ये खेल रोम में आयोजित होने लगे। रोम के राजा की मृत्यु के बाद ये खेल पुनः ओलंपिया लौट आए।

प्रारंभ में इन खेलों में नियमों का कड़ाई से पालन होता था किंतु बाद में

नियमों का उल्लंवन होने लगा। धन का अभाव हो गया, खिलाड़ियों की माँगें बढ़ गईं और खेलों में राजनीति का प्रवेश हो गया। इसलिए इन खेलों का अयोजन नियमित रूप से नहीं होने लगा। 19वीं शताब्दी के अंत में फ्रांस के पियरे द कुबर्तिन नामक शिक्षक ने ओलंपिक खेलों को पुनः प्रारंभ करने का प्रयास किया। उनका मत था कि खेलों से राष्ट्रों के बीच बंधुत्व की भावना पैदा हो सकती है, अतः उन्होंने 16 जून 1894 को विश्व के क्रीड़ा प्रेमियों की एक बैठक बुलाई। इसमें यह प्रस्ताव पारित किया गया कि प्राचीन औलंपिक खेलों के आदर्श पर अंतर्राष्ट्रीय खेलों का आयोजन हर चार वर्ष के बाद किया जाए। इन अंतर्राष्ट्रीय खेलों का नाम भी ओलंपिक रखा गया। इस प्रकार फ्रांस के एक शिक्षक के अथक प्रयास से ओलंपिक खेलों का पुनः प्रारंभ हो गया।

ओलंपिक प्रतियोगिता हर चार वर्ष बाद पूर्वनिर्धारित किसी देश में होती है। ओलंपिक खेलों का संचालन एक अंतर्राष्ट्रीय समिति करती है। इसके आयोजन में करोड़ों रुपए खर्च होते हैं। यह समारोह 26 दिन चलता है। समारोह के पहले दिन अपनी-अपनी विशिष्ट पोशाकों को पहने विभिन्न देशों के प्रतियोगी अपना-अपना राष्ट्र-ध्वज उठाए परेड करते हैं। इसके बाद श्वेत रंग के ओलंपिक ध्वज को फहराते हुए खेलों का अध्यक्ष समारोह का उद्घाटन करता है। ओलंपिक खेलों का प्रतीक पांच रंगीय (नीला, पीला, काला, हरा और लाल) और अंतर्जटित छल्ले हैं जो संसार के पांच महाद्वीपों (अमेरिका, एशिया, अफ्रीका, यूरोप और आस्ट्रेलिया) की एकता को द्योतित करते हैं। खेल प्रारंभ होने से पहले प्रत्येक प्रतियोगी को यह शपथ लेनी पड़ती है कि वह खेल के नियमों का पालन करेगा, खेल को सात्विक भावना के साथ खेलेगा और पूरी निष्ठा के साथ खेलते हुए अपने देश के पूरा-पूरा सम्मान बनाए रखेगा।

इन ओलंपिक खेलों का पुनः प्रारंभ 1896 ई. में यूनान के ही एथेन्स नगर में हुआ। इस में आठ देशों ने भाग लिया। संयुक्त राज्य अमेरिका ने सर्वाधिक पदक प्राप्त किए। इसमें 12 खेल हुए थे। दूसरी बार सन् 1900 में पेरिस में हुए और तीसरी बार सन् 1904 में सैंट लुई (अमेरिका) में ओलंपिक खेल हुए। इनमें अमेरिका के खिलाड़ियों ने अधिक पदक जीते। चौथी ओलंपिक प्रतियोगिता 1908 में लंदन में हुई, जिसमें ब्रिटेन के खिलाड़ियों ने सब से अधिक पदक जीते। पाँचवीं अंतर्राष्ट्रीय प्रतियोगिता 1912 ई० में स्टाकहोम (स्वीडन) में हुई। इसका आयोजन बड़ा ही भव्य था। पाँच शारीरिक खेलों की संयुक्त प्रतियोगिता नामक 'पेटेथलन' और दस शारीरिक खेलों की संयुक्त प्रतियोगिता नाम 'डेकेंथलन' खेलों का प्रारंभ भी इसी वर्ष से हुआ।

प्रथम विश्व युद्ध के कारण 1916 ई. में और दूसरे विश्व युद्ध के कारण 1940 में ओलंपिक प्रतियोगिताएँ नहीं हो पाईं। सन् 1920 में एंटवर्प (बेल्जियम) और 1924 में पेरिस में ये प्रतियोगिताएँ संपन्न हुई। भारत के खिलाड़ी पहली बार 1920 के ओलंपिक खेलों में शामिल हुए। नवीं ओलंपिक प्रतियोगिता सन् 1928 में एडस्टर्डम (हालैंड) में हुई, जिसमें भारत ने हॉकी में स्वर्ण पदक जीता। जापान और मिस्र ने भी पहली बार स्वर्ण पदक जीते। इसी वर्ष कुबर्तिन के सम्मान में बहुत ही सुन्दर समारोह हुआ। भारत ने 1932 के खेलों में पुनः हॉकी प्रतियोगिता में स्वर्ण पदक प्राप्त किया। सन् 1936 में बर्लिन में विशाल ओलंपिक खेल हुए, इसमें 53 देशों ने भाग लिया। इस वर्ष से ओलंपिक खेलों का आरंभ ओलंपिक ज्योति से होने लगा। यह ज्योति एथेंस में सूर्य किरणों से प्रज्ज्वलित कर वहीं के धावक द्वारा लाई जाती है। वर्ष 1936 ओलंपिक खेलों में हिटलर ने बीस करोड़ रुपए खर्च किए थे। इस में भी भारत ने हॉकी में पुनः प्रथम स्थान प्राप्त किया था। भारतीय हॉकी टीम के कप्तान हॉकी के जादूगर ध्यानचंद थे जिन्होंने ओलंपिक खेलों में भारत का सम्मान बढ़ाया था।

ओलंपिक खेलों की यह परंपरा निरंतर चलती रही। इसका आयोजन लंदन (1948), हेलसिंकी (1952), मैलबोर्न (1956) और रोम (1960) में बड़े शानदार ढंग से होता रहा। 1956 के खेलों में भारत ने छठी बार हॉकी का स्वर्ण पदक प्राप्त किया। अब तक ओलंपिक खेलों का आयोजन स्थल यूरोप या अमरीका तक सीमित था। सन् 1946 में ये खेल प्रथम बार एशिया महाद्वीप में खेले गए। यह प्रथम खेल जापान की राजधानी टोकियों में संपन्न हुआ। इसके बाद मैक्सिको नगर (1968), म्यूनिख (1972), मांट्रियल (1976) और मास्को (1980) में ये खेल आयोजित किए गए। मास्को में भारत को पुनः हॉकी में स्वर्ण पदक जीतने का गौरव प्राप्त हुआ। सन् 1984 में लॉस एंजेल्स तथा 1988 में दक्षिण कोरिया की राजधानी सिओल में बड़े ही भव्य ढंग से ये खेल संपन्न हुए। सन् 1992 में स्पेन के बार्सिलोना शहर में ओलंपिक खेलों का आयोजन हो चुका है।

इस प्रकार ओलंपिक खेलों ने विश्व को अपने साथ जोड़ रखा है। इससे विश्व के सभी देश एक दूसरे के निकट आते हैं जिससे 'वसुधैव कुटुम्बकम्' की कल्पना साकार होती है। इसके अतिरिक्त खिलाड़ियों में प्रतिस्पर्धा की भावना के साथ-साथ खेल-भावना भी पैदा होती है। इसीलिए ओलंपिक खेलों की आज अत्यंत आवश्यकता है।

## जवाहरलाल नेहरू

कई जन्म लेते हैं सिर्फ़ मर जाने के लिए,
कई जन्म लेते हैं नाम अमर कर जाने के लिए।

इस संसार में अनेक जीवन जन्म लेते हैं और मर जाते हैं। उन्हें कोई जानता भी नहीं और न ही कोई उनका स्मरण करता है। सगे-संबंधी भी थोड़ी देर के लिए प्रसन्न होते हैं और रो लेते हैं। उसके पश्चात उनको कोई याद भी नहीं करता। परन्तु कुछ ऐसे व्यक्ति भी जन्म लेते हैं जो अपने यश-सौरभ से संसार को इतना अधिक सुगन्धित कर जाते हैं कि हजारों वर्षों तक उन्हें विस्मृत नहीं किया जा सकता है। महात्मा बुद्ध, ईसा मसीह, महात्मा गांधी और जवाहरलाल नेहरू ऐसे ही महापुरुषों में थे जो मर कर अमर हैं, मिटकर भी अमिट हैं।

पं. जवाहरलाल नेहरू का जन्म 14 नवंबर, 1889 ई. को इलाहाबाद में एक संपन्न परिवार में हुआ था। उनके पिता इलाहाबाद के सुविख्यात वकील थे। नेहरू जी की शिक्षा हैरो में हुई। बार ऐट-लॉ की उपाधि प्राप्त करने के पश्चात वे भारत लौट आए। उनका विवाह कमला नेहरू से हुआ। इनसे उनके एक पुत्री उत्पन्न हुई जो इन्दिरा गांधी के नाम से प्रसिद्ध हुई।

जिस समय पं. नेहरू स्वदेश वापस आए, उस समय भारत परतंत्र था। अंग्रेजों का कुचक्र भारत में पूरी तेजी के साथ चल रहा था। महात्मा गांधी के प्रभाव में आकर पं. नेहरू ने अपनी वकालत छोड़ दी और स्वतंत्रता संग्राम में कूद पड़े। पं. मोतीलाल नेहरू को जवाहरलाल नेहरू का राजनीति में प्रवेश करना आरंभ में अच्छा न लगा परंतु बाद में मोतीलाल जी जवाहरलाल जी से प्रभावित होकर स्वयं स्वतंत्रता संग्राम में कूद पड़े। संसार के इतिहास में यह अनोखा उदाहरण था कि एक पिता ने अपने पुत्र के मार्गदर्शन पर राजसी जीवन का परित्याग किया।

महात्मा गांधी के सत्याग्रह और असहयोग आन्दोलन में नेहरू जी ने महान योगदान दिया। नेहरू जी स्वाधीनता के आन्दोलन में कई बार जेल गए। सन् 1928 में पहली बार वह कांग्रेस के अध्यक्ष चुने गए और सन् 1929 ई. में उन्होंने रावी के किनारे पहले-पहल घोषणा की कि हमारे इस स्वाधीनता संग्राम का उद्देश्य औपनिवेशिक स्वाधीनता नहीं, अपितु पूर्ण स्वतंत्रता है। इसके बाद पं. जवाहरलाल नेहरू देश के उन अग्रणी नेताओं में हो गए जिनके मार्गदर्शन पर ही स्वतंत्रता संग्राम चला। 15 अगस्त 1947 ई. को भारत स्वतंत्र हुआ।

स्वतन्त्रता-प्राप्ति के पश्चात नेहरू जी ने देश की बागडोर संभाली। इस समय भारत अनेक रियासतों में बंटा हुआ था। राजनैतिक उच्छृंखलता, सामाजिक भेद-भाव, आर्थिक विषमता और धार्मिक अंधविश्वास का बोलबाला था। जाति-प्रथा, ऊँच-नीच, छुआछूत, बाल-विवाह, आदि अनेक सामाजिक कुरीतियाँ प्रचलित थीं। निरक्षरता के दानव सिर पर मंडरा रहे थे। इस प्रकार आर्थिक दृष्टि से देश की दशा अत्यंत शोचनीय थी।

पं. जवाहरलाल नेहरू ने सरदार पटेल के साथ देश की विभिन्न समस्याओं को सुलझाया था। सरदार पटेल के सत्प्रयत्नों से विभिन्न रियासतें भारतीय संघ में सम्मिलित हुईं। पंडित नेहरू ने भारत का आर्थिक विकास करने और अन्तर्राष्ट्रीय जगत में उसकी प्रतिष्ठा बढ़ाने का कार्य किया। देश के आर्थिक उत्थान के लिए जो पंचवर्षीय योजनाएँ लागू की गई उनमें नेहरू का महत्वपूर्ण योगदान था। नेहरू आदर्शवादी राजनीतिज्ञ थे। वे रूढ़ियों और रूढ़िगत परंपराओं के विरोधी थे। हिन्दू कोड बिल के द्वारा उन्होंने हिन्दुओं की बहुत-सी धार्मिक और सामाजिक असमानताओं को दूर करने का प्रयास किया।

नेहरू जी आधुनिक भारत के निर्माता हैं। उन्होंने विज्ञान और टेकनोलॉजी की शिक्षा पर विशेष बल दिया। वे भारत के स्तर को विश्व के बड़े-बड़े देशों के समान लाना चाहते थे। इसलिए उन्होंने वैज्ञानिकों पर ध्यान दिया। वे भारत को आत्मनिर्भर बनाना चाहते थे। इसीलिए देश में कल-कारखानों की स्थापना की।

अंतर्राष्ट्रीय जीवन में भारत को उच्च स्थान दिलाने का श्रेय पं. नेहरू को ही है। उन्होंने तटस्थता की नीति का अनुसरण किया और वे पूँजीवाद और साम्यवाद किसी भी गुट में सम्मिलित नहीं हुए। भारत की इस तटस्थ नीति से प्रेरणा पाकर अन्य देशों ने भी इस नीति को अपनाया। विदेशों में भारत के गौरव को बढ़ाने का श्रेय पंडित नेहरू को प्राप्त है।

महापुरुष यद्यपि एक देश और एक काल में जन्म लेते हैं, परन्तु उनका स्वर सार्वदेशिक, सार्वकालिक और सार्वभौमिक होता है। पं. नेहरू ऐसे ही महापुरुष थे। वे सच्चे अर्थों में मानवतावादी थे। युद्ध को बहुत बड़ा अभिशाप समझते थे और निःशस्त्रीकरण को आवश्यक मानते थे। कोरिया और इंडोनेशिया के युद्धों को बंद करवाने का श्रेय पूर्णरूपेण नेहरू जी को ही जाता है। बांडूग सम्मेलन में शान्ति और मानवता का आदर्श पं. नेहरू ने संसार के सम्मुख रखा। पंचशील के निर्माता पं. नेहरू के रोम-रोम में कराहती हुई मानवता के प्रति सहानुभूति

थी। वे जीवनपर्यंत शान्ति के लिए प्रयत्नशील रहे। उन्होंने सदैव न्याय का पथ पकड़ा, चाहे उन्हें हानि ही क्यों न उठानी पड़ी। उनका विचार था कि जहाँ अनाचार और अन्याय होता है, वहाँ मानवता कराहती है। जहाँ कहीं भी उन्होंने अन्याय होते हुए देखा, उसका उन्होंने डट कर मुकाबला किया। वास्तव में न्याय के पथ पर चलने वाले व्यक्ति ही सच्चे मानवतावादी होते हैं और इन अर्थों से नेहरू जी का स्थान बहुत ऊँचा है। उन्होंने शांति और मानवता का जो आदर्श प्रस्तुत किया वह वास्तव में नेहरू जी के मानवतावादी रूप को उभारता है।

नेहरू एक उच्च कोटि के राजनीतिक ही नहीं वरन् अच्छे लेखक भी थे। उनकी (आत्मकथा) 'विश्व इतिहास की झलक', 'भारत की खोज' आदि कृतियाँ अत्यंत उच्च कोटि की हैं। वे साहित्यिकता के गुणों से परिपूर्ण हैं। नेहरू अत्यंत भावुक स्वाभव के थे। बच्चों से उन्हें विशेष प्रेम था। बच्चे उन्हें 'चाचा नेहरू' के नाम से पुकारते थे। इसलिए उनके जन्म-दिवस पर प्रतिवर्ष बाल-दिवस मनाया जाता है। इस दिन उस दिवंगत आत्मा से प्रेरणा प्राप्त की जाती हैं।

भारत का यह महान् सपूत 27 मई 1964 को हमारे बीच से उठ गया। वास्तव में भारत के प्रथम प्रधान मंत्री के रूप में उन्होंने देश को बहुत ऊँचा उठाया। वे महात्मा गांधी के वास्तविक उत्तराधिकारी थे। उन्होंने देश में लोकतंत्र की नीव डाली। विश्वशांति के लिए भरसक प्रयास किया। इन महान कार्यों के लिए नेहरू जी सदैव याद किए जाते रहेंगे। आधुनिक भारत के गौरव इतिहास में नेहरू जी का नाम स्वर्ण अक्षरों में लिखा जाएगा।

# विचारात्मक निबंध

## दहेज प्रथा – एक अभिशाप

दहेज प्रथा एक सामाजिक कुरीति है। इसमें विवाह के समय कन्या-पक्ष वर-पक्ष को धन-वस्त्राभूषण और अन्य सामग्री भेंट के रूप में प्रस्तुत करता है। भारत में जहाँ विज्ञान और उद्योग के क्षेत्र में जितना विकास हुआ है, वहाँ जात-पाँत, छुआछूत तथा दहेज प्रथा जैसी कुरीतियों से वह पूरी तरह मुक्त नहीं

हो पाया। दहेज प्रथा तो आज के भौतिकवादी तथा लोलुप समाज में और भी भयानक रूप लेती जा रही है। प्राचीन काल में कन्या के जन्म की तुलना लक्ष्मी के आगमन से की जाती थी, किन्तु आज इसके विपरीत स्थिति देखने में मिलती है। कन्या के जन्म लेते ही माता-पिता तथा परिवार के अन्य लोगों पर दुःख का भाव छा जाता है। परिवार में आनंद और प्रसन्नता के स्थान पर शोक तथा दुख का वातावरण छा जाता है। कभी-कभी तो पुत्र की चाह पूरी न होने पर माताएँ स्वयं ही नवजात कन्या का गला घोंट देती हैं। कितना भयानक है दहेज प्रथा का अभिशाप !

प्राचीन काल में दहेज का प्रचलन एक सात्विक प्रथा के रूप में था। माता-पिता स्वेच्छा से अपने सामर्थ्य के अनुसार कन्या के विवाह पर वस्त्राभूषण, बर्तन आदि वस्तुएँ दहेज के रूप में देते थे। इसके पीछे यह भी मान्यता थी कि कन्या पति के घर जाकर श्री समृद्धि की वृद्धि करने वाली सिद्ध हो। किंतु धीरे-धीरे इस प्रथा में विकार आने लगा। दहेज के नाम पर वर की सौदेबाजी होने लगी। जो माता-पिता मुँह माँगा दहेज नहीं दे पाते, उनकी लड़कियाँ या तो अविवाहित रह जाती हैं या उनकी शादी अयोग्य लड़के से हो जाती हैं। कभी-कभी लड़कियाँ आत्महत्या कर लेती हैं। लड़की के गुण, शील तथा सौंदर्य की परख उससे प्राप्त दहेज से होती है। जैसे-जैसे हमारे समाज में भौतिकता और स्वार्थ की भावना की वृद्धि हो रही है दहेज प्रथा की भयानकता भी बढ़ती जा रही है। इच्छानुकूल दहेज न पाने पर वे लड़की के घर वालों को ताने देते हैं और उसे अपने माता-पिता से धन या वस्तुएँ लाने के लिए विवश करते हैं। यदि इससे भी उनकी लोभवृत्ति को संतोष नहीं मिलता, तो वे बहू को जला देने अथवा मार डालने पर भी आमादा हो जाते हैं। समाचारपत्रों में रोज ही इस प्रकार की दर्दनाक घटनाएँ पढ़ने को मिल जाती हैं।

दहेज प्रथा में केवल वर-पक्ष ही दोषी नहीं है, कन्या-पक्ष भी इस कुप्रथा के बढ़ने में सहायक सिद्ध हुआ है। आजकल भ्रष्टाचार से कमाया हुआ काला धन अच्छे वर को खरीदने का सफल साधन बन गया है। कुरूप और गुणहीन लड़कियों की शादी दहेज के बल पर सुंदर और गुणवान लड़कों से होने लगी है। दहेज के लोभी लड़के और उनके संबंधी विवाह के पवित्र संबंध को कलुषित बनाने में तनिक भी संकोच नहीं करते।

दहेज की कुप्रथा का विरोध धर्म, समाज और राजनीति के नेतागण बहुत समय से करते आ रहे है, किंतु यह कार्य भाषण अथवा पोस्टर से पूरा होनेवाला

नहीं है। सरकार ने सन् 1961 ई. में दहेज उन्मूलन कानून भी बनाया किंतु वह भी इस प्रथा को समाप्त करने में सफल न रहा। दिन-प्रतिदिन यह कुप्रथा और भी भयंकर रूप लेती जा रही है। समाज में भ्रष्टाचार, रिश्वतखोरी तथा अनैतिकता के बढ़ने का भी यह एक कारण है। आज तो यह कुप्रथा एक भयानक राक्षस की भाँति हमारे सम्मुख मुँह बाए खड़ी है। यदि समय रहते इस पर काबू न पाया गया, तो हमारा समाज पतन के गर्त में गिरता चला जाएगा।

प्रश्न उठता है कि दहेज की समस्या का समाधान कैसे हो ? इस समस्या का समाधान केवल युवक-युवतियाँ कर सकते हैं। उन्हें आगे बढ़कर इस कुप्रथा का विरोध करना चाहिए। यदि वे बिना दहेज के विवाह करने का संकल्प लें, तो हमारा समाज़ इस राक्षसी प्रथा से छुटकारा पा सकता है। इस दिशा में लड़कियों की शिक्षा अनुकूल कदम है। शिक्षित नारी यदि अपने पैरों पर खड़ी हो जाती है तो वह कमज़ोर और असहाय नहीं रह जाएगी। उसे भी अपनी इच्छानुसार जीवन व्यतीत करने का अधिकार मिलेगा। और वह दहेज लोलुप असामाजिक तत्वों से अपनी रक्षा कर पाएगी।

## सहशिक्षा

सहशिक्षा का मूल भाव है एक ही विद्यालय में छात्र और छात्राओं का एक साथ बैठकर विद्याध्ययन करना। आधुनिक भारत में यह प्रथा पश्चिम से आई है। सहशिक्षा की यह मान्यता है कि स्त्री-पुरुष दोनों को एक दूसरे का सफल सहयोगी बनाने के लिए उन्हें बचपन से ही एक साथ रहने, पढ़ने तथा कार्य करने का अवसर मिलना चाहिए। भारत में पहले सहशिक्षा का काफी विरोध किया गया, किंतु इसे धीरे-धीरे स्वीकृति मिलने लगी है। आजकल देश के अनेक विद्यालयों में सहशिक्षा प्रणाली चल रही है। वास्तव में जीवन के सफल निर्वाह के लिए स्त्री और पुरुष दोनों का सुशिक्षित और स्वस्थ होना आवश्यक है। इन्हें शिक्षा के समान अवसर मिलने चाहिए ताकि वे अपने व्यक्तित्व का पूर्णतया विकास कर सकें।

भारत में प्राचीन काल में सहशिक्षा के कुछ संकेत मिल जाते हैं किंतु काफ़ी समय से इस प्रथा का हमारे देश में प्रचलन नहीं हो रहा है। नारियों को पुरुषों के समान अधिकार न प्राप्त होने के कारण उनकी शिक्षा पर भी विशेष ध्यान

नहीं दिया गया। इसीलिए आज भी शिक्षा के क्षेत्र में लड़कों की अपेक्षा लड़कियों को कम महत्व दिया जाता है। अंग्रेजी शिक्षा के प्रभाव से अब लड़कियों की शिक्षा को भी महत्व मिलने लगा है। इसके साथ ही उन्हें लड़कों के साथ पढ़ने का अवसर भी मिलने लगा है। सहशिक्षा के महत्व को भी स्वीकार किया जाने लगा।

सहशिक्षा अनेक दृष्टियों से उपयोगी है। उसके प्रचलन से लड़के और लड़कियों के लिए अलग-अलग विद्यालय खोलने की आवश्यकता नहीं पड़ती। इसका लाभ उन स्थानों पर अधिक होता है, जहाँ थोड़ी आबादी होने के कारण छात्र और छात्राएँ बहुत सीमित संख्या में होते हैं। गाँव के स्कूलों में यही स्थिति है। वहाँ दोनों को मिलाने के बाद भी प्रायः कक्षा की अपेक्षित संख्या नहीं बन पाती। इसके अतिरिक्त सहशिक्षा से लड़के और लड़कियों में मिलकर काम करने का अवसर मिलता है। इससे उनमें अनावश्यक लज्जा और झिझक भी दूर होती है। एक-दूसरे के प्रति सहानुभूति की भावना पैदा होती है। वे एक-दूसरे के स्वभाव और मनोवृत्ति से परिचित हो जाते हैं। एक साथ पढ़ने से दोनों में स्वस्थ प्रतिस्पर्द्धा तथा प्रतियोगिता का भाव भी पैदा होता है। यह आधुनिक युग में दोनों के विकास की दृष्टि से महत्वपूर्ण है।

प्रत्येक वस्तु अथवा कार्य में गुण और दोष दोनों ही मिलते हैं। सहशिक्षा भी पूरी तरह दोषमुक्त नहीं है। सहशिक्षा प्रणाली में विश्वास न रखने वाले इसे चारित्रिक पतन का प्रधान कारण मानते हैं। ऐसा माना जाता है कि अपरिपक्व होने के कारण लड़के और लड़कियाँ स्वतंत्रता पाते ही कुमार्ग पर बढ़ने लगते हैं। इससे विद्यालय का पवित्र वातावरण दूषित होता है तथा चारित्रिक दृढ़ता के स्थान पर ह्रास की संभावना रहती है। युवावस्था में दोनों के कार्यक्षेत्र में भी अंतर रहता है। अतः उनकी शिक्षा ही एक साथ नहीं होनी चाहिए। यह भी कहा जाता है कि सहशिक्षा वाली कक्षा को यदि पुरुष पढ़ाता है, तो वह लड़कियों की आवश्यकता को नहीं समझ सकेगा और स्त्री अध्यापिका लड़कों के साथ पूर्ण न्याय नहीं कर पाएगी। फिर भी यह अवश्य कहा जा सकता है कि सहशिक्षा लड़के और लड़कियों के बीच व्याप्त खाई को समाप्त करेगी और उनके सर्वांगीण विकास में सहायक होगी।

## विश्व-शान्ति

विश्व के कई देशों ने वैज्ञानिक प्रगति की है। इस प्रगति में जहाँ उन्होंने रचनात्मक अनुसंधान किए हैं वहाँ विध्वंसात्मक शस्त्र भी तैयार किए हैं। इससे वे शक्तिशाली बन गए हैं और वे अन्य देशों पर अपना प्रभुत्व जमाना चाहते हैं। यदि कोई देश उनके प्रभुत्व को स्वीकार नहीं करता तो वे उस पर आक्रमण कर देते है। किंतु वे यह नहीं जानते हैं कि युद्ध से युद्ध समाप्त नहीं होता। सन् 1919 का प्रथम महायुद्ध साक्षी है जिसमें जर्मनी तथा उसके सहायक राष्ट्रों की अप्रत्याशित पराजय हुई और ब्रिटेन, फ्रांस, अमेरिका आदि देशों को सामूहिक विजय प्राप्त हुई। तब दोनों पक्षों में सन्धि हो गई। राष्ट्रपति विल्सन के चौदह सूत्री कार्यक्रम के अनुसार 'लीग ऑफ नेशन्स' की स्थापना हुई। लगभग सत्रह वर्षों के बाद जर्मनी, जापान और इटली की शक्तियों ने विश्व के राजनैतिक वातावरण में पुनः हलचल मचाना शुरू कर दिया।1936 ई. में इटली ने अबीसीनिया पर आक्रमण कर दिया और जर्मनी ने अपने पश्चिमी ओर के देशों पर। द्वितीय विश्वयुद्ध का बिगुल बज गया। यह युद्ध प्रथम विश्वयुद्ध की अपेक्षा अधिक संहारक था। लगभग नौ वर्षों तक संहार का यह भयंकर दौर चलता रहा। युद्ध में वैज्ञानिकों ने महत्वपूर्ण योगदान दिया। एटमबम का प्रयोग अमेरिका ने जापान के औद्योगिक क्षेत्र नागासाकी और हिरोशिमा पर किया, जिससे इन दोनों क्षेत्रों का नामोनिशान मिट गया। जर्मनी सेनाएं रूस के मैदान में नष्ट हो गई। 1945 में युद्ध की समाप्ति हुई। अब की बार फिर ब्रिटेन, अमेरिका, फ्रांस और रूस विजयी हुए। ट्रूमेन महोदय ने राष्ट्रसंघ को और प्रबल रूप में पुर्नजीवित करने का प्रयास किया किंतु राष्ट्रसंघ की स्थापना से कोई लाभ नहीं हुआ। अधिकांश देश वैज्ञानिकों की सहायता से विनाशकारी शस्त्रास्त्रों के निर्माण में जुट गए। ध्वनि से दुगुनी गति में चलने वाले लड़ाकू विमान तथा व्यापक विनाशकारी क्षमता वाले बम तैयार हो गए। उनके परीक्षणों की होड़ लग गई। जब युद्ध में इन शस्त्रों के प्रयोग की कल्पना की गई तो विश्व का विनाश साकार रूप में दिखाई देने लगा। तभी से विश्व-शान्ति की समस्या पर गंभीरता से विचार किया जाने लगा।

युद्ध के बाद प्रायः सभी स्वतंत्र देश सैनिक शक्ति की वृद्धि के लिए साधन जुटाने लगे। रूस और अमेरिका में स्पर्द्धा बढ़ने लगी और वे अपने-आप को महाशक्ति सिद्ध करने के लिए युद्ध विमान तथा भयंकर बमों का निर्माण करने

लगे। ब्रिटेन, फ्रांस आदि अन्य पश्चिमी देश इन्हीं दोनों के पीछे आने लगे। फलतः विश्व के सभी राष्ट्र इन दो शिविरों में विभाजित हो गए। इधर अनेक राष्ट्र स्वतंत्र हो गए और इन राष्ट्रों ने तटस्थ नीति को अपनाया। इसलिए एक तीसरा गुट भी बना। वे सभी राष्ट्र संयुक्त राष्ट्रसंघ के सदस्य हैं। इस राष्ट्रसंघ ने कई समस्याओं का समाधान बातचीत के द्वारा भी किया है, किन्तु अधिकांश समस्याएँ उलझी ही रह गई हैं। जैसे काश्मीर समस्या, भारत-चीन-सीमा विवाद, इराक-कुवैत अनेक समस्याएँ हैं जिनका समाधान नहीं हो सका।

आधुनिक वैज्ञानिकों ने युद्ध की भयंकरता बढ़ाने में दो प्रकार से अपनी भूमिका निभाई है। एक तो अतिद्रुतगामी लड़ाकू विमानों के निर्माण से, जिसमें चलने के समय ध्वनि भी नहीं उत्पन्न होती, दूसरे भयंकर एटम, हाइड्रोजन और न्यूक्लीयर आदि बमों के निर्माण तथा युद्धास्त्रों से। इन साधनों ने प्रायः सभी शक्तिशाली राष्ट्र को इतनी भयंकर शक्ति प्रदान कर दी है कि यदि युद्ध की स्थिति उत्पन्न हो जाए और उसमें इनका प्रयोग कर दिया जाए तो निश्चित ही विश्व का यदि पूर्णतया नहीं तो भी अधिकांशतः विनाश अवश्य हो जाएगा। इसका एक प्रमाण ईराक के साथ अमेरिका के युद्ध का है। यह युद्ध भी काफ़ी विनाशक रहा है। इसलिए अंतर्राष्ट्रीय विवादों को शान्तिपूर्वक हल करने के प्रयास हो रहे हैं। सदियों के अनवरत प्रयास से बना यह विश्व किस रूप में बचेगा, यह भयंकर प्रश्न बन गया है। यही कारण है कि सभी राष्ट्रों के कर्णधार निरंतर विश्व-शान्ति की बात करते हैं। अब समस्या यह है कि जब सभी चाहते हैं तो विश्व-शान्ति संबंधी कार्य सफल क्यों नहीं होता ? इसका मूल कारण स्वार्थपरकता, अविश्वास की भावना तथा विश्व शासक बनने की महत्वाकांक्षा है। सभी एक दूसरे को संदेह की दृष्टि से देखते हैं कि कहीं दूसरा गुट हमें धोखा न दे जाए। प्रायः सभी बड़े राष्ट्र अपनी परमाणु शक्ति के आतंक से विपक्षी को घुटना टेके देखना चाहते हैं।

इस प्रकार आज भी संसार युद्ध के ज्वालामुखी पर बैठा है। ऐसी स्थिति में विश्व-शान्ति की समस्या और भी प्रबल है। विश्व संगठन अथवा संयुक्त राष्ट्रसंघ निःशस्त्रीकरण और विश्व-शान्ति के पक्ष में प्रबल जनमत तैयार करना ही इसका एक मात्र उपाय है। वास्तव में निःशस्त्रीकरण की समस्या का संबंध विश्व-शान्ति से है। यह कल्पना निराधार नहीं है। साधारण कहे जाने वाले एटम बम की करामात को नागासाकी, हिरोशिमा में सभी ने देख लिया है। परीक्षणों द्वारा जो प्रतिक्रिया समुद्रों और वीरान रेगिस्तानों में होती है, उनके वास्तविक दृश्य अपने

सभी प्रभावों के साथ राष्ट्रनायकों को झकझोर दिया है। वास्तव में एक बम से हजारों वर्ग मील की रूपरेखा ही बदल जाएगी। मृतकों को समाधि देने का काम भी वे बम स्वयं कर देंगे, चिता सजाकर अग्निदान भी वे ही कर देंगे। इतने पर यदि कोई प्राणी जीवित बच भी जाता है तो वह दूषित वातावरण से कुछ समय बाद तड़पते हुए मर जाएगा। यही कल्पना विश्व-शान्ति की समस्या को और गहराई से सोचने के लिए बाध्य कर रही है।

विश्व-शान्ति की समस्या का रूप आज भी वैसा ही है। इतना कहना भी आवश्यक है कि आज बड़े-बड़े राष्ट्र भी इन समस्याओं में इस भय से रुचि ले रहे हैं कि कहीं ऐसा न हो कि छोटी सी समस्या युद्ध की अग्नि के दहकने के लिए चिनगारी का काम कर जाए। छोटे राष्ट्रों को अपनी ओर लेने का प्रयास बड़े राष्ट्र करते हैं और यथावसर उनकी सहायता भी करते हैं। इस समय सोवियत संघ टूटने सें शक्तिशाली नहीं रहा, इसलिए अब अमेरिका ही सब पर हावी होने का प्रयास करेगा।

वस्तुतः आज के विषाक्त वातावरण में विश्व के सभी राष्ट्र किसी-न-किसी आशंका से भयभीत हैं। सभी के हृदय में आतंक छाया हुआ है। ऐसी स्थिति में विश्व-शान्ति की योजना में ही यह शक्ति है जो दुनिया का कल्याण कर सकती है। इस दिशा में तटस्थ देशों की भूमिका महत्वपूर्ण है, जिनमें भारत प्रमुख है।

"क्योंकि युधिष्ठिर एक, सुयोधन अगणित अभी यहाँ हैं।
बड़े शक्ति की लता, हाय, वे पोषक तत्व कहाँ हैं ?"

## भारत के उद्योग-धंधे

प्राचीन काल से ही भारत कला-कौशल में ख्याति-प्राप्त रहा है। वस्त्र, काग़ज़, लोहा, कांच, बर्तन आदि अनेक उद्योगों में इसका प्रभुत्व रहा है। हमारे देश में तैयार वस्तुओं का निर्यात सत्रहवीं शताब्दी के अंत तक विश्व के विभिन्न देशों में होता था। उस समय भारत का विश्व में बड़ा सम्मान था। विभिन्न उद्योगों के विकसित होने के कारण यह देश 'सोने की चिड़िया' कहलाता था।

अंग्रेजी शासन स्थापित होने के बाद भारतीय उद्योगों की स्थिति डगमगाने लगी। अँग्रेजों ने हमारे उद्योगों को नष्ट करने में कोई कसर नहीं छोड़ी। वे अपने

उद्योगों को बढ़ावा देने लगे और हमारे उद्योगों को बंद करने लगे। अपने देश में बने हुए माल को वे भारत में मनमानी कीमत पर बेचते थे और इस प्रकार हमारा धन लूटने लगे। भारत के उद्योगों के नष्ट हो जाने से देश की आर्थिक स्थिति दिन-प्रतिदिन क्षीण होती चली गई। बेकारी, गरीबी, भुखमरी का साम्राज्य हो गया।

महात्मा गांधी ने भारतीय उद्योगों की आवश्यकता को महसूस किया। इसलिए उन्होंने स्वतंत्रता आन्दोलन में स्वदेशी आन्दोलन पर बल दिया। देश में विदेशी वस्तुओं के बहिष्कार से भारतीयों में स्वदेशी वस्तुओं का प्रयोग करने का प्रोत्साहन दिया। उन्होनें बेकारी की समस्या के निवारण के लिए लघु कुटीर उद्योगों पर बल दिया। इसलिए साबुन, दियासलाई, चमड़ा, एल्युमिनियम आदि के अनेक छोटे-बड़े उद्योगों का प्रारंभ हुआ। लेकिन अंग्रेज अपनी चाल चलते रहे और उन्होंने भारतीय उद्योगों को पनपने नहीं दिया। स्वतंत्रता प्राप्ति तक हमारे देश के उद्योगों की प्रगति काफी धीमी रही। स्वतंत्रता-प्राप्ति के बाद सरकार ने औद्योगिक विकास पर ध्यान दिया। नई-नई योजनाएँ बनाई गईं। आज भारत के कोने-कोने में उद्योग-समूह को प्रारंभ किया जा रहा है। इस समय भारत के वस्त्र, पटसन, चीनी, लौह व इस्पात प्रमुख उद्योग हैं।

वास्तव में भारत में सूती कपड़े का सबसे पहला कारखाना, सन् 1818 में कलकत्ता में खेला गया था, किन्तु इसमें विशेष प्रगति नहीं हो पाई। सन् 1854 में सूती कपड़े का एक अन्य कारखाना बम्बई में खोला गया जिससे सूती कपड़े के उद्योग का विकास हुआ। इसकी भारत में पाँच सौ से अधिक मिलें हैं। इस समय सूती कपड़ा उद्योग के भारत के महत्वपूर्ण केन्द्र बम्बई, अहमदाबाद, कोयंबतूर, मदुरै, मद्रास, नागपुर, शोलापुर, कानपुर और दिल्ली हैं। आज सूती वस्त्रों के निर्माण में भारत आत्म-निर्भर ही नहीं अपितु विश्व के प्रमुख उत्पादकों में से एक है और यहाँ से विदेशों को कपड़े का निर्यात भी होता है।

पटसन या जूट उद्योग का भी भारत की अर्थव्यवस्था में महत्वपूर्ण स्थान है। वास्तव में यह विदेशी मुद्रा प्राप्त करने का एक मुख्य साधन है। हमारे देश में इस पटसन की एक सौ से अधिक मिलें हैं। इनमें एक करोड़ टन से अधिक जूट का सामान प्रतिवर्ष तैयार होता है। इस उद्योग में लगभग पाँच लाख व्यक्ति काम करते हैं।

भारत आजकल संसार का सबसे बड़ा चीनी-उत्पादक देश है। अंग्रेजी शासन

काल में चीनी का विदेशों से बहुत बड़ी मात्रा में आयात होता था। परंतु आज हमारा देश चीनी के उद्योगों में न केवल स्वावलंबी हुआ है बल्कि आज यह चीनी का निर्यात भी करता है। अधिकतर चीनी मिलें उत्तर प्रदेश, महाराष्ट्र और बिहार में स्थापित हैं। चीनी-उद्योग से बेकारी और बेरोजगारी की समस्या काफी सुलझी है। आज का किसान नकद धन देने वाली गन्ने की फसल इसी उद्योग के कारण बड़ी मात्रा में पैदा करता है। वह गेहूँ की अपेक्षा गन्ने को अधिक मात्रा में पैदा करना चाहता है।

लोहे व इस्पात का उद्योग किसी भी देश की समृद्धि के लिए आवश्यक है। सन् 1907 में टाटा आयरन एण्ड स्टील कं. की स्थापना बिहार में जमशेदपुर में हुई थी। इसके पश्चात यह उद्योग निरंतर प्रगति करता चला गया। द्वितीय पंचवर्षीय योजना में भारत सरकार ने विदेशी सहयोग से भिलाई, राउरकेला, बोकारो, दुर्गापुर में चार बड़े-बड़े इस्पात के कारखाने खोले हैं। इसके अतिरिक्त आसनसोल, हीरापुर, कुल्टी, भद्रावती आदि स्थानों पर भी इस्पात के कारखाने कार्यरत हैं।

आर्थिक निर्माण की दृष्टि से सीमेंट-उद्योग का बहुत अधिक महत्व है। देश में बांध, पुल तथा भवन-निर्माण के लिए सीमेंट की काफ़ी आवश्यकता रहती है। सन् 1904 में सीमेंट का सर्वप्रथम कारखाना मद्रास में खुला। देश में सीमेंट के अनेक कारखाने हैं, जिनके उत्पादन में आशातीत वृद्धि हुई है। सीमेंट-निर्माण में भारत अब आत्मनिर्भर है।

स्वतंत्रता से पहले और बाद में काफ़ी समय तक विदेशों से कागज का आयात होता था। सरकार ने कागज का उत्पादन पर विशेष ध्यान दिया। आज हमारे देश में पुस्तकों के लिए जितने कागज़ की आवश्यकता होती है, उतना उत्पादन किया जाता है। अखबारी कागज की काफी कमी रहती है। इसी कारण 6000 टन अखबारी कागज़ के प्रति वर्ष उत्पादन के लिए सन् 1955 में मध्य प्रदेश के 'नेपा' नामक स्थान पर कागज़ मिल की स्थापना की गई थी। इस मिल के चालू हो जाने से देश में अखबारी कागज की समस्या का काफी समाधान हो गया है।

देश में इंजीनियरिंग उद्योग को बढ़ावा देने के लिए भारत सरकार प्रयत्नशील है। फलतः सार्वजनिक क्षेत्रों में कई उद्योगों की स्थापना की गई है। मशीनों के निर्माण में अब भारत अन्य देशों से पीछे नहीं रहा। स्वतंत्रता से पहले हमारे देश

में लगभग सभी मशीनें विदेशों से आती थीं। अब सिलाई मशीनें, साइकिलें, कृषियंत्र, मोटर, घड़ियाँ आदि अनेक मशीनों का निर्माण देश में ही होता है। डीज़ल इंजन, मोटरों आदि का निर्माण भी अब देश के अपने उद्योगों का परिणाम है।

वायुयानों का निर्माण बंगलौर तथा जलयानों के निर्माण के लिए विशाखापट्टणम में एक विशाल कारखाना स्थापित किया गया है। इन कारखानों में अनेक उच्च कोटि के जहाज़ बनते हैं। भारत के बने 'नेट' अपने युद्ध-कौशल के लिए ख्याति प्राप्त कर चुके हैं। रेल इंजिनों और डिब्बों के निर्माण में भारत ने आशातीत सफलता प्राप्त की है। रेल इंजिन चितरंजन लोकोमोटिव वर्क्स और रेल के डिब्बे पैराम्बूर में बनते हैं। ये एशिया में अपने किस्म के सबसे विशाल कारखाने हैं। चितरंजन का रेल इंजिन कारखाना एक वर्ष में लगभग 200 इंजिन तैयार करता है।

स्वतंत्रता-प्राप्ति से पूर्व भारत में रासायनिक उद्योग की प्रगति नगण्य थी। द्वितीय महायुद्ध आरंभ होने तक हमारा देश रासायनिक पदार्थों का आयात करता था। स्वाधीनता के पश्चात इस उद्योग का महत्वपूर्ण ढंग से विकास हुआ है। सिंदरी के उर्वरक कारखाना की दैनिक उत्पादन-क्षमता 300 टन है। हरिद्वार, हैदराबाद, मद्रास आदि में खोले गए विशाल कारखानों से देश की रासायनिक मांग की पूर्ति काफी सीमा तक हुई है।

भारत में सन् 1955 तक 60 प्रतिशत से अधिक तेल विदेशों से आयात होता था। परंतु अब गुजरात, असम, मद्रास और पश्चिमी बंगाल में प्रचुर मात्रा में तेल का पता लगा है। इसीलिए ट्राम्बे, विशाखापट्टणम, नूनामाटी, बरौनी आदि स्थानों में तेल-शोधक कारखाने स्थापित किए जा चुके हैं। इसके साथ-साथ देश के विभिन्न भागों में तेल की खोज भी की जा रही है। इस समय तेल शोधन में भारत का स्थान विश्व में छठा है। अणु युग में प्रवेश करने के लिए भी भारत ने प्रशंसनीय कार्य किया है।

स्वतंत्रता-प्राप्ति के बाद भारत ने महत्वपूर्ण प्रगति की है। इस प्रगति का श्रेय निजी तथा सार्वजनिक दोनों क्षेत्रों को दिया जा सकता है। प्रगति का यह क्रम यदि इसी प्रकार निरंतर चलता रहा तो वह दिन दूर नहीं जब भारत संसार के अन्य औद्योगिक देशों में उच्च स्थान प्राप्त करेगा। देश के इन उद्योगों के विकास से भारत का भी विकास होगा और देश में पुनः खुशहाली होगी।

## ग्रामोद्योग

आधुनिक युग मशीनी युग है। इस मशीनी सभ्यता ने लघु उद्योगों पर कुठाराघात किया है। इसी में सब से अधिक कुप्रभाव ग्रामोद्योग पर पड़ा है। हस्त-शिल्प से बनी वस्तुएँ मशीन द्वारा बनाई गई वस्तुओं के आगे टिक नहीं पाई। इससे ग्राम्य जीवन का विकास अवरुद्ध हो गया है। सामान्य जन की सुख-समृद्धि समाप्त हो गई है। इससे हमारे देश की अर्थ-व्यवस्था पर काफ़ी प्रभाव पड़ा है। स्वतंत्रता से पहले युगपुरुष महात्मा गांधी ने देश की नब्ज पहचानी और मशीनी सभ्यता के विरुद्ध आवाज उठाई। गांधी जी जानते थे कि भारत की आर्थिक स्थिति तभी सुधर सकती है, जबकि यहाँ ग्रामोद्योग को प्रोत्साहन दिया जाए। इसीलिए उन्होंने कुटीर उद्योग पर बल दिया।

वास्तव में 'कुटीर उद्योग' या 'ग्रामोद्योग' या 'गृह उद्योग' अथवा 'दस्तकारी' आदि शब्द एक दूसरे के पर्याय हैं। इन का तात्पर्य यह है कि थोड़ी पूंजी लगाकर साधारण साज-सामान से अपने हाथ से ही वस्तुओं का निर्माण करना। दरियाँ, गलीचे, रस्सियाँ, खादी, शाल बुनना, लकड़ी, सोने, चांदी, पीतल की दैनिक उपयोग में आने वाली वस्तुओं का निर्माण करने आदि अनेक प्रकार की हस्तकला के कार्य ग्रामोद्योगों के विभिन्न रूप हैं। ग्रामोद्योग के अंतर्गत भारत में लखनऊ में कुर्ते पर कढ़ाई का काम, कश्मीर के गलीचे, शालें-दुशाले, केरल के चटाई, रस्सियाँ आदि बनाने के काम घरों पर ही हो जाते हैं।

भारत का अतीत ग्रामोद्योग के चरम विकास का इतिहास है। उस समय ये उद्योग हमारे देश की सभ्यता और आर्थिक समृद्धि के अविभाज्य अंग थे। ये उद्योग अत्यंत विकसित और उन्नत अवस्था में थे और इनकी ख्याति दूर-दूर तक फैली हुई थी। ढाका की मलमल इतनी बारीक थी कि उसकी सात तह करके उसे अंगूठी से निकाला जा सकता था। मुगलकाल तक कुटीर या ग्रामोद्योगों की पर्याप्त उन्नति हुई। बाद में अंग्रेजी शासन की विनाशकारी आर्थिक नीति तथा सस्ती मशीनी वस्तुओं की तुलना में हाथ से बनी कीमती वस्तुओं के न टिकने से ग्रामोद्योग छिन्न-भिन्न हो गया। कुटीर उद्योगों का विनाश होने से देश की अर्थ-व्यवस्था चरमरा गई और ग्राम्य जीवन की स्वावलंबता और समृद्धि समाप्त हो गई। ग्रामों की दशा तेजी से गिरने लगी।

ग्रामोद्योगों के पतन के कई कारण हैं। ब्रिटिश शासन के काल में सरकार की दूषित आर्थिक नीति से भारतीय उद्योगों का गला घोंट दिया गया। ब्रिटिश

शासकों ने अपने विदेशी माल को खपाने के लिए भारतीय बाजारों में सस्ते मूल्य पर माल बेचा। हाथ द्वारा बनी हुई वस्तुएँ मशीनों द्वारा बनी वस्तुओं की प्रतियोगिता में टिक नहीं पाई। इसके साथ ही पाश्चात्य सभ्यता की चमक-दमक से भारत में पश्चिमी फैशन बढ़ने लगा। भारतीय देशी वस्तुओं की अपेक्षा विदेशी वस्तुओं के प्रति आकर्षित होने लगे। इन सभी कारणों से कुटीर उद्योगों को बहुत बड़ा धक्का लगा। इन उद्योगों को राज्यों का जो संरक्षण मिलता था, वह भी समाप्त हो गया। अंग्रेजों ने अपने दमन द्वारा इन उद्योगों को नष्ट कर दिया। ढाका की मलमल बनाने वाले जुलाहों के हाथ काट दिए गए।

कुछ अर्थशास्त्रियों का कथन है कि आज के मशीनी या परमाणु युग में कुटीर उद्योगों को बढ़ावा देना देश को पीछे धकेलना होगा। इनके पुनरुद्धार से देश तेजी से आर्थिक उन्नति नहीं कर पाएगा। परन्तु भारत की वर्तमान परिस्थितियाँ एवं वातावरण कुटीर उद्योगों के अनुकूल है। इन उद्योगों से भारत के अधिकांश लोगों को रोजी-रोटी मिलती है। बेरोजगारी की समस्या को दूर करने में ये उद्योग काफ़ी सीमा तक सहायक सिद्ध हो सकते हैं। इसके अतिरिक्त भारतीय किसान अपने कृषि कार्य से बचे समय का कुटीर उद्योग में उपयोग कर आजीविका कमा सकते हैं।

कुटीर उद्योगों के विकास से देश को और भी अनेक लाभ मिल सकते हैं। हमारे देश में विदेशी मुद्रा का अभाव है। कुटीर उद्योगों में विदेशी माल की कम आवश्यकता पड़ती है। इनके समुचित विकास से निर्यात भी बढ़ सकता है। कुटीर उद्योगों द्वारा थोड़ी पूंजी से आजीविका प्राप्त की जा सकती है। वास्तव में ग्रामोद्योगों से ही समाजवाद की स्थापना सही मायने में हो सकती है। कुटीर उद्योगों से राष्ट्र का स्वस्थ विकास संभव हो सकता है। इसके अतिरिक्त देश की तेजी से बढ़ती हुई जनसंख्या के लिए उत्पादन-वृद्धि में ये सहायक हो सकते हैं। मशीनों से मनुष्य की कला, मानव प्रेम, परस्पर सहयोग और सौहार्द्र की मधुर भावनाओं को विकास में ग्रामोद्योग का काफी योगदान हो सकता है। इस प्रकार देश के आर्थिक, सामाजिक और नैतिक उत्थान में ग्रामोद्योग महत्वपूर्ण भूमिका निभा सकता है।

ग्रामोद्योगों के विकास के लिए योजना आयोग ने अपनी पंचवर्षीय योजनाओं में अत्यधिक धन राशि की व्यवस्था की है। नीम के तेल से साबुन बनाना, धान से चावल बनाना, शहद की मक्खी पालना, छुरी आदि के निर्माण को विशेष प्रोत्साहन दिया गया है। उत्तर प्रदेश के देहरादून जिले में रेशम के उद्योग का विकास किया जा रहा है। दिया सिलाई बनाने का कार्य देश के अनेक स्थानों

पर हो रहा है। गोबर से गैस बना कर उसका उपयोग करने, नारियल के रेशे से सामान बनाना, चमड़े का सामान बनाने, लकड़ी का सामान बनाने, हथकरघा उद्योग, गुड़ और खंडसारी का उद्योग, मुर्गी पालन, कागज़ बनाने आदि अनेक कुटीर उद्योगों का विकास देश के विभिन्न भागों में किया जा रहा है। इसके अतिरिक्त कुटीर उद्योगों के प्रशिक्षण की सुविधाएँ भी उपलब्ध कराई जा रही हैं। इस प्रकार सहकारिता के आधार पर देश में ग्रामोद्योगों को विकसित किया जा रहा है।

वास्तव में ग्रामोद्योग के विकास से देश की प्रगति संभव है। भारत सरकार ने इन उद्योगों के विकास के लिए अनेक योजनाएँ प्रारंभ की हैं। यदि यही क्रम बना रहा तो शीघ्र ही ग्रामोद्योग राष्ट्रीय अर्थ-व्यवस्था में अपना विशेष योगदान देगा। इससे देश का आर्थिक और सामाजिक उत्थान अवश्य होगा।

## महंगाई की समस्या

रोटी, कपड़ा और मकान मनुष्य की मूलभूत आवश्यकता है। इन के बिना मुनष्य का जीवन चल ही नहीं सकता। मानव जीवन का अधिकांश भाग इन आवश्यकताओं को जुटाने में ही व्यतीत हो जाता है। इन आवश्यकताओं के पूरा होने के बाद ही वह सुख-सुविधाओं की इच्छा करने लगता है। इस प्रकार मनुष्य की आवश्यकताओं का क्षेत्र धीरे-धीरे बढ़ने लगता है। इसकी पूर्ति वाणिज्य आदि से होती है। इनके बिना उसकी मूलभूत आवश्यकताओं की न तो पूर्ति होती है और न ही सुरक्षित जीवन-यापन हो सकता है।

आधुनिक जीवन अर्थ-प्रधान है। सभी सुख-सुविधाओं का मूलाधार धन है। रोटी, कपड़ा और मकान जैसी मूलभूत आवश्यकताएँ भी बिना पैसे के पूरी नहीं हो सकतीं। इसलिए मनुष्य को रोज़गार की तलाश करनी पड़ती है। इससे धन कमाकर वह अपनी आवश्यकताओं की पूर्ति करता है। इसके बाद वह शेष पैसों से अन्य भौतिक सुख-सुविधाओं को खरीदना चाहता है लेकिन आज पैसा कमाने की जो मनोवृत्ति अधिक बढ़ गई है, उससे व्यर्थ की आवश्यकताएँ भी बढ़ गई हैं। इसके परिणामस्वरूप महँगाई में बढ़ोतरी हुई है।

वास्तव में महँगाई के कई कारण हैं। इन कारणों में राज्य, समाज और व्यक्ति का सामूहिक उत्तरदायित्व है। यह महँगाई अपने-आप निर्मित नहीं हुई।

इसे बनाया गया है और इसका स्थायीकरण स्वयं हमारी आर्थिक प्रणाली है। सबसे बड़ा कारण हमारी दोषपूर्ण आर्थिक प्रणाली है। महँगाई बढ़ाने में सरकार की गलत आर्थिक नीतियों का पूरा योगदान रहा है। लोकतंत्र में वोट का महत्व है और वोट पाने के लिए रुपए बहाने की आवश्यकता होती है। चुनावों में रुपया बहाने के लिए पूंजीपतियों से आता है। इसलिए सरकार उनके व्यापारिक हितों को पूरा ध्यान रखकर योजनाओं का निर्माण करती है। पूंजीपति राजनैतिक दलों को दिया गया रुपया अपनी वस्तुओं के मूल्य बढ़ाकर वसूल कर लेता है।

हमारे देश में कुछ लोगों के हाथों में आर्थिक शक्ति केंद्रित है। वे रुपए से रुपया कमाने को आतुर होते हैं। इसलिए वे अपनी आर्थिक प्रगति के लिए उचित-अनुचित सभी साधनों का प्रयोग करते हैं। काला धन हमारे अर्थ-तंत्र को बुरी तरह से जकड़े हुए है। अर्थशास्त्रियों का अनुमान है कि जितना रुपया सरकार के खज़ाने में है उतना ही रुपया पूंजीपति के पास काले धन के रूप में जमा है। कालेधन से पूंजीपति अपना व्यवसाय फैलाने के लिए राजनैतिक दलों, मंत्रियों और सरकारी अधिकारियों को पैसा भेजते हैं। इससे सारा सरकारी शासन-तंत्र शिथिल हो जाता है और पूंजीपतियों को जनता के साथ खिलवाड़ करने की खुली छूट मिल जाती है। अब यह स्थिति भयंकर होती जा रही है क्योंकि सरकार इन पूंजीपतियों पर अपनी जकड़ जितनी मज़बूत करना चाहती है, उतने ही वे चालाकी से निकल जाते हैं। जनजीवन के लिए आवश्यक वस्तुओं का खुले बाजार में अभाव है किंतु चोर बाजार में वे अधिक से अधिक मिल रही हैं। इस प्रकार प्रशासनिक शिथिलता और भ्रष्टाचार महँगाई की वृद्धि में प्रमुख भूमिका निभाते हैं।

गलत नीतियों के कारण महँगाई किस प्रकार बढ़ रही है, इसके अनेक उदाहरण मिलते हैं। सीमेंट बनाने के लिए कारखाना-मालिकों को नए लाइसेंस और परमिट दे दिए गए हैं, लेकिन सीमेंट ढोने के लिए माल-डिब्बों की कमी है। सरकार ने सीमेंट पर नियंत्रण लगाया है किंतु बाज़ार में सीमेंट नियंत्रित मूल्य पर नहीं बिक रहा, बल्कि दुगुनी-तिगुनी कीमत पर धड़ाधड़ मिल रहा है। यही स्थिति गेहूं, चावल आदि के संदर्भ में भी देखी जा सकती है। इससे आवश्यक वस्तुओं के भाव आसमान को छूने लगे हैं।

इन दिनों कई वस्तुओं के मूल्य अनेक बार बढ़ाए गए हैं। कपड़ा, लोहा, सीमेंट, वनस्पति, साबुन, तेल आदि अनेक वस्तुओं के मूल्य तीस से लेकर पचास प्रतिशत तक बढ़ाए गए हैं, रेल-भाड़ा वृद्धि, वेतन वृद्धि , हड़तालें, लॉक आऊट आदि के कारण महँगाई की समस्या और अधिक जटिल हो गई है। रुपए का

अवमूल्यन हो गया है। मध्यम और निम्न वर्ग के नौकरी पेशा लोगों को बड़ी कठिनाई से जीवनयापन करना पड़ रहा है। मजदूर वर्ग की तो और भी स्थिति दयनीय है। वास्तव में महँगाई बढ़ाने में प्राकृतिक आपदाओं का इतना अधिक हाथ नहीं है, जितना मानव निर्मित आपदाओं का है।

हर समस्या का कोई न कोई समाधान होता ही है इसलिए महँगाई की समस्या का समाधान कठिन नहीं है। आवश्यकता इस बात की है कि समाधान ढूंढने का प्रयत्न ईमानदारी से किया जाए और उसे पूरी ईमानदारी से भी लागू किया जाए। सरकार का यह कर्त्तव्य है कि वह इस विकट समस्या को निपटाने के लिए कृतसंकल्प हो। यह संकल्प तब तक पूरा नहीं हो सकता जब तक सरकार अपने शासन तंत्र के भ्रष्टाचार को दूर नहीं करती। वस्तुओं की वितरण प्रणाली में सुधार लाने की आवश्यकता है। सरकार का एक महत्वपूर्ण दायित्व यह भी है कि वह उत्पादन और वितरण के सभी साधनों को अपने हाथ में ले। जब तक निजी क्षेत्र समाप्त नहीं होंगे तब तक भ्रष्टाचार और महँगाई परस्पर पूरक बनकर जनता का दमन करते रहेंगे।

पूंजीपतियों और व्यापारियों की स्वार्थ वृत्ति को कड़ाई के साथ कुचल कर महँगाई के इस राक्षस से जनता को मुक्त करने का प्रयास करना आवश्यक है। भ्रष्ट अधिकारियों, जमाखोरों और चोर बाजारियों को सार्वजनिक स्थानों पर दंडित करने से भी महँगाई रोकने में सहायता मिल सकती है। इससे दूसरे भ्रष्टाचारियों को स्वयं शिक्षा मिल जाएगी और वे अपनी राक्षसी मनोवृत्ति पर नियंत्रण कर वस्तुओं को खुले बाजार में ला सकेंगे। इसके अतिरिक्त चुनाव प्रणाली में ऐसा परिवर्तन किया जाए कि उसमें अधिक खर्च करने की आवश्यकता न रहे। इससे सरकार पर पूंजीपतियों का प्रभाव कम होगा। जनता को खुशहाल रखना सरकार का दायित्व है। यदि सरकार इस संबंध में ईमानदारी और तत्परता से ठोस कदम उठाती है तो भ्रष्ट अधिकारियों और कर्मचारियों को भ्रष्टाचार करने का मौका तो मिलेगा नहीं, साथ ही पूंजीपति और व्यापारी लोग भी भ्रष्टाचार करने से पहले बहुत सोचेंगे।

महँगाई की समस्या के समाधान में जनता भी प्रभावशाली भूमिका निभा सकती है। इस कार्य के लिए जनता को संगठित होना पड़ेगा। शिक्षित और जागरूक जनता चाहे तो संगठित होकर सरकार और व्यापारियों को ठीक रास्ते पर चलने को बाध्य कर दे, गोदामों में पड़े माल का भांडा फोड़े। किंतु इस समय ऐसा संभव होता दिखाई नहीं देता। जब महँगाई हमारे देशवासियों के अस्तित्व को समाप्त करने के लिए बहुत आगे बढ़ आएगी, तब शायद जनता अपनी शक्ति

को पहचानेगी और उसका प्रयोग करेगी। इस प्रकार महँगाई की समस्या के निवारण में सरकार और जनता दोनों का सहयोग ही अपेक्षित है।

## हमारी खाद्य-समस्या

भारत कृषि-प्रधान देश हैं। यहाँ के लगभग सत्तर प्रतिशत लोगों का व्यवसाय कृषि पर आधारित है। कृषि हमारे देश के अर्थतंत्र की रीढ़ है। इस से ही देश के अन्य उद्योगों का विकास होता है। इसीलिए हमारे देश की आर्थिक समस्याएँ प्रत्यक्षतः कृषि समस्या से जुड़ी हुई हैं। उन्हीं में से एक समस्या खाद्य की है।

भारत में खाद्यान्न का अभाव कभी नहीं रहा है। वस्तुतः कृषि का इतना उत्पादन रहा है कि समूचा भारत पेट भर खा सकता है। फिर भी यहाँ अनेक बार अकाल पड़ा। इसके कई कारण हैं। स्वतंत्रता से पूर्व विदेशी सरकार ने हमारी कृषि पर काफ़ी प्रहार किया। उन्होंने सिंचाई संबंधी कोई सुधारात्मक कार्य नहीं किया बल्कि उन पर लगान लगाया जाता था। अतः विदेशी सरकार ने खाद्य समस्या को सुलझाने का कोई प्रयत्न गंभीरता से नहीं किया। वे तो चाहते थे कि भारतीय इसी अवस्था में रहें ताकि वे स्वतंत्रता के लिए बात न कर सकें।

दुख की बात है कि सन् 1947 में स्वतंत्रता मिलने के बाद खाद्यान्नों की समस्या ज्यों की त्यों बनी रही। इसके कई कारण थे। एक तो देश का विभाजन होने से पश्चिमी क्षेत्र का अधिकतर उपजाऊ भाग पाकिस्तान के पास चला गया। इस तरह अन्न पैदा करने वाली धरती कम हो गई और उसका उपयोग करने वाली जनसंख्या पाकिस्तान से भारत में बढ़ गई। इस असंतुलन से खाद्य समस्या अधिक गंभीर बन गई। इस समस्या का दूसरा कारण औद्योगीकरण है। जिस ज़मीन पर बड़े-बड़े खेत और उद्यान थे, जिन पर विभिन्न प्रकार के अनाज, और फल उगाए जाते थे, अब वहाँ कारखानों का निर्माण होने लगा। औद्योगिक बस्तियों का विकास होने लगा। उद्योगपति किसानों को ज़मीन की राशि दे कर खेत खरीदने लगे। अतः अब खेत कारखानों में बदलने लगे जिसके परिणामस्वरूप खाद्यान्नों के उत्पादन में कमी आने लगी। इसके साथ-साथ रोज़गार का अच्छा अवसर मिलने के कारण लोग गांवों से शहरों में आने लगे।

इस समस्या का एक अन्य कारण यह है कि जनसंख्या में निरंतर वृद्धि हो रही है। कई हज़ार नए मुंह अनाज मांगने के लिए प्रति दिन आ जाते हैं। खेतों

की संख्या तो कम हो रही है और खाने वालों की संख्या में निरंतर वृद्धि हो रही है। इस खाद्य समस्या का एक कारण प्रकृति भी है। हमारे देश की कृषि अधिकतर प्रकृति की कृपा पर निर्भर है। खेतों की सिंचाई प्रायः वर्षा के दिनों होती है। जब वर्षा नहीं होती तो सूखा और अकाल पड़ जाता है। कभी वर्षा अधिक हो जाती है तो हरे-भरे खेत बाढ़ के पानी में नष्ट हो जाते हैं। इस प्रकार कृषकों की मेहनत व्यर्थ हो जाती है।

विभिन्न कारणों से उत्पन्न होने वाली खाद्य समस्या को हल करने के लिए सरकार ने कई उपाय किए हैं। अनेक नदियों पर बांध बनाकर जल भंडार एकत्रित किया गया । उस परियोजना से नहरों द्वारा दूर-दूर तक खेतों में पानी पहुँचाया गया। भाखड़ा-नंगल बांध, नागार्जुन सागर आदि अनेक परियोजनाएँ इसके ज्वलंत उदाहरण हैं। इसके अतिरिक्त रासायनिक खाद्य का आविष्कार हुआ। सघन खेती की नई प्रणाली शुरु की गई। इस से हमारे देश की खाद्यान्न समस्या काफी सीमा तक हल हो गई। सरकार ने खाद्यान्न की कमी देखकर राशन प्रणाली लागू की। विदेशों से भी काफी मात्रा में अन्न का आयात किया गया। अमेरिका से पी.एल. 480 नामक खाद्य-संधि की गई।

सन् 1962 में चीन के साथ और सन् 1965 में पाकिस्तान के साथ युद्ध होने से हमारे खाद्य पर काफ़ी प्रभाव पड़ा। इसके बाद सन् 1971 में पाकिस्तान से पुनः युद्ध होने पर तत्कालीन पूर्वी पाकिस्तान और वर्तमान बंगलादेश से लाखों शरणार्थी पाकिस्तान के अत्याचार से तंग आकर भारत चले आए। उनके भरण-पोषण का दायित्व संभालने के कारण भारतवासियों को फिर एक बार खाद्य संकट का सामना करना पड़ा।

इस प्रकार खाद्य समस्या के कई कारण हमारे सामने हैं। एक, अन्न की पैदावार या तो अल्पवृष्टि से या अतिवृष्टि से कम होती है। दूसरा, अनाज के परिवहन की व्यवस्था बहुत कम है। लाने-ले जाने की व्यवस्था न होने के कारण अधिकतर अनाज सड़ जाता है। तीसरा, जमाखोर जमींदार और व्यापारी अनुचित रूप से अन्न का भंडार छिपा लेते हैं और बनावटी अकाल की स्थिति पैदा कर देते हैं। चौथा, सरकार की दुर्बल नीति के कारण रिश्वतखोर अफसर और स्वार्थी दुकानदार राशन व्यवस्था को सफल नहीं होने देते।

अंत में हम कह सकते हैं कि इस खाद्य-समस्या के निवारण के लिए कदम उठाने चाहिए। सिंचाई संबंधी सुविधाएँ किसानों को दी जानी चाहिए। उर्वरक का ऐसा विकास होना चाहिए कि अनाज बहुतायत से पैदा हो। गाँवों में किसानों

को ऐसी सुविधाएँ उपलब्ध करानी चाहिए कि वे कृषि से अपना मुँह न मोड़ें और अन्य रोज़गार के लिए शहरों की ओर न जाएँ। तभी हरित क्रांति की आशा की जा सकती है।

## समाचार पत्र

आज का युग समाचार पत्रों का युग है। प्रत्येक व्यक्ति चाहे वह शिक्षित हो या अशिक्षित, अपने गांव या नगर, देश या विदेश में घटित होने वाली घटनाओं तथा गतिविधियों से परिचित होना चाहता है। उसमें यह जिज्ञासा और उत्सुकता रहती है कि विश्व में क्या हो रहा है। यह स्वाभाविक भी है क्योंकि मनुष्य सामाजिक प्राणी होने के कारण सामाजिक संबंधों के अभाव में जीवित नहीं रह सकता। अतः समाचार पत्र ही एक ऐसा साधन है जिसके द्वारा मनुष्य विश्व के विभिन्न लोगों, जातियों और समुदायों से संबंध बनाए रखता है। इससे वह देश-विदेश की विभिन्न सामाजिक, सांस्कृतिक, राजनैतिक तथा अन्य गतिविधियों से परिचित होता है। इस प्रकार समाचार पत्र का अर्थ ऐसे पत्रों से है जिनमें देश-विदेश के समाचार प्रकाशित होते हैं।

प्रारंभ में समाचार पत्रों का उद्देश्य लोगों को केवल समाचार देने तक ही सीमित था। प्राचीन काल में देश-विदेश के समाचारों को सुनने के लिए मनुष्य लालायित रहता था। उसके पास समाचार जानने के सीमित साधन थे। आज विज्ञान की प्रगति के साथ-साथ दूरी का प्रश्न समाप्त हो गया है। आज हम घर बैठे ही विश्व के कोने-कोने में घटने वाली घटनाओं की जानकारी समाचार पत्रों के माध्यम से प्राप्त कर सकते हैं। इतना ही नहीं, विज्ञान के नवीन आविष्कार इतिहास, राजनीति, धर्म, दर्शन आदि अनेक विषयों का ज्ञान भी समाचार पत्रों से प्राप्त होता है। इसके अतिरिक्त उनमें सामयिक घटनाओं का अवलोकन, विज्ञापन, व्यंग्य चित्र, संपादकीय लेख, पाठकों के पत्र आदि भी पढ़ने को मिलते हैं। इस प्रकार आज के वैज्ञानिक और राजनैतिक जीवन में इसकी उपयोगिता बढ़ गई है। संसार में समाचार पत्र का सर्वप्रथम प्रारंभ चीन में हुआ था। इसके पश्चात सोलहवीं शताब्दी के आरंभ में इटली देश के वीनस प्रांत में समाचार पत्र का प्रकाशन प्रारम्भ हुआ। इंग्लैंड का सर्वप्रथम समाचार पत्र सत्रहवीं शताब्दी में महारानी एलिजाबेथ के जमाने में निकला। भारत में समाचार पत्रों का प्रचलन अंग्रेजों के काल में हुआ। सन् 1740 में पहला समाचार पत्र 'बंगाल गज़ट' निकला।

इसके संपादक स्वर्गीय गंगाकिशोर भट्टाचार्य थे। इसके पश्चात अंग्रेजों ने 'इण्डियन गज़ट' नामक पत्र निकाला। सन् 1818 में श्रीराम पुर के ईसाई पादरियों ने 'समाचार-दर्पण' नामक समाचार पत्र हिन्दी में निकाला। फिर तो हिन्दी में समाचार पत्रों का तांता बंध गया। राजा राममोहन राय ने 'कौमुदी' ईश्वरचन्द्र विद्यासागर ने 'प्रभात', भारतेन्दु हरिश्चन्द्र ने 'चंद्रिका' आदि पत्रों का संपादन किया। सन् 1835 में लार्ड आर्कलैंड ने मुद्रण-यंत्र को स्वतंत्रता प्रदान की जिसके परिणामस्वरूप समाचार पत्रों की देश में भरमार होने लगी। सन् 1857 के स्वतंत्रता-संग्राम के समय कुछ अन्य समाचार पत्र भी निकले। हिन्दी के अतिरिक्त अन्य भाषाओं में समाचार पत्रों का प्रकाशन आरंभ हुआ। इनमें लोकमान्य तिलक का मराठी भाषा में 'केसरी' पत्र सर्वप्रमुख है। आगे चलकर महावीरप्रसाद द्विवेदी, प्रतापनारायण मिश्र आदि ने भी अनेक महत्वपूर्ण पत्र-पत्रिकाओं का प्रकाशन किया।

आज संसार के हर एक कोने-कोने से नित्यप्रति समाचारपत्रों का प्रकाशन लाखों की संख्या में हो रहा है। भारत में ही हिन्दी और अंग्रेजी भाषाओं के अतिरिक्त अन्य सभी प्रांतीय भाषाओं में भी समाचार पत्रों का प्रकाशन होता है। समाचार पत्रों के प्रकाशन में आज बाढ़-सी आ गई है। इस प्रकार भारत में समाचारपत्रों का प्रकाशन-व्यवसाय प्रगति पर है। आजकल इसके अनेक रूप देखने में आते हैं। जैसे- दैनिक, साप्ताहिक, पाक्षिक, मासिक, त्रैमासिक। हिन्दुस्तान, नवभारत, जनसत्ता, पंजाब केसरी, हिन्दी मिलाप, टाइम्स ऑफ इंडिया, हिन्दुस्तान टाइम्स, इंडियन एक्सप्रेस, स्टेट्समैन आदि अनेक प्रमुख दैनिक पत्र हिन्दी और अंग्रेजी में प्रकाशित होते हैं। अब तो बड़े नगरों में सांध्य समाचार पत्र भी प्रकाशित होने लगे हैं। साप्ताहिक, पाक्षिक और मासिक पत्रिकाओं में समाचारों के साथ ही लेख, कहानी, कविता, राजनैतिक दृष्टिकोण, वैज्ञानिक उपलब्धि तथा समसामयिक विषयों की भी चर्चा रहती है। धर्मयुग, साप्ताहिक हिन्दुस्तान, आजकल, कादंबिनी, इंडिया टुडे आदि पत्रिकाएँ इसी कोटि में आती हैं। भारत में हिन्दी और अंग्रेजी के अतिरिक्त अन्य प्रादेशिक भाषाओं में भी समाचार पत्र तथा पत्रिकाएँ प्रकाशित होती हैं। विषय की दृष्टि से भी पत्र-पत्रिकाओं का वर्गीकरण किया जा सकता है। वैज्ञानिक विषयों से संबद्ध विज्ञान जगत, विज्ञान प्रगति आदि व्यापारिक विषयों की उद्योग-व्यापार पत्रिका, उद्यम आदि, धार्मिक पत्रिका कल्याण, साहित्यिक या शैक्षिक विषयों की पत्रिका दस्तावेज़, गवेषणा, भाषा आदि, चित्रपट संबंधी फिल्म फ़ेयर आदि पत्र-पत्रिकाएँ प्रकाशित होती हैं।

समाचार पत्रों से कई लाभ हैं। यह ज्ञानवृद्धि का सस्ता एवं सुलभ साधन

है। संसार के कोने-कोने में घटने वाली घटनाओं की जानकारी के अतिरिक्त संपादकीय, विभिन्न सामायिक विषयों की टिप्पणियों से हमारा ज्ञानवर्द्धन होता है। राष्ट्र-निर्माण एवं राष्ट्रीय एकता का सबल आधार समाचार पत्र है। स्वतंत्रता से पूर्व समाचारपत्रों ने भारत में राष्ट्रीय चेतना को जाग्रत करने में अभूतपूर्व योगदान दिया था। देश को पराधीनता की बेड़ियों से मुक्त करने तथा देश की सामाजिक, आर्थिक एवं राजनैतिक स्थितियों से परिचित कराने में समाचारपत्रों का जो योगदान रहा है वह प्रशंसनीय है। अनेक समाचार पत्रों के संपादकों तथा संचालकों को लोकहित की रक्षा के कारण जेलों में जाना पड़ा, फांसी के तख्ते पर चढ़ना पड़ा, और धन तथा मान की हानि उठानी पड़ी। आज भी संप्रदाय और भाषा के नाम पर विघटनकारी प्रवृत्तियों से सतर्क करने में समाचार पत्र महत्वपूर्ण भूमिका निभा रहे हैं। ये समाचार पत्र ही हैं जिससे भारत के एक प्रांतवासी दूसरे प्रांतवासियों के समाचारों, आचार-विचारों तथा रीति-रिवाज से परिचित हो रहा है। वह प्रांतीयता के बंधन से ऊपर उठकर राष्ट्रीय एकता की भावना को ग्रहण कर रहा है।

समाचार पत्र का लोकतांत्रिक देश में महत्वपूर्ण स्थान है। जनता की आवाज को शासन तक पहुँचाने और शासकों की योजनाओं से जनता को अवगत कराने में समाचार पत्र मध्यस्थता का कार्य करता है। समाचार पत्र के द्वारा ही जनमत की प्रबल भावनाओं को व्यक्त किया जाता है। चुनाव के समय समाचार पत्र महत्वपूर्ण भूमिका निभाते हैं। विभिन्न राजनैतिक दलों के कार्यक्रमों और उद्देश्यों को जनसाधारण तक पहुँचाने का कार्य अधिकांशतः समाचार पत्र ही करते है। विभिन्न दलों की नीति तथा स्थिति को समझाकर वे जनता का मत-निर्धारण में सहायता करते हैं। आज शासक-वर्ग की दृष्टि में समाचार पत्रों का महत्व बहुत अधिक है। वह समाचार पत्रों की अवहेलना नहीं कर सकता। जिस किसी भी सरकार ने समाचार पत्रों पर नियंत्रण रखने का प्रयत्न किया या उनकी वाणी को दबाने की कोशिश की, वह असफल रहा। समाचार पत्र निर्भीकता से अपने पथ पर अडिग रहकर जनहिताय कार्य करते आ रहे हैं।

आज का युग प्रचार का युग है। व्यापार की उन्नति के लिए विज्ञापन की बड़ी आवश्यकता होती है। समाचार पत्र विज्ञापन का सस्ता, अच्छा और सुलभ साधन है। व्यापार में सफलता प्राप्त करने के लिए व्यापारी लोग समाचार पत्र की सहायता लेते हैं, क्योंकि समाचार पत्र किसी वस्तु या व्यापार को लाखों नजरों के सामने एकाएक रख देने का सबल साधन है। इसमें व्यापार संबंधी अनेक सूचनाएँ भी दी जाती हैं। समाचार पत्रों को पढ़कर बाजार-भाव, व्यापारिक

जानकारी, मंडियों में माल की आमद आदि के बारे में जानकारी मिलती है।

शिक्षित लोगों के लिए समाचार पत्र मनोरंजन का एक अच्छा साधन भी है। खेल-प्रेमियों के लिए खेल-जगत के समाचार, सिनेमा-प्रेमियों के लिए चलचित्र समीक्षा के साथ-साथ हास्य लेख, टिप्पणी, कार्टून, नए-नए विचार, आविष्कारों की अनेक तथ्यपूर्ण बातें मिलती हैं। इसीलिए समाचार पत्रों में विभिन्न रुचि वाले पाठकों का पूरा-पूरा ध्यान रखा जाता है। इससे पाठक मनोरंजन के साथ-साथ ज्ञानार्जन भी करते हैं।

आज समाचार पत्र एक स्वतंत्र व्यवसाय बन गया है। इस व्यवसाय से हजारों मनुष्यों की जीविका चल रही है। समाचार पत्र से संपादक, संवाददाता, मशीनमैन, कंपोज़ीटर तथा अखबार बेचने वाले सैकड़ों व्यक्ति अपनी आजीविका कमाते हैं।

कुछ समाचार पत्र अपने स्वार्थ के लिए झूठी खबरें भी छाप देते हैं। इसका बहुत कुछ दायित्व समाचार पत्रों के मालिकों और संपादकों पर है। बहुत से समाचार पत्र झूठी खबरें छापकर समाज में सांप्रदायिकता या जाति-विद्वेष फैलाते हैं और विभिन्न जातियों और संप्रदायों के बीच झगड़े पैदा कर देते हैं। सांप्रदायिक मनोवृत्ति को उभारने वाली झूठी खबरों को प्रकाशित करके विभिन्न जातियों में पारस्परिक द्वेष और अविश्वास पैदा करते हैं। उनका यह कार्य राष्ट्रद्रोही होता है जो राष्ट्रीय जीवन को दूषित कर देता है। इस प्रकार संपादक की लेखनी अमृत और विष दोनों की वर्षा कर सकती है। कभी-कभी समाचार पत्र रुपयों के लोभ में झूठे और अश्लील विज्ञापन छापकर पाठकों की मनोवृत्ति को कलुषित करते हैं। झूठे विज्ञापन से जनता ठगी जाती है और गंदे चित्रों से उसका चरित्र भ्रष्ट हो जाता है।

समाचार पत्र राष्ट्रीय जीवन का उपयोगी तथा अनिवार्य अंग बन गया है। लोगों के भूखे मस्तिष्क का यह भोजन है। इनसे जनता के ज्ञान कोश का विकास तो होता ही है, साथ ही राष्ट्र-निर्माण तथा देश की उन्नति में इनका महत्वपूर्ण योगदान भी है। मानव समाज का जितना हित-संपादन समाचार पत्रों से होता है, उतना हित शायद ही अन्य किसी वस्तु से होता है। इस प्रकार समाचार पत्र जन-संचार का एक प्रमुख अंग है जो पत्रकारिता के क्षेत्र में विशेष स्थान रखता है।

## विज्ञान का चमत्कार

आधुनिक युग विज्ञान का युग है। हमारा जीवन और समस्त कार्य कलाप विज्ञान पर निर्भर है। आज हमारे भोजन, वस्त्र, आवास, यातायात, संचार, चिकित्सा, मनोरंजन आदि सभी क्षेत्रों में विज्ञान की बहुत बड़ी भूमिका है। विज्ञान की सहायता से आधुनिक मानव न केवल पृथ्वी को कुछ ही घंटों मे नाप सकता हैं, वरन् चंद्रमा एवं अन्य ग्रहों पर भी जा सकता है। वह दिन दूर नहीं जब मनुष्य विज्ञान की सहायता से चंद्रमा एवं अन्य ग्रहों पर रहने लगेगा। वास्तव में आज विज्ञान ने इतना बड़ा चमत्कार किया है कि जो सुख-सुविधाएँ प्राचीन काल में राजा-महाराजाओं के लिए कल्पना की वस्तु थीं, वे आज इसकी सहायता से सामान्य व्यक्ति को भी सुलभ हो रही हैं।

जीवन की मूलभूत आवश्यकताओं –भोजन, वस्त्र, आवास, बिजली, पानी आदि की पूर्ति के मूल में विज्ञान का बहुत बड़ा योगदान है। कृषि के उत्पादन में वृद्धि करने के लिए विभिन्न प्रकार के औज़ारों तथा खाद और बीजों के नए-नए रूपों की खोज हुई है। सिंचाई के विभिन्न साधन –नहर, ट्यूबवैल, पंपिंग सेट आदि विज्ञान के ही चमत्कार हैं, जिनसे बंजर धरती भी हरी-भरी होकर लहलहाने लगी है। इन वैज्ञानिक साधनों से विश्व के अनेक देश आत्मनिर्भर होने लगे हैं।

औद्योगिक विकास का मूल आधार भी विज्ञान है। मशीनों के आविष्कार से काम बहुत सरलता से और बहुत कम समय में पूरा हो जाता है। सूती और ऊनी वस्त्रों के साथ टेरीलान, टेरीकॉट, टेरीवूल आदि विविध प्रकार के रंग-बिरंगे तथा अधिक मजबूत, टिकाऊ और सुन्दर वस्त्रों का उत्पादन होने लगा है।

बिजली के आविष्कार से अब घर, गली या शहर में न केवल प्रकाश होने लगा है बल्कि उससे हमारी घरेलू आवश्यकताओं की पूर्ति भी होने लगी है। कूलर और पंखे की सहायता से भीषण गर्मी से बचा जा सकता है तथा सर्दी में रूम हीटर से गर्मी प्राप्त की जा सकती है। सुख- सुविधाओं की अनेक वस्तुओं का निर्माण हो रहा है। आज बिजली की सहायता से ही हमारे असंख़्य कल-कारखाने चल रहे हैं। इसके अतिरिक्त गगनचुंबी भवनों, बांधों और पुलों के निर्माण में बिजली के साथ-साथ अन्य उपकरण भी हमारी सहायता करते हैं। यातायात के क्षेत्र में विज्ञान ने अद्‌भुत चमत्कार कर दिखाए हैं। आज तीव्रगामी वायुयानों द्वारा कुछ घंटों में ही हम दुनिया के किसी कोने में पहुँच सकते हैं।

हज़ारों टन भार ढोने के लिए आज रेलगाड़ियों, पानी के विशालकाय जहाज़, विमान आदि दिन-रात मानव जाति की सेवा में लगे हैं। विज्ञान के चमत्कार ने रूस और अमरीका को इतना प्रेरित किया है कि वे चंद्रमा एवं अन्य नक्षत्रों पर अधिकार करने की होड़ में लगे हुए हैं। उनके अंतरिक्ष यान अब करोड़ों मील दूर मंगल, शुक्र शनि आदि ग्रहों की यात्रा कर रहे हैं और वहाँ के चित्र भेज रहे हैं। करोड़ों मील दूर आकाश में भ्रमण करते हुए इन अंतरिक्ष यानों का नियंत्रण हमारे वैज्ञानिक पृथ्वी पर बैठे-बैठे कर रहे हैं।

मानव जीवन को नीरोग एवं सुखी बनाने में विज्ञान की महान सेवा है। असाध्य समझे जाने वाले रोग भी अब साध्य होते जा रहे हैं। मनुय के हृदय, फेफड़े, मस्तिष्क जैसे कोमल अंगों के भयानक रोगों का उपचार बड़ी सरलता से हो रहा है। बीमारियों का पता लगाने के लिए ऐक्सरे, कैट-स्कैनर, बाडी स्कैनर जैसी सूक्ष्म एवं शक्तिशाली मशीनों का आविष्कार हो चुका है। तपेदिक जैसी असाध्य बीमारी पर विज्ञान की सहायता से विजय की जा चुकी है। विज्ञान की सहायता से आज जन-साधारण को भी चिकित्सा की सभी सुविधाएँ प्राप्त हो सकी हैं। इस कारण आज विश्व के अनेक देशों की मृत्युदर बहुत घट गई है।

मनोरंजन का साधन सुलभ कराने में भी विज्ञान का महत्वपूर्ण योगदान है। आज सिनेमा, रेडियो, दूरदर्शन, वीडियो आदि मनुष्य के ज्ञानवर्धन के साथ-साथ मनोरंजन के प्रमुख साधन बन गए हैं। दूरदर्शन द्वारा घर बैठे ही मानव न केवल अमरीका एवं यूरोप जैसे सुदूर देशों की घटनाओं को देख सकता है अपितु चंद्रमा पर उतरते हुए मानव को भी उसने देखा है। हज़ारों मील दूर बैठे अपने मित्रों, रिश्तेदारों से टेलीफ़ोन द्वारा बात की जा सकती है। ये समस्त साधन विज्ञान के ही चमत्कार हैं।

विज्ञान ने जहाँ मानव जीवन के लिए रचनात्मक कार्य किया है वहाँ विध्वंसात्मक कार्य भी किया है। इससे युद्ध के लिए विविध प्रकार के हथियारों, टैंकों, बमवर्षक विमानों, रॉकेटों, मिसाइलों, बमों आदि का निरंतर निर्माण हो रहा है। आज न केवल इन हथियारों की संख्या में वृद्धि हो रही है, बल्कि इन हथियारों को और शक्तिशाली एवं विनाशकारी बनाने में वैज्ञानिक जुटे हुए हैं। इसके कारण आज समस्त मानव-जाति विनाश के कगार पर खड़ी है। पिछले दो महायुद्धों में लाखों लोगों की जानें गईं। जापान के हिरोशिमा एवं नागासाकी का उदाहरण हमारे सामने है जिनका परमाणु बम से विध्वंस हुआ। 1991 ई. में इराक एवं कुवैत में भीषण बरबादी हुई जिसके कारण विश्व के पर्यावरण को खतरा हो गया था। अब तो ऐसे बमों का निर्माण हो चुका है, जो समस्त संसार को क्षणमात्र

में समाप्त कर सकते हैं। संसार के अधिकांश देश विनाशकारी बमों, रॉकेटों की प्रहारशक्ति बढ़ाने की होड़ में लगे हैं। यदि यह होड़ समाप्त न हुई तो वह दिन दूर नहीं जब मानव जाति समाप्त हो जाएगी।

वास्तव में विनाशकारी कार्यों में विज्ञान की सहायता लेना विज्ञान का दुरुपयोग करना है। विज्ञान का उपयोग तो मानव जाति के कल्याण के लिए होना चाहिए। समस्त वैज्ञानिक अनुसंधान मानव-प्रगति एवं शांतिपूर्ण जीवन के लिए होने चाहिए। विनाशकारी आयुधों का उत्पादन तुरंत बंद कर दिया जाए। इसी में मानव जाति का कल्याण है। यदि ऐसा नहीं हुआ तो मानव जाति का विनाश हो जाएगा। विज्ञान का चमत्कार सृष्टि को सुख और आनंद के लिए होना चाहिए न कि विनाश के लिए। अतः सभी देशों का यह कर्तव्य है कि वे विज्ञान की सहायता लें।

## वर्तमान शिक्षा प्रणाली

मानव जीवन में शिक्षा का अत्यंत महत्व है। शिक्षा ही मानव को सुसभ्य और सुसंस्कृत बनाती है। शिक्षा के बिना उसका जीवन पशु-तुल्य है। मानव और पशु में यही अंतर है कि मानव स्वयं शिक्षा ग्रहण करता है और दूसरों को शिक्षा देता है, जबकि पशुओं में इस प्रकार के गुण नहीं मिलते। बच्चों को 5 वर्ष की अवस्था में सामान्यतया पाठशाला भेजा जाता है। उसकी शिक्षा का प्रारंभ इसी अवस्था में ही उचित है। यह प्रश्न उठता है कि शिक्षा प्रणाली का प्रारंभ कब हुआ, इस संबंध में निश्चित रूप से कहना संभव नहीं है किंतु इतना निश्चित है कि शिक्षा प्रथा अति प्राचीन काल से चली आ रही है। पहले गुरुकुल की व्यवस्था थी। जहाँ विद्यार्थी अपने गुरुओं के साथ रहता था और विद्याध्ययन करता था। उसे 25 वर्ष तक विद्या का अध्ययन करना होता था। इस अवधि को 'ब्रह्मचर्य-आश्रम' कहते थे। बाद में इस शिक्षा प्रणाली में समय-समय पर पर्याप्त परिवर्तन हुए हैं। इस क्रम का अंतिम रूप वर्तमान शिक्षा प्रणाली है। इसमें अनेक गुण और दोष मिलते हैं।

आजकल सरकारी, अर्द्ध सरकारी तथा स्वतंत्र रूप से चलने वाली असंख्य प्रारंभिक विद्यालय हैं। बच्चे शैशव-काल में वहाँ भेजे जाते हैं तथा निर्धारित पाठ्यक्रम तथा मनोरंजन क्रम से उन्हें शिक्षा दी जाती है। प्राइमरी पाठशालाओं की शिक्षा की अवधि लगभग 7 वर्ष हैं। इन 7 वर्षों में बच्चों को सामान्य विषयों

पर प्रारंभिक परिचय कराया जाता है। भारत में पाँचवीं कक्षा उत्तीर्ण करने के बाद अधिकांश विद्यार्थियों को गरीबी के कारण विद्यालय छोड़ना पड़ता है और उन्हें माता-पिता के कार्यों में सहायता करनी पड़ती है। नगरों में रहने वाले अधिकांश विद्यार्थी माध्यमिक शिक्षा के लिए प्रवेश ले पाते हैं। हाई स्कूल अथवा हायर सेकेंडरी की परीक्षा उत्तीर्ण करने के बाद विद्यार्थियों की बड़ी संख्या नौकरी की खोज में लग जाती है। आधे से कम ही डिग्री कक्षाओं तक पहुँचते हैं पर उपाधि प्राप्त करने वाले लगभग तिहाई ही होते हैं। इनमें भी अधिकांश छात्र नौकरी खोजने लगते हैं तथा शेष और उच्च शिक्षा प्राप्त करते हैं। यह आज की शिक्षा का सामान्य क्रम है। स्नातकोत्तर अध्ययन तो कुछ ही छात्र कर पाते हैं। माध्यमिक शिक्षा अथवा विश्वविद्यालय की शिक्षा समाप्त करने के पश्चात कुछ विद्यार्थी तकनीकी शिक्षा ग्रहण करते हैं और कुछ तो बीच में ही इस शिक्षा की ओर उन्मुख हो जाते हैं।

पाश्चात्य सभ्यता के साथ-साथ पाश्चात्य शिक्षा प्रणाली तथा राज्य-व्यवस्था का प्रभाव अधिक बढ़ रहा है। इसी कारण अब मानव-जीवन का लक्ष्य प्रायः भौतिक ही रह गया है। आज का शिक्षा प्राप्त व्यक्ति यही चाहता है कि उसे अच्छी से अच्छी नौकरी मिल जाए ताकि वह भौतिक जीवन का सुख प्राप्त कर सके। वास्तव में इस शिक्षा-प्रणाली की नींव ब्रिटिश भारत में लार्ड मैकाले ने डाली थी। लार्ड मैकाले का उद्देश्य इस शिक्षा प्रणाली से भारतीय संस्कृति को आघात पहुँचाने के साथ-साथ यह भी था कि उन्हें सरकारी कार्यालय में काम करने के लिए सस्ते कर्मचारी भी मिल जाएँ। इस कारण इस शिक्षा के साथ नौकरी की भावना का इतना घनिष्ठ संबंध हो गया कि हर प्रकार की शिक्षा पूरी करने पर लोग नौकरी की ओर दौड़ते हैं। शायद ही कोई नवयुवक कृषि विद्यालय से डिग्री प्राप्त करके अपने खेत में काम करने लगा हो या इंजीनियरिंग पास करके किसी ने कोई छोटा-मोटा कारखाना खोला हो। औद्योगिक शिक्षा प्राप्त करने के बाद भी लोग नौकरी की ओर ही दौड़ते हैं, अतः शिक्षा की वृद्धि के साथ बेकारी भी बढ़ती जाती है। सरकारी कार्यालयों में लाखों लोगों को नौकरियाँ दी गईं फिर भी असंतोष तथा बेकारी की समस्या ज्यों-की-त्यों बनी हुई है। यह स्वाभाविक है क्योंकि लाखों विद्यार्थी प्रतिवर्ष निकल रहे हैं और सब का लक्ष्य नौकरी है, तो सबको नौकरियाँ कहाँ से मिल सकती हैं। अतः वर्तमान शिक्षा परावलंबी तथा दासता को आधार बनाए हुए है।

आधुनिक शिक्षा में पुस्तकीय ज्ञान अधिक है और व्यावहारिक ज्ञान का अभाव है। जो कुछ ज्ञान प्राप्त किया जाता है उसे जीवन की आवश्यकताओं के

अनुसार व्यवहार में लाने की शिक्षा नहीं दी जाती। अतः परीक्षा पास करने के बाद वह अपने-आप को जीवन में अक्षम और असफल पाता है। उसकी समझ में नहीं आता कि वह क्या करे ? बड़ी दौड़-धूप के बाद यदि उसे नौकरी मिल भी जाती है तब भी उसमें असंतोष और अभाव बना रहता है। बी.ए., बी.एस.सी., एम.ए., एम.एस.सी. की कोई भी परीक्षा पास करने के बाद भी नौकरी की समस्या एक-सी रहती है। इस प्रणाली में कहीं भी व्यावहारिकता के दर्शन नहीं होते।

आजकल वैज्ञानिक विषयों के अध्ययन पर अधिक बल दिया जाता है। जो भी विद्यार्थी बी.एस.सी., एम.एस.सी. या इंजीनियरिंग की परीक्षा उत्तीर्ण करता है वह इंजीनियर और वैज्ञानिक अधिकारी बनने की आकांक्षा लिए होता है। इसके लिए सरकार ने कोई योजना नहीं बना रखी। स्वरोज़गारपरक शिक्षा प्रणाली रखी ही नहीं गई। इस दृष्टि से बेकारी की समस्या बनी रहती है। विज्ञान के इस अर्जित ज्ञान को छोटे उद्योगों तथा कृषि में यदि लगाया जाए तो संभव है कि बेकारी की समस्या काफ़ी सीमा तक हल हो सकती है।

इस प्रकार वर्तमान शिक्षा प्रणाली अपूर्ण और एकांगी है। जीवन में इतनी इच्छाएँ और आशाएँ घर कर लेती हैं कि उन्हें परीक्षा में पास होने पर निराशा का मुँह देखना पड़ता है। घर की खेती या व्यवसाय में उनका मन नहीं लगता। अथवा वे उसे हीन मानते हैं। आज के युग मे भी सभी शिक्षा प्राप्त करके नौकरी करना ही अच्छा समझते हैं। जिसके पास बुद्धि या सिफारिश की योग्यता होती है, वे स्वयं तथा अपने सगे-संबंधियों को नौकरी दिलवा देते हैं। देहात के शिक्षितों की स्थिति इतनी विषम हो गई है कि उनका संबंध धीरे-धीरे देहात से छूटता जा रहा है किंतु शहरों में स्थान नहीं मिलता। शहरों की भी प्रायः यही स्थिति है। अतः इन सभी परिणामों का मूल कारण शिक्षा की वर्तमान प्रणाली है। आज की शिक्षा हमें केवल भौतिकवादी बनाती है। अतः जीवन व्यय-साध्य बनता चला जा रहा है। वह शिक्षा भी इतनी महंगी पड़ रही है कि यदि इसे पूर्ण करके नौकरी न की जाए तो समाज में सम्मानित ढंग से रहना दूभर हो जाता है। यही शिक्षा का एकांगीपन और अधूरापन है।

वास्तव में प्राचीन शिक्षा प्रणाली में व्यावहारिकता को महत्वपूर्ण स्थान दिया जाता था। आज उसका भी अभाव है। प्राचीन प्रणाली में छात्र तथा अध्यापक सरल तथा सादा जीवन व्यतीत करते थे और उन्हें कोई बाहरी आकर्षण नहीं होता था। प्राचीन शिक्षा प्रणाली में आध्यात्मिकता पर विशेष बल दिया जाता था और जीवन-क्रम को सुगम और स्वल्प व्यय-साध्य बनाने की प्रेरणा दी जाती थी। प्राचीन प्रणाली में शिक्षा समाप्त करके नौकरी की लालसा कम लोगों में

रहती थी। प्राचीन प्रणाली में गुरुकुलों में ही लोग भावी जीवन-क्रम निर्धारित कर लेते थे, आज निरंतर अनिश्चितता बनी रहती है। प्राचीन प्रणाली में कड़ा और ऊँचा अनुशासन था जो आधुनिक युग में बहुत कम मिलता है। उस प्रणाली में शिक्षा व्यय राजकीय कोष से या बड़े-बड़े धनपतियों द्वारा वहन होता था किंतु आज छात्रों के अभिभावकों को वहन करना पड़ता है। इसीलिए विषमता बढ़ती जा रही है।

इस प्रकार वर्तमान शिक्षा प्रणाली काफी दोषपूर्ण है। इसके परिष्करण और संशोधन के लिए कई शिक्षा समितियों का गठन किया गया। नई शिक्षा प्रणाली की अवधारणा रखी गई किंतु फिर भी स्थिति में कोई अंतर नहीं आया। इसे रोज़गारपरक बनाने की आवश्यकता है। इसके लिए एक निश्चित योजना बनाई जाए। पुस्तकीय ज्ञान की अपेक्षा व्यावहारिक और रचनात्मक शिक्षा पर अधिक बल देने की अपेक्षा है तभी यह शिक्षा विद्यार्थियों के लिए उपयोगी और सार्थक होगी।

## शिक्षा और कंप्यूटर

आधुनिक जीवन में कंप्यूटर ने मानव जीवन के प्रत्येक पक्ष को अत्यंत प्रभावित किया है। इसमें इंजीनियरी और तकनीकी विकास में अनेक चमत्कारपूर्ण मशीनों का आविष्कार हुआ है। इसीलिए आज का युग कंप्यूटर युग कहलाता है। सागर की अतल गहराइयों से लेकर चन्द्रमा की धरती का स्पर्श करके इन मशीनों ने मानवीय प्रतिभा की गौरवपूर्ण संभावनाओं को संपुष्ट किया है। इसमें किंचित मात्र भी संदेह नहीं है कि पृथ्वी पर ईश्वर की सर्वश्रेष्ठ कृति मानव ही है, जिसमें असंख्य संभावनाएँ छिपी हुई हैं। कंप्यूटर भी उन्हीं असंख्य संभावनाओं में से एक यथार्थ बनकर हमारे सामने आया है। विद्युत मस्तिष्क को मानव से संबोधित किया जाने वाला यह यंत्र व्यापार, उद्योग, और प्रशासन आदि अनेक क्षेत्रों में अपनी महत्वपूर्ण भूमिका निभा रहा है। शिक्षा के क्षेत्र में भी इस मशीनी मानव ने अपने चरण बढ़ा दिए हैं।

वास्तव में कंप्यूटर का विकास बीसवीं शताब्दी के मध्य में हुआ। तकनीकी दृष्टि से निर्मित इस बहुउद्देश्यीय यंत्र का निर्माण करने में संयुक्त राज्य अमेरिका के वैज्ञानिकों ने अपनी महत्वपूर्ण भूमिका निभाई। इस यंत्र के निर्माण के पश्चात सबसे पहले इसका प्रयोग जनगणना के लिए किया गया। जनगणना जैसे जटिल

कार्य को सहजता से संपन्न कर देने के कारण इस यंत्र की उपयोगिता की संभावनाओं को समझा गया। सेना, उद्योग, शासन प्रणाली में इसका प्रयोग सार्थक माना गया। विज्ञान के क्षेत्र में कंप्यूटर का शक्तिशाली प्रभाव पड़ा। संसार के विकसित देशों में दैनिक जीवन में क्रान्तिकारी परिवर्तन हुए। जीवन के प्रत्येक क्षेत्र–व्यापार, यातायात, संचार, राष्ट्रीय सुरक्षा, उत्पादन आदि में कंप्यूटर का प्रयोग किया जाने लगा। शिक्षा भी कंप्यूटर के प्रभाव से अछूती नहीं रही। शिक्षा के क्षेत्र में इसका उपयोग इतना अधिक बढ़ गया है कि संसार के विकसित देशों में प्रारंभिक कक्षाओं में ही कंप्यूटर का प्रयोग होने लगा है।

शिक्षा के क्षेत्र में कंप्यूटर का प्रयोग करने में पहले शिक्षाविदों के मन में यह आशंका थी कि क्या किसी मशीन के माध्यम के छात्रों को अनुकूल अनुक्रिया कराया जाना संभव है। इस संबंध में कई अनुसंधान हुए और छात्रों के अनुकूल अनुक्रिया करने वाले कंप्यूटर यंत्रों का निर्माण हुआ। आरंभ में इस यंत्र के द्वारा सरल प्रक्रमों का निर्माण किया गया। जिन प्रक्रमों को बहुत विकल्पीय प्रश्नों के आधार पर पहले संचय प्रस्तुत किया गया। इन सरल प्रक्रमों को प्रस्तुत करने के साथ-साथ सही उत्तरों का अनुमान करने की भी व्यवस्था की गई। इस प्रकार छठे दशक से सामान्य शिक्षा के क्षेत्र में कंप्यूटर के प्रयोग का श्रीगणेश हुआ। 1966 में स्टेनफोर्ड विश्वविद्यालय के प्रो. पैड्रिक ने प्रारंभिक छात्रों के लिए अंकगणित आदि विषयों पर ट्यूटोरियल्स बनाकर कंप्यूटर का सफल प्रयोग किया। इसके पश्चात कंप्यूटर के प्रयोग पर निरंतर अनेक प्रयोग होने लगे और इन प्रक्रमों में आवश्यकतानुसार सुधार किया गया।

शिक्षा के क्षेत्र में अनुदेशन की कंप्यूटर प्रणाली का सार्थक और सुनियोजित विकास धीरे-धीरे हुआ और कंप्यूटर के आधार पर अनुदेशन की प्रक्रिया का संचालन होने लगा। कंप्यूटर अनुदेशन प्रणाली के माध्यम से शीघ्र ही अनेक प्रश्न सामने आए किंतु इस प्रणाली के उपयोग और व्यापक प्रभाव को सर्वसम्मत से स्वीकार किया गया। कंप्यूटर के द्वारा ज्ञानात्मक पक्ष के विकास में ही मिलती है। आधुनिक युग में विशेषकर ज्ञानात्मक पक्ष के विकास की दृष्टि से इस यंत्र पर आधारित अनुदेशन प्रणाली का प्रचलन अमेरिका की लगभग उच्च संस्थाओं में व्यापक रूप से हुआ। सैन्य-व्यवस्था, व्यावसायिक फर्मों और वहाँ की शासन प्रणाली में इसका प्रयोग होने लगा है।

कंप्यूटर अनुदेशन का विकास अभिक्रमित अध्ययन के आधार पर हुआ है। इसमें स्मृति के विशाल भंडार की व्यवस्था की जाती है अर्थात इस प्रणाली में व्यक्तिगत विभिन्नताओं के आधार पर सूचनाओं को व्यापक रूप से प्रस्तुत किया

जाता है। छात्रों के पूर्व ज्ञान के आधार पर नई जानकारी प्रदान करने की क्षमता कंप्यूटर में है। यह यंत्र वैज्ञानिक सिद्धांतों पर आधारित है। छात्रों की आवश्यकता या वैयक्तिक भिन्नता के आधार पर उनका प्रस्तुतीकरण कंप्यूटर अनुदेशन प्रणाली की विशेषता है। शिक्षा स्तर पर समस्या वृद्धि और अनुदेशन के प्रस्तुतीकरण के लिए कंप्यूटर अनुदेशन प्रणाली का प्रयोग किसी न किसी रूप में किया जा सकता है। वस्तुतः कंप्यूटर अनुदेशन की प्राप्ति विषयों के शिक्षण में सहायक होती है। इसकी सहायता से छात्रों को व्यक्तिनिष्ठ पाठ उपलब्ध कराए जा सकते हैं। इसके माध्यम से विशाल सूचना के भंडार का संचय किया जा सकता है। और उसे व्यवस्थित रखा जा सकता है। इसके द्वारा छात्रों की आवश्यकता के अनुरूप चयन किया जा सकता है। छात्रों को स्वयं अनुक्रिया करने का अवसर उपलब्ध होता है और उनका उत्तर तत्काल प्राप्त हो जाता है। अनुदेशन की प्राप्ति से छात्रों की रुचि, सजगता और तत्परता का विकास होता है। एक पाठ वस्तु के कई अनुदेशों को वैयक्तिक अनुदेशन के आधार पर विभिन्न योग्यता वाले छात्रों के अध्ययन का अवसर उपलब्ध होता है। कक्षा अध्यापक के लिए कंप्यूटर को देखा जा सकता है और छात्रों के पूर्ण ज्ञान के संबंध में निर्णय लिया जा सकता है। इसका प्रयोग शिक्षा के सभी स्तरों पर हो सकता है। यह एक नवीन और मौलिक प्रणाली है। विभिन्न अधिगम स्वरूपों के आधार पर विभिन्न प्रकार के अधिगम प्रस्तुत किए जा सकते है। कंप्यूटर अनुदेशन व्यक्तिनिष्ठ प्रभावों से पूर्णतया मुक्त रहता है। यदि किसी तथ्य का छात्र गलत उत्तर देता है तो त्रुटि का कारण ज्ञात हो जाता है। छात्रों का मूल्यांकन और उनके उत्तरों का विश्लेषण तत्काल हो जाता है। इसके द्वारा सरल और जटिल दोनों ही प्रकार के विषयों का सार्थक ढंग से प्रस्तुतीकरण किया जा सकता है। इसमें संचालन, विश्लेषण और संश्लेषण की क्षमता होती है और इसी कारण मानव मस्तिष्क के समान, कंप्यूटर मस्तिष्क के रूप में संबोधित किया जाता है। इसके अतिरिक्त कंप्यूटर अन्य भाषा शिक्षण में प्रभावशाली भूमिका निभा सकता है।

कंप्यूटर अनुदेशन की कुछ सीमाएँ भी हैं। इसके द्वारा छात्रों की अनुक्रिया को विश्लेषित करने की क्षमता प्राप्त नहीं होती। इसके द्वारा छात्रों के केवल ज्ञानात्मक स्तर का ही विकास संभव है, उनकी संवेगात्मक और क्रियात्मक शक्तियों की जानकारी नहीं मिलती। अतः बहुविकल्पीय प्रश्नों के आधार पर छात्रों को समस्त सूचनाएँ प्रदान नहीं की जा सकती हैं और न ही इनके स्वैच्छिक और मनोवैज्ञानिक समस्याएँ ही केवल कंप्यूटर के द्वारा ही हल नहीं हो सकती। इस प्रणाली में छात्रों को एक तर्क प्रस्तुत करने में तर्क सीमा तक रखकर अधिगम

करना होता है। कुछ छात्र अपना ध्यान केन्द्रित नहीं कर पाते तो वह संबंधित सूचनाओं को प्राप्त नहीं कर पाते। यह ठीक है कि कंप्यूटर द्वारा सरल और जटिल दोनों ही प्रकार के अनुदेशनों को प्रस्तुत किया जा सकता है किंतु यह प्रणाली अत्यंत खर्चीली है।

भारत में कंप्यूटर का प्रयोग अभी अपनी शैशवावस्था में है। यह सही है कि प्रशासन, सेना और अन्य विभागों में इसका प्रयोग होने लगा है किंतु अभी अन्य देशों की तुलना में हम बहुत पीछे हैं। नई शिक्षा नीति के अंतर्गत कंप्यूटर शिक्षण की व्यवस्था भी की गई है और कुछ विद्यालयों में कंप्यूटर रखे गए हैं। परंतु कुछ संस्थाओं को छोड़कर अन्य विद्यालयों में कंप्यूटर का प्रयोग व्यवस्थित ढंग से नहीं हो पा रहा है। कंप्यूटर के सभी स्तरों के शिक्षण का एक प्रभावी साधन नहीं बनाया जा सकता है। वास्तव में कंप्यूटर अध्यापक का, प्रतिस्थापन नहीं कर सकता वरन् अध्यापक के प्रभावी शिक्षण के लिए सहायक उपकरण के रूप में महत्वपूर्ण कार्य कर सकता है। इस प्रकार कंप्यूटर ने जहाँ अन्य क्षेत्रों में महत्वपूर्ण भूमिका अदा की है वहीं शिक्षा के क्षेत्र में भी संसार के कुछ उन्नत देशों में इसका प्रभावशाली प्रयोग हो रहा है। भारत अभी इस क्षेत्र में काफी पीछे है किंतु यह आशा की जानी चाहिए कि कुछ समय के बाद हम भी कंप्यूटर अनुदेशन का समुचित लाभ उठाने में सक्षम होंगे।

## पर्यावरण प्रदूषण

मानव और प्रकृति का संबंध अनादि काल से रहा है। प्रकृति की गोद में मानव जन्म लेकर उसी में पलता और विकसित होता है। प्रकृति उसकी मां है जो उसे सभी प्रकार की सुख-सुविधाएँ उपलब्ध कराती है। उसे आनंदमय और स्वस्थ बनाती है। आज हम आधुनिक सभ्यता की चकाचौंध में पड़कर प्रकृति से दूर होते जा रहे हैं, इसलिए हमारा जीवन कष्टमय और दुखपूर्ण होता जा रहा है। नगरीय सभ्यता के विकास के फलस्वरूप प्रकृति में विभिन्न प्रकार के प्रदूषण आ गए हैं।

संसार के विकसित देशों में प्रदूषण अत्यंत व्यापक मात्रा में विद्यमान है। प्रदूषण के कारण लाखों लोग अंधे, बहरे और विभिन्न प्रकार के रोगों से ग्रस्त हो जाते हैं। यह सही है कि उन देशों में सफाई की व्यापक योजनाएँ बनाकर प्रदूषण की समस्या का काफी सीमा तक समाधान किया गया है। किंतु आज भी

ऐसी स्थिति विद्यमान है कि लोगों का विचार है कि यदि नगरों का इसी प्रकार विकास होता रहा और प्रदूषण की समस्या का हल नहीं निकाला गया तो मानव जाति को इसके भंयकर परिणाम भुगतने पड़ेंगे।

भारत में प्रदूषण की समस्या अत्यंत जटिल है। यहाँ किसी पर किसी प्रकार की कोई रोकटोक नहीं है। मंदिरों और मस्ज़िदों में लाउडस्पीकर निरंतर बजते रहते हैं। लाउडस्पीकर को अवैधानिक ढंग से चाहे जितनी ऊँची आवाज में बजाया जा सकता है। किसी पर किसी प्रकार का अंकुश नहीं है। यदि अंकुश लगाया भी जाता है तो उसका तीव्र विरोध होता है। नगरों में सड़कों पर चलती हुई मोटर गाड़ियों की आवाज़ इतनी तेज़ होती है कि कानों के पर्दे फटने लगते हैं। परिणाम यह होता है कि लोगों के कानों पर निरंतर बुरा प्रभाव पड़ता है। यह शोर प्रदूषण है।

आज का युग अवमिश्रण का युग है। प्रत्येक वस्तु में मिलावट होती है। शुद्ध वस्तु का मिल पाना सौभाग्य की बात मानी जाती है। इससे शारीरिक व्याधियाँ पैदा हो जाती हैं। कल-कारखानों से निरंतर निकलने वाले धुएँ से भी वायु में प्रदूषण हो जाता है। कई बार तो साँस लेने में कठिनाई होती है। इससे फेफड़े खराब हो जाते हैं। दूसरी ओर नगरों तथा कल-कारखानों की सारी गंदगी नदियों में फेंकने से नदियों का जल दूषित हो जाता है। इससे लोगों के स्वास्थ्य पर कुप्रभाव पड़ता है और वे घातक रोगों से ग्रस्त हो जाते हैं।

इस प्रकार प्रकृति के रमणीय और स्वास्थ्यवर्धक वातावरण को दूषित कर दिया गया है। नगर में रहने वाले लोग इसकी गंभीरता को नहीं समझा पा रहे हैं। गांवों में भी अब प्रदूषण व्याप्त हो गया है। सारा वातावरण विषाक्त हो गया है जिससे अनेक प्रकार के रोग जन्म ले रहे हैं। पर्यावरण प्रदूषण की यह समस्या हमें कहाँ ले जाएगी, इसकी कल्पना भी नहीं की जा सकती।

पर्यावरण के प्रदूषण पर नियंत्रण रखना अत्यंत आवश्यक है। यदि ऐसा नहीं किया गया तो समस्त मानव जाति के लिए भयानक खतरा पैदा हो जाएगा। यह सही है कि पर्यावरण प्रदूषण को रोकने के लिए विदेशों और भारत में विभिन्न प्रकार के कानून बनाए गए हैं किन्तु इन कानूनों का पालन उचित रूप से हो। इसके लिए जनमत बनाना अत्यंत आवश्यक है। भोपाल गैस त्रासदी को अभी भूले नहीं हैं जब हजारों की संख्या में लोग मर गए और लाखों की संख्या में रोगग्रस्त हो गए। पर्यावरण को प्रदूषण से रोकने के लिए आवश्यक है कि विभिन्न कारखानों का आधुनिकीकरण किया जाए। जिन स्थानों पर घनी आबादी हो वहाँ

कल-कारखाने लगाने की अनुमति बिलकुल न दी जाए। ऐसे जनमत का निर्माण किया जाए कि वह प्रदूषण की समस्या से भली भांति अवगत हों और समस्या के समाधान के लिए स्वयं आगे आएँ। प्रायः यह देखा जाता है कि लोग अपने घर का कूड़ा निकाल कर बाहर सड़क पर फेंक देते हैं जिससे वातावरण विषाक्त हो जाता है। लोगों के रहन-सहन में परिवर्तन की आवश्यकता है। उचित तो यह होगा कि पर्यावरण विषय को पाठ्यक्रम में समिम्मलित किया जाए और बच्चों को पर्यावरण प्रदूषण के खतरों की जानकारी दी जाए।

इस प्रकांर पर्यावरण प्रदूषण की रोकथाम के लिए अत्यंत व्यापक रूप से कार्यवाही करने की आवश्यकता है। यदि ऐसा नहीं किया गया तो निकट भविष्य में सारा संसार पर्यावरण प्रदूषण की आग में झुलस जाएगा।

## भारतीय समाज में नारी

"यत्र नार्यस्तु पूज्यन्ते रमन्ते तत्र देवताः"

अर्थात् जहाँ नारी की पूजा होती है, वहाँ देवता विचरण करते हैं। यह उक्ति प्राचीन काल के मनीषियों की है जिन्होंने नारी को पूजनीय और आदरणीय माना है। वास्तव में नारी का स्थान भारतीय समाज में सम्मानजनक रहा है। समाज के प्रत्येक कार्य में उसका समान अधिकार था। उसके सहयोग के बिना कोई भी सामाजिक या धार्मिक कार्य पूरा नहीं माना जाता था। वह पुरुष की सच्चे अर्थों में अर्द्धांगिनी थी। समाज में स्त्री-शिक्षा का व्यापक प्रचार था। यही कारण है कि मैत्रेयी, गार्गी, विद्यावती जैसी विदुषियों ने अपनी विद्वता से देश को गौरव प्रदान किया। अपने सच्चरित्र और आदर्श से सीता, पार्वती, उर्मिला, सावित्री आदि अनेक देवियों को आज भी श्रद्धा से स्मरण किया जाता है। सचमुच नारी भारतीय प्राचीन काल में भारतीय समाज का गौरव थीं।

समय बदला। देश में अनेक सामाजिक और सांस्कृतिक और राजनैतिक परिवर्तन आए। इन सब का प्रभाव नारी-समाज पर पड़ा। मध्य युग में नारी आदरणीय और सम्मानित न रह कर भोग्या वस्तु के रूप में देखी जाने लगी। इधर विदेशी आक्रमणों के कारण देश की सभ्यता और संस्कृति पर गहरा प्रभाव पड़ा, जिसके कारण नारी पर अनेक बंधन डाले गए, जिनकी कोई कल्पना नहीं कर सकता। उसकी स्वतंत्रता अब केवल घर की चारदीवारी तक सीमित रह गई। सामाजिक बंधनों के अतिरिक्त साहित्य में भी उसे निंदनीय और माया की

खान कहा जाने लगा। जो नारी पहले जीवन-सहचरी समझी जाती थी, वह अब 'नरक की खान' मानी गई। उसे ढोल, गंवार, शूद्र और पशु के समान ताड़न की अधिकारी समझा गया। आश्चर्य की बात है कि जो तुलसी राम की स्तुति करते हुए सीता की महत्ता का वर्णन करते नहीं अघाते, वही तुलसी नारी को संसार के बंधनों का कारण बताते हैं। कबीर तो नारी की निंदा करते हुए संकोच भी नहीं करते –

नारी की झांई पड़े अन्धा होत भुजंग।
कबिरा तिनकी कहा गति, जो नित नारी के संग।।

वैदिक युग की पूजनीय नारी अब अपावन नारी बन गई। उसे केवल ताड़ना पाने का ही अधिकारी मान लिया गया।

मुस्लिम शासन स्थापित होने के बाद नारी का अपमान बढ़ता ही गया। वह अब महफ़िलों में नाच-रंग के लिए इस्तेमाल की जाने लगी। जहाँ सुरा के दौर-दौरे होते, वहाँ पायल की झनकार भी बजती। दूसरी ओर कवि उनके मांसल सौंदर्य का वर्णन करते हुए नहीं हिचकिचाते। नारी उनके लिए श्रृंगार की वस्तु बन गई। अब वे उसके जननी रूप को भूलकर उसके नख-शिख के वर्णन में डूब गए। इस प्रकार नारी का पतन होता ही गया।

आधुनिक युग नवजागरण का युग है। देश में जहाँ सामाजिक और राजनैतिक क्रान्ति आई, वहाँ नारी-समाज को भी उन्नति का अवसर मिला। यह युग समानता का युग है। नारी ने अपने खोए अधिकारों के लिए समाज के साथ काफी संघर्ष किया। परिणामस्वरूप, पाश्चात्य नारी के अधिकारों के समान ही भारतीय नारी को भी समाज के सभी क्षेत्रों में स्थान मिलने लगा और मध्य युग में उस पर लगे कठोर बंधन धीरे-धीरे टूटने लगे। भारतीय स्वतंत्रता संग्राम में नारी ने पूरा सहयोग दिया। वह पुरुषों के साथ कदम मिलाकर स्वतंत्रता की लड़ाई में कूद पड़ी। घर का आंगन छोड़कर जेलों में अनेक यातनाएँ झेलीं। हमारे सामने झांसी की रानी लक्ष्मी बाई, सरोजिनी नायडू, सुचेता कृपलानी, अरुणा आसफ अली, इन्दिरा गांधी आदि अनेक नारियों के उदाहरण हैं। नारी के इस त्याग और सहन-शक्ति को देखकर समाज ने उसकी शक्ति को पहचाना। सामाजिक, राजनैतिक, साहित्यिक आदि विभिन्न क्षेत्रों में अब नारी पूर्ण स्वतंत्रता के साथ भाग लेने लगी। अब नारी श्रृंगारिक या भोग्या वस्तु न रह कर देश पर अपने प्राण न्योछावर करने के लिए पुरुषों के साथ जुट गई। अब पुरुष वर्ग महसूस करने लगा कि नारी को बंधन में रखने से देश का विकास कभी नहीं होगा।

इसी बात को समझते हुए कविवर पंत ने उद्घोषणा की :

मुक्त करो नारी को, चिर-वन्दिनी नारी को।

सत्य तो यह है कि जब तक नारी का उत्थान नहीं होगा, तब तक देश और समाज की भी उन्नति नहीं हो सकती। एक नारी की महानता समस्त परिवार को महान बना देती है। देश की सभी महान विभूतियों के निर्माण में नारी का पूर्णतया हाथ रहा है। शिवाजी के निर्माण में उनकी मां जीजा बाई की प्रमुख भूमिका रही है। अब समय आ गया है कि नारी-समाज सभी प्रकार की कुप्रथाओं से मुक्त किया जाए। बाल-विवाह और अनमेल विवाह के विरुद्ध आन्दोलन चला। विधवा विवाह के लिए अभियान प्रारंभ हुआ और नारी को भी पिता की संपत्ति का अधिकारी बनाने के प्रयास हुए। नारी शिक्षा के लिए समर्थन मिला। पर्दा-प्रथा आदि जितने भी बंधन अवशेष हैं, उन सबको समाप्त करने के लिए प्रयत्न किए गए। यदि समाज नारी की महत्ता को स्वीकार करके उसके सभी अधिकार उसे पुनः लौटा देता है तो देश अपने उसी गौरव को पुनः प्राप्त कर सकता है।

वास्तव में नारी का समाज में महत्वपूर्ण स्थान है। उसके बिना समाज चल ही नहीं सकता। जीवन रूपी गाड़ी के पुरुष और नारी दोनों ही पहिए से गाड़ी नहीं चल सकती, उसके लिए दोनों पहियों का सही होना आवश्यक है, उसी प्रकार समाज रूप गाड़ी को चलाने के लिए नर-नारी दोनों का समान महत्व है। दोनों में यदि एक भी अशक्त हुआ तो समाज की प्रगति नहीं हो सकती और जीवन कष्टमय हो जाता है। इसलिए नारी की शक्ति को पहचानना आवश्यक है। वह पुरुष के समान ही प्रत्येक क्षेत्र में अग्रसर हो सकती है। उसने अपने सत्कार्यों से सामाजिक, राजनैतिक, आर्थिक आदि विभिन्न क्षेत्रों में पूर्ण सफलता प्राप्त की है। वह ममता, स्नेह, प्यार और उदारता की मूर्ति है। वह समाज को उन्नत करने में विशेष भूमिका निभा सकती है। इसीलिए हिन्दी के महान कवि जयशंकर प्रसाद ने अपने श्रद्धा के पुष्प चढ़ाते हुए कहा है :

नारी ! तुम केवल श्रद्धा हो, विश्वास रजत-नग पग तल में।
पीयूष स्रोत सी बहा करो, जीवन के सुन्दर समतल में।।

## परमाणु शक्ति और मानव कल्याण

आधुनिक युग परमाणु युग है। विश्व में चतुर्दिक हमारी आँखों के सामने वैज्ञानिक चमत्कार दिखाई दे रहे हैं। मनुष्य चंद्रलोक में विचरण करने के स्वप्न देखने लगा है। वह अपने हिताहित की चिंता त्यागकर वैज्ञानिक प्रगति में तत्पर है। जिस मार्ग पर वह चल रहा है, चाहे वह अंधकारपूर्ण ही क्यों न हो, किंतु फिर भी वह आँख मूंदे उस पर निरंतर बढ़ता चला जा रहा है। न उसे अपने लक्ष्य का पता है और न ही कर्तव्य का।

यह सर्वस्वीकृत एवं स्वयंसिद्ध बात है कि प्रत्येक वस्तु के दो पहलू होते हैं। पहला, शुभ या सुंदर तथा दूसरा अशुभ या असुंदर। एक, जिसका प्रभाव शुभ होता है तो दूसरा अशुभ परिणामों की सृष्टि करता है। एक प्रकाश से आलोकित रहता है तो दूसरे पर अंधकार की परतें चढ़ी रहती हैं। इस प्रकार एक कल्याणकारी है और दूसरी विनाशकारी। यह मनुष्य के उपयोग पर निर्भर है कि वह उसके कल्याणकारी पक्ष को अनावृत्त करता है या उसके विनाशकारी पक्ष का उद्घाटन करता है। इसका अभिप्राय यह हुआ कि कोई वस्तु अपने में ही सर्वथा अच्छी या बुरी नहीं होती। उसमें अच्छे तथा बुरे दोनों पक्ष मिलते हैं। यह उसके प्रयोगकर्ता पर निर्भर करता है कि वह उसके जिस पक्ष का चाहे उपयोग करें। विज्ञान के विषय में भी ये बातें पूर्णरूपेण लागू होती हैं। अपनी अनेक अच्छाइयों के साथ विज्ञान अपने में अनेक बुराइयाँ समेटे हुए है। एक ओर जहाँ विज्ञान ने मनुष्य के सुख एवं शांति के अनेकानेक साधन जुटाए हैं, वहीं दूसरी ओर अशांति, विनाश तथा सत्यानाश के कारण भी पैदा किए हैं। इस प्रकार आधुनिक युग का मानव, विज्ञान के एक विचित्र अंतर्द्वन्द्व में छटपटा रहा है।

विज्ञान की परमाणु शक्ति का आविष्कार उसके अनेकानेक आविष्कारों में सबसे बड़ा आविष्कार है। अद्यावधि पदार्थ का लघुत्तम अविभाज्य अंश ही परमाणु की परिभाषा थी, किंतु विज्ञान ने अभूतपूर्व कार्यों से परमाणु की इस परिभाषा को बदल दिया। उससे इन परमाणुओं को भी छोटे-छोटे अंशों में विभाजित करने की बात सिद्ध कर दी। विचित्र बात तो यह है कि एक वर्ग इंच स्थान की पूर्ति के लिए लगभग एक मील के परमाणुओं को संकलित करना पड़ता है, तब ये परमाणु इतने अधिक शक्तिशाली हो जाते हैं कि एक पौंड यूरेनियम के परमाणु को तोड़ डालने पर 1500 टन मन कोयले की दाहक शक्ति मिल जाती है। इस शक्ति का उचित अथवा अनुचित प्रयोग ही निर्माण या संहार का कारण बनता है।

परमाणु शक्ति का घातक एवं विनाशकारी परिणाम हम नागासाकी व हिरोशिमा में देख चुके हैं। दो ही अणु बमों ने इन नगरों को नष्ट-भ्रष्ट कर दिया और आज तक वह धरती पनप नहीं सकी है। विशालकाय भवन, सुंदरतम प्रासाद, वन-उपवन तथा मीलों भूमि पल भर में नष्ट हो गई। वहाँ की माताएँ सुंदर एवं स्वस्थ शिशुओं के लिए तरस रही हैं, वहाँ के विकलांग व्यक्ति हमें बर्बर युग का स्मरण कराते हैं। अब भी मानव शांत नहीं हुआ है, नित्य प्रति नए आविष्कार हो रहे हैं। शक्ति का संकलन दिन-प्रतिदिन बढ़ता ही जा रहा है। एक राष्ट्र दूसरे राष्ट्र को मसलना चाहता है। वह इन विध्वंसात्मक अस्त्रों के प्रयोग में विधाता की सृष्टि को स्वाहा कर देना चाहता है। अणु बमों के अतिरिक्त मानव जाति का संहार करने वाले ऐसे अन्य साधनों का आविष्कार हुआ है, जो क्षण मात्र में संपूर्ण मानव-जाति का नामो-निशान तक मिटा देने की क्षमता रखते हैं। इनके अतिरिक्त न जाने विज्ञान के अन्य कितने आविष्कार मानव जाति के संहार हेतु किए गए हैं और किए जा रहे हैं।

वस्तुतः परमाणु शक्ति के परिणाम से आज विश्व के अनेक राष्ट्र परिचित हैं। इन बमों के निर्माण में बहुत बड़ी धनराशि खर्च हो रही है। तृतीय विश्व महायुद्ध प्रारंभ हो गया तो इन विनाशकारी आणविक शक्तियों का प्रयोग अवश्य ही होगा, जिसका भीषण परिणाम मनुष्य की बर्बरता एवं क्रूरता की युग-युगांतर तक याद दिलाता रहेगा।

विगत दो महायुद्धों तथा हिरोशिमा तथा नागासाकी के भीषण रोमांचकारी परिणामों को देखकर, आज विश्व के बहुत से राष्ट्र पारस्परिक समझौते द्वारा अनेकानेक समस्याओं का समाधान खोज रहे हैं। मानव के हृदय में चिर प्रसुप्त शांति की भावना जाग उठी है। आज संसार के सभी राष्ट्र विश्वशांति पर बल दे रहे हैं। भारत भी युद्ध के सर्वथा विरोध में है, क्योंकि वह समझता है कि वर्तमान समस्याओं का अंतर युद्ध से नहीं अपितु शांति से ही हो सकता है। संप्रति विश्व के सभी शांतिप्रिय राष्ट्रों की पुकार है कि अणु बमों, उद्जन बमों एवं इसी प्रकार के अन्य संहारकारी अस्त्रों पर पूर्ण प्रतिबंध लगाया जाए।

कुछ देश परमाणु शक्ति का प्रयोग मानव कल्याण के लिए कर रहे हैं। रूस ने अणु बमों का प्रयोग मानवता के संहार में नहीं, उसके हित में किया। लाखों एकड़ रेगिस्तान की बंजर भूमि को वहाँ अणुबमों और अन्य संहारकारी अस्त्रों द्वारा उपजाऊ भूमि में परिवर्तित कर दिया गया। कई स्थानों में ऋतुओं तक को परिवर्तित करके वहाँ इस प्रकार की फसलें उत्पन्न की जा रही हैं, जो उन स्थानों

में पहले कभी नहीं होती थीं तथा जिनसे उत्पन्न होने की संभावना तक भी नहीं थी। साइबेरिया के लाखों एकड़ भू भाग में गेहूं की लहलहाती खेती की जा रही है। इन्हीं बमों की सहायता से बड़े-बड़े पहाड़ों को काटकर आवागमन के साधनों को सुलभ बनाया गया है। इन बीहड़ स्थानों से अनेक रेलें तथा सड़कें निकाली गई हैं। इस प्रकार निकट भविष्य में परमाणु शक्ति को रचनात्मक कार्यों में लगाकर मानव जाति को सुख-शांति का जीवन व्यतीत करने के प्रयास किए जा रहे हैं।

औषधि एवं चिकित्सा के क्षेत्र में भी परमाणु शक्ति का सदुपयोग किया जा रहा है। घातक व महान रोगों के उपाचार के लिए परमाणु शक्ति अत्यंत उपयोगी सिद्ध हुई। अमेरिका, इंग्लैंड तथा फ्रांस आदि देश इस दिशा की ओर क्रियाशील हैं। भारत सरकार ने बंबई में एक ऐसी संस्था स्थापित की है जो परमाणु शक्ति से मानव समाज व राष्ट्र का उत्थान करने के लिए प्रयासशील है। निष्कर्षतः यह कहना असमीचीन न होगा कि मानव कल्याण की दिशा में अभी बहुत कुछ करने की अपेक्षा है। विश्व के अनेक राष्ट्र परमाणु शक्ति का मानव कल्याण में उपयोग कर रहे हैं और इसका सदुपयोग कर विश्व को सुखी और समृद्ध बनाने के लिए कार्यरत हैं।

# भावात्मक निबंध

## सैनिक की आत्मकथा

मैं एक सैनिक हूं। मेरा जन्म एक गांव में हुआ था। मैंने गांव के स्कूल में ही शिक्षा प्राप्त की थी। स्कूल में मैं बहुत से खेलों में भाग लेता था और प्रथम आता था। मुझ में बहुत ही उत्साह था। एक बार खेलते-खेलते मैं बुरी तरह गिर गया और बहुत चोट आई। किंतु मैं हँसता रहा। मेरे अध्यापक और सहपाठी मेरी सहन-शक्ति को देखकर आश्चर्यचकित हो गए। अध्यापक ने तो क़ह दिया, तुम्हें सैनिक होना चाहिए। 'सैनिक' शब्द सुनते ही मुझे रोमांच आ गया और मैंने सैनिक बनने का निश्चय कर लिया।

दसवीं कक्षा पास करने के बाद मैं सेना में भर्ती हो गया। सेना का वातावरण

मेरे लिए बिलकुल नया और अपरिचित था। मुझे यह भी नहीं मालूम था कि वर्दी कैसे पहनी जाती है ? परेड में कैसे जाना होता है ? सीखने की रुचि थी। इसलिए दस-पंद्रह दिनों में मैं सब कुछ जान गया। मैं अब अनाड़ी रंगरूट से एक समझदार सैनिक बन गया।

प्रारंभ में हमें बड़ा कठोर प्रशिक्षण दिया जाता। प्रातः काल जागना पड़ता था। तुरंत तैयार होकर परेड ग्राउंड जाना पड़ता था। वहाँ ड्रिल होती थी, दौड़ होती थी और व्यायाम होता था। अनुशासन बहुत कड़ा था। अगर उस समय किसी का एक भी बटन खुला हुआ हो या परेड के समय जूतों पर चमक न हो, बंदूक पर पालिश न हो, तो कड़ा दंड मिलता था। छोटी-छोटी बात पर कड़ी निगाह रहती थी। शुरू-शुरू कुछ त्रुटि होने पर कुछ सीमा तक क्षमा किया जाता है, किंतु जान-बूझकर अनुशासन का उल्लंघन करना अक्षम्य अपराध माना जाता है। एक बात है, अच्छे आचरण के लिए पुरस्कृत भी किया जाता था।

सैनिक जीवन में शस्त्र चलाना, क्षेत्र-कौशल, तैराकी, घुड़सवारी आदि कई विषयों का मुझे प्रशिक्षण दिया गया। इसका उद्देश्य हमें कुशल योद्धा बनाना था। थोड़े से प्रशिक्षण ने हमें रण-योद्धाओं की पंक्ति में ला खड़ा किया और हमें हमारी यूनिट में भेज दिया गया। प्रशिक्षण कभी समाप्त नहीं होता। वह चलता ही रहता है।

एक दिन मोर्चे पर जाने का दिन आ गया। प्रत्येक सैनिक को इसी दिन की प्रतीक्षा होती है। यद्यपि हम जानते थे कि हमें धूप में झुलसना होगा, सर्दी में ठिठुरना होगा, वर्षा में भीगना होगा। न वहाँ भोजन मिलेगा, न पानी, न वहाँ नींद मिलेगी और न ही आराम। घर से बहुत दूर। माँ बाप, भाई-बहन, पत्नी-बच्चों से इतनी दूर कि पता नहीं कि कब भेंट होगी। यह भेंट होगी कि नहीं, यह भी नहीं कह सकते। ऊँचे-ऊँचे पर्वतों पर चढ़ना, उफनती हुई नदी-नालों को पार करना, दुर्गम खड्डों और खाइयों से गुज़रना होता है। लेकिन हम सब में साहस होता है ऐसे दुर्गम रास्तों को पार करने का। इसी दिन के लिए वीर माताएँ अपने सपूतों को जन्म देती हैं।

हमें लद्दाख सीमा पर भेजा गया। लद्दाख समुद्र-तल से बारह हजार से लेकर अट्ठारह हजार फीट की ऊँचाई पर है। इतनी ऊँचाई पर विश्व का सबसे पहला युद्ध हमने लड़ा, वहाँ भयानक दर्रे हैं, गहरे खड्ड हैं, मार्ग कहीं है, कहीं नहीं। कदम-कदम पर खड्ड में गिरने का भय होता है वहाँ आक्सीजन की मात्रा इतनी कम है कि साँस लेने में भी कठिनाई होती है। ऊँचाई के कारण मितली

और सिर-दर्द होने लगता है। वहाँ भी हम पीठ पर सामान बाँधकर चले। घोड़े और याक भी वहाँ जवाब दे देते हैं। ऐसे स्थानों पर उठाकर और रस्सी से खींचकर युद्ध-सामग्री ऊपर पहुँचाई। सर्दियों में वहाँ रक्त जमा देने वाली सर्दी पड़ती है। नदियाँ और पानी के सब स्रोत जमकर पत्थर बन जाते हैं। वहाँ हम आग से बर्फ़ पिघलाकर पीते रहे और बर्फ़ीले तूफानों में रहते रहे, उन्हें सहते रहे और लड़ते रहे। लेकिन हम सब ने साहसपूर्वक इन सब कठिनाइयों को सहा। हमने हिम्मत नहीं हारी।

युद्ध में हम फौलाद के हिन्दुस्तानी बनकर लड़े। वहाँ हमारा रौद्र रूप देखने लायक था। बंदूकों की गोलियाँ, तोपों की गर्जन और लोहू की फुहारें हमारे संगी साथी थे। माँस फटने की ध्वनि, राइफलों के कुंदों से खोपड़ियां फटने की आवाज़, दम तोड़ते सैनिकों की अंतिम हुँकार की परवाह न करते हुए हम आगे बढ़ते जाते थे। हमें मृत्यु की कोई परवाह नहीं। शत्रु का संहार करना ही हमारा एक मात्र लक्ष्य था- "भारत माता की जय" गाते हुए आगे बढ़ रहे थे।

मेरे बहुत से सैनिक मित्र बलिदान हो गए। हम भी घायल हुए थे। आज़ भी उन दिनों का स्मरण करके रोंगटे खड़े हो जाते हैं। कितना रोमांचक था वह क्षण, जब हम सीना ताने, मस्तक ऊँचा किए, शस्त्र चमकाते हुए मोर्चे की ओर जा रहे थे। राष्ट्र-रक्षा का संकल्प हमारी नस-नस में खौल उठा था। वे क्षण हमें कभी भुलाए नहीं भूलेगें जब हमारी वीर बहनों ने हमारी कलाइयों पर रक्षा-बंधन के सूत्र बांधे थे। जब प्रत्येक वीर पत्नी ने सैनिक पति के माथे पर केशर के तिलक लगाए थे। जब बड़े-बूढ़ों ने हमें आशीर्वाद दिया था। लेकिन सैनिक तो देश की रक्षा के लिए जीता है और मरता है। यही तो उसकी पहचान है।

## फूल की आत्मकथा

मैं फूल हूँ। मेरा जन्म एक सुन्दर उपवन में हुआ। कली के रूप में मेरा बचपन पौधे की डाली की गोद में पला। प्रभात के समय ओस के कण मुझे स्नान कराते और सूर्य की किरणें अपने स्नेह का पान कराती। मैं हर्ष से खिल उठता। दो दिन बाद शीतल मंद समीर का एक झोंका आया। उसके मादक स्पर्श ने मुझे गुदगुदा दिया। मेरा अंग-अंग पंखुड़ियों के रूप में खिल उठा। संध्या होते-होते मैं बड़ा हो जाता हूँ। मैं अपने यौवन पर फूला नहीं समाता। मुझे अपने रूप और सौंदर्य पर उतना ही गर्व होता है जितना नवयौवन को होता है। चांदनी रात को

चाँद भ्रमण कर रहा होता है। उसकी शीतल किरणें मेरे अंग-अंग को दुलारती हैं। उस समय ऐसा लगता है मानों चाँद कह रहा है कि तुम सुंदर हो। इसीलिए तुम्हें शीतलता प्रदान कर रहा हूँ।

वायु के मंद-मंद झोंके मुझे झूला झुलाते हैं किंतु तेज हवा के झोंके भी मुझे झकझोर देते हैं। दूसरों को अपने रूप, सौंदर्य, गंध तथा कोमलता द्वारा प्रसन्न करना ही मेरा काम है। मैं सदा प्रसन्न मन से रहता हूँ, इसलिए कविगण मुझे 'सुमन' कहते हैं। मेरे चारों ओर काँटे रहते हैं। वे मेरी रक्षा करते हैं, किंतु वायु के झोंके आने पर कई बार वे मुझे बेतरह चुभते भी हैं। फिर भी मैं 'आह' नहीं करता। उन्हें हँसते हुए सहन करता हूँ।

मधुमक्खियां मेरी सुगंध से मेरी ओर खिंची चली आती हैं और मैं अपने मधुर मकरंद से उनका स्वागत करता हूँ। भंवरे भी गुनगुनाते हुए मेरी ओर दौड़ आते हैं तो मैं अपना पराग उन्हें अर्पित करता हूँ। मेरे सौन्दर्य और सुगंध के कारण जब लोग मेरी ओर निहारते हैं तो मैं आनंद से रोमांचित हो जाता हूँ और उन्हें भीनी-भीनी सुगंध बिखेरता हूँ।

उपवन में मेरे कई मित्र हैं। जूही, चमेली, नरगिस, चंपा, मोतिया, गेंदा, गुलाब, अमलतास, गुडहल, श्वेत कमल, नील कमल, रक्त कमल, स्वर्ण कमल, गुलदाउदी, रात की रानी, आदि अनेक जातियों के फूल हैं। हर जाति कमनीय और सुंदर है। हमारी ये जातियाँ उद्यानों, वनों, सरोवरों, झीलों, मैदानों और पर्वतों में भी होती हैं और अपनी कोमलता और सुंदरता की छाप छोड़ती हैं। हम सब एक साथ झूला झूलते, हँसते, गाते और खुशियाँ मनाते हुए झूमते हैं। आंधी, तूफ़ान, गर्मी, सर्दी, वर्षा का एक-साथ सामना करते हैं। दुर्भाग्य से अगर कोई साथी डाल से टूट कर गिर जाता है तो हम दुखी हो जाते हैं। लेकिन फिर भी यही समझते हैं कि यह तो हमारी नियति ही है, इसलिए शोक करने से कोई लाभ नहीं है। इस प्रकार हम सभी मित्र सुख-दुख में एक साथ प्रसन्नतापूर्वक जीवन व्यतीत करते हैं।

एक दिन माली आता है और मुझे डाली से तोड़ लेता है। उसने अपने स्वामी की पत्नी को मेरे अन्य मित्रों के साथ मुझे सौंप दिया। नवयुवती स्वामिनी ने मुझे अपने केशों पर लगाया। प्रातः काल जब उसने दर्पण में अपना मुख देखा तो मैं अपने रूप को देखकर काँप उठा। मैं कुम्हला चुका था। एक बार मैं रो पड़ा लेकिन मैं तुरंत संभल गया। अब मेरे जीवन का अंत आ गया।

जीवन के इन अंतिम क्षणों में मैं सोचने लगा कि इस क्षण-भंगुर संसार में

कुछ भी चिरजीवी नहीं है। किसी न किसी दिन हमें जाना ही है। इसलिए हमें सुख-दुख में एक समान होना चाहिए। सुख में गर्व और दुख में चिंता करने से क्या लाभ ? जहाँ तक हो सके हमें दूसरों के लिए अपना जीवन समर्पित करना चाहिए। इसी में सुख, शांति और आनंद की प्राप्ति होती है। मेरी यही इच्छा है कि यदि मेरे उपयोग से किसी को सुख मिलता है तो मैं सहर्ष अपना जीवन अर्पित कर दूँगा।

## मेरे सपनों का भारत

मैं भारतवासी हूँ। भारत महान् देश है। इसकी सभ्यता और संस्कृति अत्यंत प्राचीन है। यहाँ विभिन्न जातियाँ, विभिन्न संस्कृतियाँ और विभिन्न भाषाएँ प्राचीन काल से नदी के अजस्र प्रवाह की तरह अभी भी विराजमान हैं। यह सभी इन्द्रधनुष के समान अपने विविध रंगों से अपने सौंदर्य को बिखेरते हुए ऐक्य रूप हैं। यही भारत की महान् परंपरा है।

मनुष्य को अपने देश से स्वाभावतः प्रेम होता है। वह अपने देश की समृद्धि और प्रगति के लिए कार्य करता है। किसान देश को खुशहाल बनाने के लिए खून-पसीना एक करता है। सैनिक अपने देश की रक्षा के लिए अपने प्राणों को हथेली पर लिए रहता है। इस प्रकार हर देशवासी को अपने देश पर गर्व होता है। वास्तव में माता और जन्मभूमि स्वर्ग से भी बढ़कर होते हैं।

"जननी जन्मभूमिश्च स्वर्गादपि गरीयसी"

हमारा देश भारत कभी सोने की चिड़िया कहलाता था। विदेशी इसकी समृद्धि और वैभव से जल-भुन जाते और इस पर आक्रमण कर इसकी संपत्ति को लूट कर ले जाते थे। उन्होंने हमारे देश को पराधीन बनाया और हमारा खूब शोषण किया। किंतु इन विदेशी आक्रमणकारियों के आक्रमणों को रोकने के लिए हमारे देशभक्तों ने बलिदानी दी। स्वतंत्रता-संग्राम हुआ और शहीदों की बलिदानी के परिणामस्वरूप देश स्वतंत्र हुआ। अब इसके नव-निर्माण का युग आया। हमारे नेताओं ने इसकी समृद्धि और प्रगति के लिए कार्य करना प्रारंभ किया।

मैं भी सपने लिया करता हूँ कि मेरा देश अतीत की भाँति पुनः समृद्ध और विकसित देश बने। वह पुनः "सोने की चिड़िया" कहलाए। वह अमेरिका, जापान

आदि देशों की भाँति विज्ञान और प्रौद्यागिकी के क्षेत्र में अपना नाम कमाए। किंतु इसके लिए परिश्रम, ईमानदारी, लगन और निष्ठा की आवश्यकता है। यदि मेरे देशवासी आलस्य, बेईमानी और स्वार्थ को छोड़कर देश के निर्माण में काम करें तो देश की प्रगति को कोई नहीं रोक सकता। मैं ईश्वर से यही कामना करता हूँ कि वह हम देशवासियों को निष्ठा और लगन से काम करने की शक्ति प्रदान करे। हममें नैतिकता और अनुशासन भर दे। यह देश सदियों से विभिन्न जातियों, धर्मों और भाषाओं को एक साथ लेकर चलता आया है, अतः हम सांप्रदायिक भावना के बीज पनपने न दें। हम जाति. धर्म, भाषा, प्रांत के नाम आपस में न लड़ें। हम में एकता हो। एकता में ही बल है और यही देश को शक्तिशाली और समृद्ध बना सकता है।

मेरे देश की संस्कृति और परंपरा विश्व की सभी संस्कृतियों से प्राचीन है। आज हम पश्चिमी सभ्यता की चकाचौंध में अपनी महान् संस्कृति को भूलते जा रहे हैं। मेरा यह भी सपना है कि हमें अपनी महान् परंपरा और संस्कृति को सुरक्षित रखने की शक्ति दे। "सादा जीवन उच्च विचार" की भावना पैदा हो। मैं यह नहीं कहता कि आधुनिक विचारों से दूर रहें। यदि वे भावी जीवन पद्धति के अनुकूल हैं तो हमें अवश्य ग्रहण करना चाहिए लेकिन पश्चिम की नकल नहीं करनी। सूझ-बूझ के साथ स्वीकार करना है। इससे देश उन्नत के साथ-साथ आधुनिक भी होगा। देशवासियों में वैज्ञानिक दृष्टि पैदा की जाए ताकि वे अज्ञानता, और अंधविश्वास के अंधकार से निकल सकें और देश की प्रगति में सहयोग दें। आध्यात्मिक शक्ति के साथ वैज्ञानिक तर्कशक्ति देश को ऊँचाई पर पहुँचा सकती है और इससे देश की अपनी पहचान बनती है।

इस प्रकार मेरा यह सपना है कि मेरे देशवासियों में साहस, प्रेम, दया, सेवा, सहिष्णुता, निस्वार्थता और करुणा की भावना पैदा हो। सभी नवयुवकों को समान रूप से शिक्षा और रोज़गार के अवसर प्राप्त हों। ऊँच-नीच का भेदभाव न हो। सभी को रोज़ी, रोटी और मकान प्राप्त हो। तभी मेरा सपना साकार होगा।

# साहित्यिक निबंध

## मुंशी प्रेमचंद

हिन्दी साहित्य जगत में मुंशी प्रेमचंद का सर्वोपरि महत्व है। वे मेरे प्रिय साहित्यकार हैं। मुंशी प्रेमचंद ने कथा साहित्य में जो क्रांति ला दी थी, वह चिरस्मरणीय रहेगी। वे सामाजिक कथाकार हैं और उन्हें सामाजिक समस्यामूलक लेखक का पद भी प्राप्त हुआ है। उनकी रचनाओं के कथानक, पात्र, शब्द आदि इनके मस्तिष्क की निरी उपज नहीं हैं बल्कि अपने चारों ओर के संसार से वे अनुभूत हैं। वे साहित्य को समाज का मात्र दर्पण नहीं मानते थे वरन् समाज तथा जीवन में परिवर्तन लाने का महत्वपूर्ण माध्यम भी मानते थे। इसीलिए वे मेरे प्रिय कथाकार हैं।

मुंशी प्रेमचंद का जन्म निम्न मध्यवर्गीय परिवार में 31 जुलाई, सन् 1880 में हुआ था। बचपन में ही उनके माता-पिता का देहांत हो गया था। उन्हें अपनी सौतेली माँ के संरक्षण में रहना पड़ा। माँ के स्नेह के अभाव और विमाता के दुर्व्यवहार के संकेत उनकी कई रचनाओं में मिल जाते हैं। प्रेमचंद का घरेलू नाम नवाबराय था लेकिन लेखन कार्य प्रारंभ करने के बाद वे मुंशी प्रेमचंद के नाम से प्रसिद्ध हुए।

सन् 1920 में प्रेमचंद जी गांधी जी के प्रभाव क्षेत्र में आ गए। राष्ट्रीय जीवन में वे रम चुके थे। राजनीति में गांधी जी ने जो कुछ किया, प्रेमचंद ने साहित्य में वही किया। जैसे—हिन्दू-मुस्लिम एकता, अछूतोद्धार, ग्राम सुधार, समाज सुधार, स्वाधीनता की ललक। वे सच्चे अर्थों में भारतीय थे। वे किसी मत या संप्रदाय के समर्थक नहीं थे। वे तो मानवता के पुजारी थे।

प्रेमचंद ने सन् 1906 से लेखन कार्य शुरु किया। प्रारंभ में उन्होंने उर्दू में लिखा और बाद में हिन्दी की ओर मुड़ गए। उनके 'प्रतिज्ञा', 'गबन', 'सेवासदन', 'निर्मला', 'प्रेमाश्रम', 'रंगभूमि', 'कर्मभूमि', 'गोदान' आदि उपन्यास हिन्दी साहित्य की कालजयी कृतियाँ हो गई हैं। इन उपन्यासों में समाज में व्याप्त कुरीतियों, अंधविश्वासों और पाखंडों का बहुत सुन्दर ढंग से वर्णन किया गया है। 'प्रतिज्ञा' में विधवा विवाह का समर्थन है। 'सेवासदन' में अनमेल विवाह और वेश्या जीवन, 'गबन' में आभूषण प्रियता और 'निर्मला' में वृद्ध-विवाह तथा दहेज का कुपरिणाम

दिखाया गया है। 'प्रेमाश्रम', 'कर्मभूमि', 'रंगभूमि', 'गोदान' आदि उपन्यास सामाजिक और राजनैतिक समस्याओं को उद्घाटित करते हैं।

प्रेमचंद ने लगभग सवा दो सौ कहानियाँ लिखी हैं। ये कहानियाँ ग्रामीण जीवन की दरिद्रता, नागरिक जीवन की कृत्रिमता और कुरीतियों की जीती-जागती तस्वीर हैं। प्रेमचंद ने अपनी रचनाओं में पूंजीपतियों और बड़े-बड़े जमींदारों, राय साहबों, मिल मालिकों आदि पात्रों द्वारा समाज में हो रहे शोषण का जहाँ चित्रण किया है वहाँ उनके विलासितापूर्ण जीवन की झाँकी भी प्रस्तुत की है।

वास्तव में प्रेमचंद एक प्रगतिशील जनवादी लेखक थे। उन्होंने अपनी कृतियों के द्वारा जनवादी परंपरा को जो आगे बढ़ाया था, वह हर प्रकार के शोषण का विरोध था। वे अपनी रचनाओं में स्वयं भी जीवन यथार्थ की ओर अग्रसर हुए थे। भारतीय राष्ट्रीय जागरण, जन चेतना और जीवन संघर्ष का जो प्रतिबिंब उनके साहित्य में मिलता है वह अन्य लेखकों में कम मिलता है।

प्रेमचंद कलम के सिपाही थे। उन्होंने समाज के शोषित वर्ग की पीड़ा को समझा, उसे अभिव्यक्ति प्रदान की और उसके लिए संघर्ष भी किया। ऐसा साहित्यकार ही मेरा प्रिय साहित्यकार हो सकता है। वे वस्तुतः उपन्यास सम्राट थे।

## सूर सूर-तुलसी ससी

हिन्दी साहित्य में भक्तिकाल को स्वर्ण-युग माना जाता है। इस युग में ऐसे महान् कवियों का जन्म हुआ जिन्होंने हिन्दी साहित्य को एक गौरवशाली स्वरूप प्रदान किया। यद्यपि ये कवि भक्त थे किंतु उस भक्ति काव्य में जीवन-दायिनी शक्ति के साथ-साथ काव्यात्मकता और सौंदर्य का भी महत्वपूर्ण स्थान है। इस काल में कबीर, नानक, जायसी, नन्ददास, मीरा आदि अनेक महान् विभूतियों का प्रादुर्भाव हुआ, किन्तु हिन्दी साहित्य में सूर और तुलसी ऐसे जाज्वल्यमान कवि पैदा हुए जिनके काव्य में भक्ति रस के साथ-साथ अलौकिक सौन्दर्य भी प्राप्त होता है। इसलिए उनकी प्रशंसा करते हुए किसी कवि ने लिखा है–

सूर-सूर तुलसी ससी, उडगन केशवदास।
अब के कवि खद्योत सम, जहँ-तहँ करत प्रकास।।

अर्थात् सूर सूर्य हैं, तुलसी चन्द्रमा हैं और केशवदास नक्षत्र हैं और आधुनिक कवि जुगनुओं के समान जहाँ-तहाँ प्रकाश फैलाते हैं।

उपर्युक्त कथन से यही ध्वनि निकलती है कि सूर, तुलसी और केशव का साहित्य में जो सम्मान है वह अन्य किसी कवि का नहीं है। एक अन्य कवि ने भी अपने भाव व्यक्त करते हुए कहा है–

कविता करते तीन हैं, तुलसी, केसव, सूर।
कविता खेती इन लुनी, शीला बिनत मजूर।।

प्रश्न उठता है कि सूर और तुलसी का नाम साथ-साथ क्यों लिया जाता है? उनके साहित्य में क्या समानताएं हैं ? दोनों का नाम बड़ी श्रद्धा के साथ लिया जाता है। कुछ विद्वानों का यह मत है कि यदि सूर और तुलसी के साहित्य को हिन्दी साहित्य से निकाल दिया जाए तो हिन्दी साहित्य में कुछ भी नहीं बचेगा और यदि कुछ बचेगा भी तो वह इतना थोथा होगा कि उसे उत्तम साहित्य के अंतर्गत रखना कठिन होगा।

वास्तव में तुलसी और सूर दोनों पहले भक्त हैं और बाद में कवि। दोनों का उद्देश्य साहित्य-सृजन नहीं वरन् भक्ति है। यह दूसरी बात है कि भक्त हृदय के उद्गारों को व्यक्त करने में उनके मुख से निःसृत वाणी भाव और शिल्प की दृष्टि से विश्व-साहित्य की अमूल्य निधि बन गई है। भक्त के रूप में सूर और तुलसी की तुलना करना एक दुष्कर कार्य है। दोनों ही उच्च कोटि के भक्त हैं। इन दोनों में श्रेष्ठ कौन है, कहा नहीं जा सकता। तुलसी राम के उपासक हैं और सूर कृष्ण के। तुलसी की भक्ति दास्य भाव की है और सूर की अधिकतर सख्य भाव की।

सूर और तुलसी का काव्य-क्षेत्र भिन्न है। तुलसी का क्षेत्र व्यापक है। तुलसी ने जीवन की विभिन्न स्थितियों को अपनी सूक्ष्म दृष्टि से देखा है। दानवी शक्तियों का दमन करने वाले युगपुरुष राम के वर्णन में उन्होंने जीवन की विभिन्न स्थितियों का चित्रण किया है। राम के लोकरक्षक रूप को अधिक महत्व देते हैं। क्योंकि राम दानवों के संहारक और भक्तों के उद्धारक हैं। दूसरी ओर सूर कृष्ण के लोकरक्षक रूप की अपेक्षा उनके लोकरंजक रूप को उभारते हैं। वे बंशी वादक, रसिक बिहारी गोपाल के रूप में कृष्ण की लीलाओं का वर्णन करने में नहीं अघाते।

तुलसी और सूर दोनों के काव्य में सौंदर्य की छटा है। किंतु तुलसी के काव्य में सौंदर्य के साथ-साथ प्रत्येक मानव-स्थिति एवं मानव व्यापार की भी अभिव्यक्ति है। यही कारण है कि तुलसी के काव्य में नव-रसों का परिपाक हुआ है। सूर ने केवल वात्सल्य और श्रृंगार का ही वर्णन किया है किंतु उनका यह वर्णन स्वाभाविक एवं सजीव है कि वे तुलसी से कब आगे चले जाते हैं। बालक कृष्ण